©G

VOYAGES

DES

FRÈRES BACHEVILLE.

Cet ouvrage se trouve aussi chez :

DELAUNAY, Libraire, galerie de bois du Palais-Royal;
PONTHIEU, Libraire, même galerie;
GAUTIER, au Cabinet Littéraire, autre galerie de bois;
Alexis EYMERY, Libraire, rue Mazarine.
A Rouen, chez BÉCHET, libraire, au Salon Littéraire, rue Grand-Pont, n° 73;
A Bruxelles, chez LECHARLIER, libraire;
A Gand, chez VAN-DE-KERSCKHOVE, libraire;
A Liége, chez COLLARDIN, libraire.
A Amsterdam, chez DELACHAUX, libraire.

Les exemplaires non revêtus de ma signature seront saisis, et les contrefacteurs poursuivis, conformément aux lois.

Bucheville

DE L'IMPRIMERIE DE DAVID,
RUE DU POT-DE-FER, N° 14, F.-S.-G.

VOYAGES

DES

FRÈRES BACHEVILLE,

CAPITAINES DE L'EX-GARDE, CHEVALIERS DE LA LÉGION D'HONNEUR,

EN EUROPE ET EN ASIE,

APRÈS LEUR CONDAMNATION PAR LA COUR PRÉVÔTALE DU RHÔNE,
EN 1816.

> Enfin de toutes parts les cachots se remplissent,
> La pitié, l'innocence, et les lois en pâlissent;
> Le nom, l'âge, le rang, tout est séditieux!...
> J.-B. THIRIET. *Mes Souvenirs.*

DEUXIÈME ÉDITION,
REVUE ET AUGMENTÉE.

PARIS,
CHEZ BÉCHET AÎNÉ, LIBRAIRE
QUAI DES AUGUSTINS, N° 57;
Et chez le Capitaine BACHEVILLE, Palais-Royal, n° 82.

1822.

A M. CORCELLES,

EX-DÉPUTÉ DU RHÔNE.

Monsieur,

Permettez que l'hommage de la reconnaissance d'un homme que vous avez défendu, protégé, consolé dans ses infortunes, vous suive dans la retraite que les Electeurs constitutionnels vous feront sans doute bientôt un devoir de quitter encore, pour aller combattre les ennemis de notre liberté.

Je vous dédie le simple récit des persécutions que mon malheureux frère et moi, nous avons essuyées, et que le premier vous avez signalées à la tribune nationale. Il m'est doux de trouver cette occasion de réunir dans les remercîmens de ma profonde gratitude, et les Lyonnais qui furent si généreux pour moi, et leur fidèle député, qui se montra si courageusement mon défenseur.

Agréez, je vous prie, l'assurance des sentimens inaltérables, avec lesquels j'ai l'honneur d'être,

Monsieur,

Votre dévoué concitoyen et très-obligé et respectueux ami,

B. BACHEVILLE.

Paris, le 15 août 1822.

PRÉFACE.

Lorsque je disais les persécutions que, mon frère et moi, nous avons éprouvées et les aventures qui nous sont arrivées durant une proscription de plus de trois ans, mes amis me conseillaient tous de réunir les notes que j'avais conservées, et de les publier.

Je m'en défendais, parce que je n'ai point l'amour-propre de me croire assez important pour mériter qu'on s'occupe de moi.

Ils me répondaient qu'il s'agissait moins peut-être de mon affaire personnelle, que de signaler de criantes et barbares injustices, qui intéressent tous les citoyens dans un État où la liberté a établi entre eux une solidarité patriotique qu'on s'efforce en vain de leur représenter comme séditieuse.

J'objectais encore que j'ignorais absolument l'art d'écrire, et qu'à moins de charger un auteur de faire un livre à propos de nos malheurs (et c'est ce que je ne voulais pas), mes récits auraient bientôt fatigués mes plus intrépides lecteurs.

Pour dissiper ma crainte à cet égard, mes amis m'assuraient que lorsqu'il est question seulement de rapporter des faits, le style est un accessoire sur lequel on passe facilement, et que personne en lisant nos voyages, ne songerait à les juger selon les lois de la critique littéraire.

Je me suis rendu à ces avis pressans, et certes je n'ai pas eu lieu de m'en repentir. L'intérêt que mes compatriotes ont bien voulu témoigner pour nos infortunes, a passé mes espérances et même celles de mes amis. En deux mois, sans que les journaux m'aient recommandé autrement que par une simple annonce, trois mille exemplaires de nos voyages ont été enlevés. Il me semble que c'est là un avertissement pour les persécuteurs : en profiteront-ils ?

Quoiqu'il en soit, je viens, le cœur plein de reconnaissance, remercier mes concitoyens d'avoir bien voulu, en prenant part à nos malheurs, me donner la seule consolation qui put réellement me toucher. Je me félicite aussi que l'empressement avec lequel on a demandé ma première édition, m'offre la possibilité de corriger une foule d'inadvertances et d'omissions qu'avait causées la précipitation à laquelle j'avais été contraint par mes engagemens envers mes souscripteurs.

Les deux camarades qui m'aident dans

mon travail, n'ont cherché à se faire par là qu'un titre à mon amitié. Cependant je vois avec plaisir qu'un ouvrage où tous deux sont nommés comme ayant donné leurs soins à sa rédaction, sera tel maintenant, qu'il ne pourra faire de tort à la réputation qu'ils sont en droit d'espérer un jour dans les lettres. Je prie, toutefois, qu'on ait la bonté de ne pas les juger sur un essai où la nécessité de se conformer à mon style, à ma manière de voir les choses, les a privés de cette indépendance sans laquelle on ne fait rien de bien.

Au reste, tous les faits que j'ai rapportés sont exacts, et si cette édition est plus complette et plus correcte que l'autre, elle ne la dément en rien d'essentiel.

Voilà je crois tous ce que j'ai à dire au sujet de cette publication, à moins que je ne veuille répondre à certain journaliste si bas, si sale, que tout le monde évite même de le nommer.

Ce vil Pasquin a osé dire que j'attachais ma vie au scandale; et le style dans lequel il parle de moi est si peu digne d'un Français, qu'on voit facilement qu'il l'a appris de l'étranger, quand il souillait de sa présence notre belle patrie. Mais les calomnies d'un barbouilleur de papier à tant la page, ne peuvent atteindre un homme dont toute la vie a été consacrée à la défense de son pays, dont le sang a coulé dix fois pour la plus sainte des causes, celle de la France et de la liberté.

Je n'insisterai pas davantage sur ce sujet ; et, pour dédommager mes lecteurs de les avoir entretenus un instant d'une attaque aussi dégoûtante, je terminerai en mettant sur leurs yeux la lettre que m'a écrite, après avoir lu le simple récit que j'ai publié, le plus grand citoyen, le plus noble caractère de France, et peut être du monde,

XII

Lagrange, 25 mai 1822.

« Vous avez rendu justice à tous mes sentimens, mon cher Bacheville, en vous empressant de m'envoyer votre ouvrage : le vif intérêt qu'il m'a inspiré, à tant de titre, ne m'a pas permis d'en interrompre la lecture; je connaissais les lâches persécutions dont vous aviez été victime, mais leur récit m'a fait éprouver autant d'indignation que si je les apprenais pour la première fois. J'y ai retrouvé avec le plus grand plaisir les preuves de vos services, de votre courage, de votre patriotisme, et les souvenirs d'admiration et de reconnaissance, franchement exprimés, qui ne nuisent point à votre amour de la liberté. Je me suis avant tout et de tout mon cœur, uni à vos regrets pour votre excellent frère Antoine : la manière dont vous en parlez est digne de tous deux. Il appartenait au député du Rhône d'être à la tribune l'interprète de ses collègues du côté gauche : vous n'en aurez été que plus fâché de ce qu'il n'a pas été réélu. Il paraît que vos compatriotes Lyonnais sont de notre avis.

Recevez, mon cher Bacheville, mes remercîmens, mes vœux, et mon sincère attachement.

LAFAYETTE.

VOYAGES

DES

FRÈRES BACHEVILLE,

CAPITAINES DE L'EX-GARDE IMPÉRIALE,

CHEVALIERS DE LA LÉGION D'HONNEUR.

CHAPITRE PREMIER.

Introduction.

Mon frère et moi nous avons été forcés de voyager, ou plutôt de fuir, pendant trois ans, pour dérober notre tête à la hache qu'avaient levée sur nous des hommes qui ne nous pardonneront jamais des opinions que pourtant nous sommes résolus de n'abandonner jamais.

On aime à recueillir ses pensées dans le malheur. Nous avions pris l'habitude, durant nos courses lointaines, de confier au papier les impressions que produisaient sur nous les lieux, les hommes et les choses ; nous nous les com-

2ᵉ édition.

muniquions ensuite pour les discuter; et cette étude, où présidait l'amitié fraternelle, a été la consolation de notre exil.

Ces notes, que j'ai réunies et mises en ordre, sont sans doute bien imparfaites; mais elles sont exactement vraies, et renferment un assez grand nombre de détails inconnus; c'est ce qui m'a fait penser qu'elles ne seraient peut-être pas sans intérêt pour le public. J'espère aussi que ma position et les sentimens dans lesquels j'écris, m'obtiendront quelque indulgence.

Je sais bien qu'un auteur n'est pas admis à s'excuser de sa faiblesse sur sa bonne intention; mais je ne suis pas un auteur, je ne suis qu'un soldat long-temps persécuté, qui raconte les infortunes qu'il a essuyées, pour rester fidèle à la devise qu'il porte écrite dans son cœur et sur sa poitrine : *Honneur et Patrie!* Je ne prétends point à un succès littéraire, je ne veux que montrer à mes concitoyens, par le récit de mes voyages, tout ce qu'on peut souffrir pour la liberté, sans cesser de la chérir; voilà mon seul but, et je présume qu'il ne faut pas de grands talens pour l'atteindre, puisque je me fonde, non pas sur des raisonnemens, mais sur des faits que j'ai vus, des événemens qui me sont arrivés, à moi ou à mon frère, qui était un autre moi-même.

Toutefois, quoique je sois fort inhabile dans les lettres, je ne vais pas jusqu'à croire que je n'aie point d'écueils à redouter, lorsque j'entreprends de conduire le lecteur sur mes traces pendant un temps assez long;

Je sais d'abord qu'il n'est jamais permis d'ennuyer, quelque motif qui vous mette la plume à la main.

Mais nous avons beaucoup vu, beaucoup comparé, et je compte sur l'attrait de la variété, pour suppléer au piquant de l'esprit qui me manque.

Je n'ignore pas non plus qu'il est fort difficile de parler de soi d'une manière convenable.

Mais j'en parlerai avec une bonne foi militaire qui demandera grâce pour les inconvenances; et puis, j'aurai aussi beaucoup à dire du brave Antoine Bacheville, et celui-là mérite bien quelque intérêt, puisqu'il est allé mourir en Asie, victime de son amour pour son frère et de sa haine pour la tyrannie ~~des Bourbons~~.

Je suis persuadé encore qu'il est fort malaisé de fixer l'attention, pendant tout un volume, sur deux obscurs soldats tels que nous.

Mais le malheur porte avec lui sa noblesse et son charme; d'ailleurs, nous n'étions pas les seuls bannis; j'ai vu presque tous ceux qui étaient contraints alors de chercher sur une terre étrangère un asile pour leur gloire, et il sera plus d'une fois question d'eux dans cet ouvrage.

J'ose donc espérer qu'il sera accueilli avec bonté, au moins par tous ceux qui ont donné à mon frère et à moi tant de marques de bienveillance; et si cette attente n'est pas trompée, j'aurai autant de lecteurs que j'en désire.

Il ne me reste plus qu'à m'expliquer sur la rédaction de ce journal de voyages. J'avoue franchement que plus familier avec les règles de la guerre qu'avec celles de la syntaxe, j'ai prié deux de mes camarades de vouloir bien se charger de me mettre à peu près d'accord avec la grammaire, en attendant que je le sois avec tout le monde : on connaît maintenant le seul artifice que je me sois permis dans mon entreprise; je me flatte qu'on sera certain, après cet aveu bien dépouillé d'amour-propre, que je suis incapable de fausser jamais la vérité, pour la tourner a mon avantage.

Mais, puisque je vais raconter nos persécutions, il est juste que je fasse connaître comment nous les avons méritées. J'offre donc ici quelques détails antérieurs à l'affaire de Villefranche, qui décida de notre exil. J'aurai soin de séparer les services de mon frère d'avec les miens, parce qu'il est permis de parler des morts avec des éloges qui ne conviennent pas aux vivans. Je ferai aussi un article à part du séjour à l'île d'Elbe, et la raison en est si simple, que je n'ai pas besoin de l'expliquer. Enfin, je dirai quelques mots sur le licenciement de l'armée de la Loire, et je rentrerai ensuite dans mes foyers, où l'on verra quelle récompense on réservait à ceux dont le sang coula pour la patrie.

CHAPITRE II.

Services de Barthélemy Bacheville.

Notre famille n'a pas l'honneur d'appartenir à la classe des improductifs; mon père, ma mère et mes nombreux parens étaient ou sont tous livrés au commerce ; j'étais destiné comme eux à une profession industrielle, j'eusse sans doute vécu heureux en l'exerçant, et j'étais le maître de m'y livrer. Mais on ne peut résister à son penchant; j'étais jeune, je me sentais du courage, j'embrassai avec transport la carrière militaire, et pendant dix-huit ans que j'ai porté les armes, je les ai conservées pures du sang de mes concitoyens et de tout service de l'étranger.

Ce fut en l'an x de la république que je m'enrôlai sous les drapeaux. Depuis cette époque jusqu'en 1807, que je fus choisi pour entrer dans la Garde, j'ai toujours combattu en

Italie. Ce pays est si connu parmi nous, que je ne crois pas devoir donner des détails qu'on peut trouver partout. Je dirai seulement une aventure nocturne qui m'est arrivée à Pezzaro. Je la crois digne d'être rapportée, non à cause du danger que j'y ai couru, mais parce qu'elle peut servir à faire connaître les mœurs de ces bons moines, que l'on voudrait de si grand cœur rétablir chez nous.

Je revenais à Paris avec quelques-uns de mes camarades, appelés comme moi à faire partie de la Garde. Nous séjournâmes à Pezzaro. J'allai loger dans la maison d'une dame que je connaissais, et qui m'avait témoigné des bontés qui faillirent me coûter cher, comme on va le voir. Il était à-peu-près deux heures du matin, lorsqu'on frappa avec mystère à ma porte. J'avoue que je me crus destiné aux grandes aventures, et que j'allai ouvrir avec un sentiment d'orgueil et de plaisir difficile à dépeindre Ma main, que j'étendais dans l'obscurité, est tout-à-coup saisie par une main très-masculine. Je recule cependant, et prends mon sabre; il était temps, car j'eus à parer deux vigoureux coups de poignard que m'administrait un homme qui me faisait, mal-à-propos, l'honneur de m'appeler son rival. Il s'enfuit alors, mais pas assez tôt pour éviter que je lui donnasse mon sabre à travers le corps. Le voilà roulant sur l'escalier avec un gémissement terrible. J'étais désespéré; j'appelle : on apporte de la lumière, et je reconnais dans mon assassin un gros et beau moine, que les domestiques relevaient en criant : Ah ! mon Dieu ! c'est le Directeur de Madame !... On conçoit que je partis sans prendre congé, mais ce ne fut pas sans la ferme résolution de savoir ce que deviendrait cette aventure. J'ai appris, à ma grande satisfaction, que le moine n'était pas mort, et qu'il surveillait toujours la conduite de ses pénitentes, pendant la nuit, et pour la plus grande gloire de Dieu.

Ce n'est pas tout : loin que cette affaire scandaleuse ait fait le moindre tort au moine, il s'est vu recherché avec un nouvel empressement; il a été bientôt après élevé à une dignité dans son ordre; et parce qu'il s'opposa, et pour cause, à ce qu'on me poursuivit, il est cité pour sa générosité, et considéré comme un saint homme, qui pardonne même à ses bourreaux. Mais revenons au récit de mes services.

De sergent que j'étais dans la ligne, je devins soldat dans la Garde. Je regardai cette mesure, qui cependant était générale, comme une espèce d'humiliation, et je regrettai mon régiment. Mais je changeai bientôt de sentiment, en connaissant mes officiers et mes camarades. Il régnait dans la Garde une discipline si bien entendue, une fraternité si honorable entre le général même et le simple soldat, qu'il était impossible de n'être pas heureux et fier de servir dans un tel corps. Aussi, fis-je bientôt le serment de ne le jamais quitter. Que j'étais loin de prévoir alors le sort qu'ont éprouvé et la Garde, et son Chef souverain, et moi-même. Mais enfin je suis resté à mon poste jusqu'au dernier jour, et j'ai eu l'honneur de combattre à la tête de la compagnie où quelque temps auparavant je n'étais que simple grenadier. Ce sont là de ces souvenirs qui retrempent l'âme au moment de l'adversité. On ne peut humilier qui fut honoré de la sorte, et, hors le mépris, il n'est point de maux qu'un homme de cœur ne sache supporter.

Pendant les années 1808, 1810, 1811, j'ai servi en Espagne. J'ai vu la prise de Madrid, les batailles de Burgos, de Rio-Secco, de Benavente, et d'autres encore. J'ai promis de dire la vérité : j'avoue donc que ce qu'il y avait d'injuste dans cette guerre ne me frappait pas alors comme aujourd'hui. J'avais fait l'apprentissage des armes sur le sol natal des Romains, j'étais enthousiaste de leurs vertus, de leurs exploits, et je ne voyais rien que de naturel à ce que Paris devînt la capitale du monde, puisque Rome l'avait été. Les superstitions, les abus, l'ignorance auxquels étaient livrés les Espagnols, me semblaient des ennemis dont il fallait les délivrer malgré eux, s'ils s'obstinaient à les défendre. Je persiste même à croire que la conquête est juste, quand le vainqueur donne aux vaincus des lois et des lumières qu'ils ne peuvent obtenir de leurs Gouvernemens, car la civilisation est le but du monde; et si c'est un grand malheur qu'elle soit obligée de s'appuyer trop souvent sur les armes, ce n'en est pas moins une nécessité. Il faut que force reste à la raison.

Mais je me hâte de dire que je crois fermement que le temps des conquêtes est passé sans retour. Les peuples unis par les liens du langage et de l'intérêt général, seraient en vain séparés par la politique des cabinets, ils sauraient se réunir; ceux que des motifs non moins forts séparent, seraient en vain réunis, ils se sépareraient encore. Un nouvel ordre de choses s'est manifesté, il s'accomplira malgré les obstacles que de basses passions et de petits intérêts s'efforcent de lui opposer. Oui, avant peu, il s'accomplira et les Espagnols, puisqu'il est question d'eux ici, béniront dans la postérité la guerre qui porta chez eux la semence de cette liberté, sans laquelle il n'est point de gloire pour les nations! (1)

En 1809, de Madrid nous accourûmes à Ratisbonne. On sait assez les motifs de cette

(1) Napoléon dit aux députés qui lui présentèrent les clefs de Madrid : « Vos arrières-petits-fils béniront le jour où j'apparus parmi vous. »

brusque infraction des traités, de la part de l'Autriche; on ne connaît pas moins bien les défaites qui en furent le juste châtiment; personne enfin dans l'univers n'ignore que la paix fut cimentée par l'alliance de la gloire personnelle avec l'orgueil héréditaire.

J'arrive donc sans autre détail à la campagne de 1812, désirant ne point parler davantage de la guerre d'Espagne. J'étais alors sergent dans les grenadiers de la vieille Garde, et j'avais obtenu la croix; ainsi je puis dater de cette époque mes services d'officier, puisque j'en avais le rang, puisque même, si j'avais passé dans la ligne, c'eût été comme lieutenant, et non comme sous-lieutenant.

On a beaucoup blâmé l'expédition de Russie; on l'a traitée de folle, de gigantesque; on en a dit tout ce qu'on a voulu; elle n'a pas réussi, et le mérite se mesure long-temps sur le succès. Je n'essaierai point de lutter contre une opinion reçue; je demanderai seulement la permission de garder la mienne à cet égard. Sans donc entrer dans aucune discussion, voici sur cette fameuse retraite quelques particularités que j'ai vues, et que je garantis vraies.

Le temps était superbe lorsque nous partîmes de Moscow; ce ne fut que trois marches avant d'arriver à Smolensk, que le froid fit sentir ses grandes rigueurs; alors chacun se couvrit de ce qu'il put trouver, habits d'hommes, habits de femmes, fourrures, etc.; et comme les Français ont beaucoup et peut-être trop de gaîté, ces premiers jours, qui étaient les avant-coureurs d'un si grand désastre, se passèrent comme les derniers jours d'un carnaval; c'était un feu roulant de plaisanteries, de quolibets sur l'accoutrement de celui-ci, de celui-là; il semblait qu'il y avait matière à rire au moins jusqu'à Paris. Cependant le froid devient plus âpre; les provisions s'épuisent, les vêtemens ne suffisent plus à nous garantir; on essaie de courir, et l'on est fatigué avant d'être réchauffé; les chevaux tombent par milliers; il faut abandonner les canons, le découragement arrive, on jette les fusils, et bientôt l'armée désespère de son salut.

Alors, cette même Pologne qui avait parue si affreuse à l'armée dans l'hiver de 1807, lui semble un paradis; elle l'appelle de tous ses vœux, de toutes ses voix. Gagnons la Pologne, c'est le cri qu'on entend partout répéter.

Cependant les privations, les fatigues, les dangers ont détruit une moitié des braves; l'autre moitié, affaiblie par de continuels combats, par les prisonniers qu'on lui fait chaque jour, par la faim, par les maladies, n'a déjà plus d'une armée que le nom; et la Pologne ne paraît pas encore à ses yeux !

Dans ce désordre affreux, dans cette lutte contre les élémens en furie, nous fûmes rendus à l'énergie, à nous-mêmes; nous fûmes sauvés enfin par l'exemple de quelques hommes dont l'âme est au-dessus de toute atteinte. L'illustre et infortuné maréchal Ney se distingua parmi ces hommes forts. Sans doute le passage de la Béréniza est un chef-d'œuvre de tactique et de valeur, mais je ne balance pas à mettre au-dessus de cette victoire (car c'en était une) l'intrépide constance que fit éclater le Maréchal, en partageant toutes les privations, toutes les fatigues de ses soldats; marchant toujours le premier, à pied, un fusil à la main, relevant ceux qui tombaient, encourageant les autres, et se montrant inaccessible à la souffrance, comme il le fut toujours à la peur.

J'ai parlé jusqu'ici de l'armée en général; je vais donner quelques détails sur la Garde et sur Napoléon; je ne dirai rien que je n'aie vu, selon la promesse que j'ai faite au commencement de cet écrit.

La Garde, toute composée d'hommes de choix, devait naturellement résister plus longtemps que les autres corps; mais ce n'est pas seulement à cette cause qu'il faut attribuer l'attitude respectable qu'elle a conservée dans la retraite. L'Empereur, sous les yeux de qui nous marchions toujours, avait pris des précautions dont l'absence à sans doute hâté la dissolution des autres corps.

Les cavaliers qui perdaient leurs chevaux ne marchaient pas à volonté dans la Garde, ils étaient réunis en troupe, et continuait à servir comme fantassins. Parmi les fantassins, ceux qui avaient trop souffert du froid pour rester dans les rangs actifs, étaient envoyés à une espèce de dépôt, sous les ordres d'officiers qui les conduisaient en avant, soit à pied, soit sur des traîneaux, enfin, par tous les moyens possibles; de sorte qu'aussitôt qu'un homme était redevenu capable de combattre, il pouvait rentrer à son poste, et souvent un jour ou deux suffisaient pour le rétablir.

D'ailleurs, l'Empereur nous voyant sans cesse, et sa parole distribuant le blâme ou la louange, était une puissance qui rendait la force aux faibles, la santé aux malades, l'espérance à tout le monde. Pour moi, j'avoue qu'ayant les pieds et le nez gelés, je serais volontiers allé quelque temps au dépôt, si ces mots: qu'*il n'y avait que les âmes bien trempées qui résistent dans les grandes infortunes*, ne m'eussent entraîné à continuer mon service, malgré des souffrances telles que je ne comprends pas encore comment j'ai pu résister à des maux dont l'idée seule est accablante.

Un des grands talens de l'Empereur, c'était d'élever les hommes à leurs propres yeux, pour les sommer ensuite, sous peine de tomber dans son mépris, de se maintenir à la hauteur où ils les avait placés.

Je ne peux assez m'étonner de l'effet qu'il produisait sur nous, dans le moment même où un revers inouï venait de porter la première atteinte à cette infaillibilité, dont il voulait avant tout que nous fussions persuadés qu'il était doué. Je ne sais comment il s'y prenait, mais aussitôt qu'il parlait, c'était la gelée qui avait tort, et lui qui avait raison. Il marchait presque toujours à pied au milieu de nous, s'appuyant sur un gros bâton, et souvent donnant le bras au roi Murat. Il lui arrivait tout comme à un autre de tomber; il se relevait en riant, disait quelques mots de ses projets de vengeance et de victoire pour la campagne prochaine, et continuait sa route sans être, ou du moins sans paraître abattu de l'épouvantable catastrophe qui le privait du fruit de l'expédition par laquelle il espérait terminer ses travaux.

Le grade de lieutenant en second dans la Garde fut la récompense flatteuse de mes services. L'occasion d'en témoigner ma reconnaissance à notre Chef suprême, ne se fit pas attendre long-temps. La campagne de Saxe s'ouvrit au mois de mai suivant, et je combattis à Lutzen, à Beautzen, à Dresde; enfin, dans cette guerre comme dans les précédentes, je pris part à toutes les grandes batailles et à presque tous les combats de quelqu'importance.

Si j'avais voulu nommer tous les lieux où j'ai eu l'honneur d'exposer ma vie pour ma patrie, ou de verser mon sang pour elle, il aurait fallu me réduire à une simple nomenclature, ou donner des détails qui eussent de beaucoup dépassé les bornes que je me suis prescrites. J'ai préféré m'expliquer d'un mot à cet égard; je déclare donc que je n'ai joui d'aucun congé, que je n'ai fait d'absence sous aucun prétexte pendant quinze ans, et que j'ai assisté à tout ce qui s'est fait de mémorable par les armes, pendant cette période de temps.

Les élémens se liguaient encore en 1813 avec nos ennemis ; l'armée de Silésie fut exposée à une inondation qui lui causa des pertes énormes, et détruisit la possibilité de ses manœuvres dans le sens projeté; il fallut nous retirer. Mais une autre épreuve nous était réservée, les

Saxons nous avaient trahis au milieu de la bataille de Leipsik ; les Bavarois, au mépris de tous les traités et de toutes les alliances, tentèrent de nous couper le chemin à Hanau ; la honte et la mort furent le prix de cette indignité, et nous regagnâmes la France, toujours pleins de l'espoir de vaincre, car jamais nous ne le perdîmes tant que l'Empereur nous commanda.

C'est vraiment ici que je regrette ne n'être pas habile dans l'art d'écrire. J'ai vu les efforts de l'Empereur pour défendre le sol français ; j'ai vu ce génie, qui semblait ne pouvoir plus s'élever, prendre un essor plus sublime à l'aspect du danger de la patrie ; j'ai vu, j'ai fait cette immortelle campagne ; je voudrais pouvoir la décrire, faire partager mon admiration à tous ceux qui me liront, mais je sens mon insuffisance ; Apelles était digne de peindre Alexandre, mais César était seul capable d'écrire ses campagnes ; je me tais donc sur des prodiges dont Napoléon seul pourrait dévoiler le secret.

Je ne citerai qu'un fait d'armes particulier : il a été rapporté dans les journaux du temps, ce

n'est peut-être qu'un motif de plus pour qu'il
trouve place ici; on pourra comparer mon récit
avec celui qui a été fait, et juger si je dis vrai.

Un bataillon prussien s'était réuni dans une
ferme dont les vastes cours lui offraient un excellent abri. C'était dans les environs de Montmirail. Le major de notre régiment envoya une
trentaine d'hommes pour tâter les Prussiens.
C'était à mon tour de marcher; je revenais à
Paris pour me guérir d'une forte blessure que
j'avais reçue à la tête, à Château-Thierry; j'entends prononcer mon nom, et malgré les avis,
je dirai presque les ordres de mes chefs, je
prends ma place accoutumée. La ferme est
soudain abordée à la baïonnette, et le bataillon
prussien, poussé, pressé, culbuté, met bas les
armes devant trente grenadiers de la vieille
Garde! L'officier qui le commandait répondit
à quelqu'un qui lui demanda comment il avait
pu se rendre aussi facilement : « Que voulez-
vous? ces gros bonnets produisent un tel effet
sur nos soldats, qu'aussitôt qu'il en paraît un,
nos troupes s'enfuient, persuadées que la
Garde et l'Empereur sont là. » Il dit plus tard

à Napoléon, qui le questionnait: « Il faut bien céder, vos grenadiers ne sont pas des hommes, ce sont des lions! »

On sait comment, quelques jours après, l'armée coalisée, que, par une savante manœuvre, Napoléon avait séparée de tous ses magasins, échappa au sort qui l'attendait dans la plaine Saint-Denis, en s'emparant de Paris, qu'il eut été si facile de défendre au moins pendant deux jours (1)!

L'Empereur abdiqua, et je l'accompagnai à

(1) Pour défendre une ville immense comme Paris, il est besoin, sans doute, de beaucoup d'hommes, mais il ne faut pas confondre un homme avec un soldat. Il se trouvait assez de fusils dans la capitale pour armer cinquante mille habitans, et la moitié seulement de ce nombre eut suffi à garnir les fortes positions de Montmartre et de Saint-Chaumont, tandis que les troupes réglées combattaient dans la plaine. Or, le maréchal Marmont avait 20,000 soldats; les dépôts de la Garde, la cavalerie et les troupes qui se trouvaient à Versailles se montaient à 10,000 hommes. N'était-ce donc pas assez pour forcer l'ennemi à tourner Paris? pour l'attaquer par Meudon, Clamar et la plaine de Grenelle, où il est vulnérable?.. Et l'Empereur arrivait à temps avec son armée!!..... et la France!!!... Mais cessons d'inutiles regrets, et portons nos regards vers l'avenir.

l'île d'Elbe. Je ne fais qu'une réflexion sur cet événement : c'est que, tout dévoué que je fusse à Napoléon, l'idée de le suivre ne me serait pas même venue, si j'avais cru que cela pût m'amener jamais à porter les armes contre la France. Je me suis exilé avec un Empereur malheureux; mais aucune puissance, aucun attachement sur la terre ne pourrait me décider à émigrer, c'est-à-dire à passer dans le camp d'un ennemi de ma patrie.

CHAPITRE III.

Services d'Antoine Bacheville.

Mon frère, plus jeune que moi, était d'une taille peu avantageuse; ses traits étaient loin d'être bien, et la petite vérole les avait encore abîmés; son élocution n'avait rien de facile, et le soin extrême qu'il prenait de sa toilette servait, je crois, à faire mieux remarquer ses désavantages physiques. C'est avec cet extérieur et sans aucune recommandation, qu'en 1806 il entra dans les chasseurs-vélites de la Garde : cinq ans après il était capitaine et décoré. C'était beaucoup sans doute, mais j'ose assurer que c'est moins qu'il n'avait mérité. Cher Antoine! il avait toutes les qualités et pas un défaut, si ce n'est peut-être cette susceptibilité dont on a tant de peine à se défendre quand on se sent supérieur au jugement auquel nous exposent des dehors qui ne sont pas en notre faveur. Le cœur ardent, la tête froide, la volonté ferme, bon citoyen, excellent fils, tendre parent, le meilleur de tous les frères : l'Etat, sa famille, l'armée ont fait en lui une perte douloureuse.

On pensera peut-être que j'en parle en homme prévenu. Cette idée est trop naturelle pour que je m'offense qu'on me la suppose ; mais non, je me renferme dans l'exacte vérité ; ses amis sont là pour confirmer ce que je dis de son cœur, et le brave général Bonnet ne démentira pas ce que j'avance sur le courage et les talens de celui qu'il proclama lui-même le premier capitaine de voltigeurs de l'armée.

Antoine, qui avait fait comme simple soldat deux campagnes en Allemagne, celles de Prusse, fut nommé d'emblée officier au 122ᵉ de ligne. Son régiment était destiné pour l'Espagne ; il s'y rendit, et c'est là que, depuis 1808 jusqu'en 1812, mon frère a enlevé ses grades et sa croix à la pointe de son épée. Blessé plusieurs fois, il ne quitta jamais son poste que lorsque l'affaire fut terminée. Enfin, je le répète ; on le distingua toujours dans la division Bonnet, où, certes, le mérite n'était pas rare; les Asturies, qui ont vu tant de glorieux combats, n'en ont pas vu un seul où mon frère n'ait assisté, et ne se soit fait remarquer.

Il ne se conduisit pas moins honorablement en Allemagne, en 1813 (*); et jusqu'au dernier moment, en 1814, il se montra infatigable défenseur du sol natal. Un coup de sabre qui l'avait privé presque totalement de l'usage de sa main droite, ne ralentit point son ardeur, qui fut assez remarquée pour le faire mettre à la demi-solde dès le retour du Roi, bien que ses services et son ancienneté lui donnassent des droits incontestables à conserver sa compagnie. Au reste, mon frère ne réclama pas

(*) Le régiment d'Antoine Bacheville était à Erheimbreschtein; il obtint la permission de venir passer un jour à Mayence, auprès de son frère. Des blessés arrivèrent devant la porte de la maison où il se trouvait avec plusieurs amis. Il descend pour voir si ce n'était pas des soldats de son régiment, et reconnaît son lieutenant mortellement blessé. Aussitôt, sans dire une parole, sans même remonter prendre son sabre et son schakos, Antoine court à sa compagnie, lui parle, la rallie, et repousse les tirailleurs ennemis. Il venait d'être blessé à l'instant où son frère, qui était monté à cheval, lui apportait ses armes.

contre cette mesure, certain que lorsqu'on voudrait combattre l'ennemi, on ne laisserait pas de côté les officiers qui avaient donné des gages de leur valeur et de leur expérience; il se souciait fort peu, jusque-là, d'être ou de n'être pas employé.

Son espérance ne fut pas trompée, et lorsque l'Empereur revint s'asseoir sur le trône qu'il avait si glorieusement occupé pendant dix ans, mon frère obtint, sans même l'avoir demandée, une compagnie dans la Garde.

Je le voyais avec une joie bien vive me dépasser dans la carrière militaire. Sans doute, je pensais ne lui être pas inférieur sous le rapport du courage, mais je reconnaissais sans peine les avantages que lui donnaient sur moi ses connaissances variées. Antoine n'avait pas, comme moi, langui long-temps dans les grades subalternes, où l'on perd l'habitude du travail et de l'étude; aussi son instruction répondait à sa valeur, et je ne doute pas qu'il ne fût parvenu au plus haut grade, si le sort ne nous eût forcés de mettre bas les armes avant d'avoir purgé la France de l'aspect des étrangers.

CHAPITRE IV.

Séjour à l'île d'Elbe.

Je me présentai pour accompagner Napoléon à l'île d'Elbe, aussitôt que je sus qu'il serait permis à quelques-uns de nous de le suivre. Nous étions beaucoup à briguer cet honneur ; il daigna m'agréer. De toutes les grâces qu'il m'a accordées, celle-là sera toujours la plus précieuse à mes yeux, parce que je l'ai obtenue au jour de l'infortune, dans un de ces momens où le cœur seul se fait entendre, et qu'elle fut la preuve pour moi que mon dévouement et mes services étaient appréciés par le héros dont un regard propice avait été reçu comme une faveur même par des rois. J'allais m'exiler, il est vrai; je quittais peut-être pour toujours cette France que j'adore; cette seule pensée m'eût fait frémir dans toute autre circonstance; alors je ne m'y arrêtai qu'à peine : je ne vis que la gloire du sacrifice, et je partis plein d'orgueil et d'espérance, répétant avec Philoctète :

« L'amitié d'un grand homme est un bienfait des cieux. »

On connaît les détails du voyage de l'Empereur, les embûches, les tentatives d'assassinat auxquelles il fut exposé sur sa route, et la manière dont il y échappa; je me tais à ce sujet; mais on lui reproche d'avoir préféré pour son passage une frégate anglaise à une frégate française, et je saisis cette occasion de démentir cette inculpation, que ses ennemis ont propagée pour en tirer des conséquences perfides.

Voici les faits dans leur plus grande exactitude :

Le Gouvernement avait donné ordre à M. le comte de Moncabrié de prendre le commandement d'une frégate, et de porter Napoléon à l'île d'Elbe. Quand l'Empereur arriva au golfe Juan, la frégate française n'avait pu y parvenir encore, malgré toute la diligence qu'avait fait son commandant. Napoléon, *que la scène* d'*Orgon*(*) avait disposé à hâter son départ, fit aussitôt porter ses bagages sur une frégate anglaise qui se trouvait en rade. M. de Moncabrié entra peu de temps après dans le port, et mit son bâtiment à la disposition de l'Empereur, qui lui témoigna, dans les termes les plus obligeans, le regret qu'il éprouvait de ne pouvoir accepter, son engagement étant pris avec le commodore anglais; il demanda même à M. de Moncabrié de l'escorter jusqu'à l'île d'Elbe : mais cet officier fut contraint de refuser, parce qu'il ne pouvait se rallier à un vaisseau anglais portant le pavillon d'honneur, et mettre ainsi la marine française en quelque sorte aux ordres des étrangers.

On voit maintenant que de part et d'autre, loin d'y avoir des torts, tout se passa avec une extrême délicatesse. Il est vrai que l'Empereur avait une préférence secrète pour les Anglais, comme il est vrai qu'il manquait de courage.

(*) On se rappelle sans doute que ce fut à Orgon que des femmes ivres, accompagnées de quelques misérables prêts à tout entreprendre pour de l'argent, entourèrent la voiture de l'Empereur, et menacèrent de l'assassiner.

Les deux reproches sont de la même force, et méritent la même réponse : le mépris.

Les courtisans, les solliciteurs, les espions titrés manquaient à la Cour de Napoléon à l'île d'Elbe; du reste, tout était dans le même ordre qu'à Paris. L'Empereur de Porto-Ferrajo avait sa garde, ses officiers de service, ses heures pour le travail, ses heures pour les réceptions, absolument comme l'Empereur des Tuileries. Il y avait pourtant une différence que je dois faire remarquer: l'étiquette était la même, mais la foule étant moindre, il régnait chez l'Empereur une gaîté, un ton de famille qu'il sacrifiait toujours à regret, et auquel il revenait avec une satisfaction marquée. Aussi, les dix mois que nous avons passés à l'île d'Elbe ont été, j'ose le dire, pour mes camarades et pour moi, le temps le plus agréable, le plus heureux de notre vie.

L'Empereur n'assistait jamais à nos exercices, mais il s'entretenait souvent avec les soldats de leurs intérêts, de leurs affections, de leurs campagnes; rien de ce qui les touchait ne lui était indifférent.

Un jour, après avoir examiné attentivement le maniement des armes exécuté par la Garde montante, il dit, en riant: «Oh! çà ne vas pas » comme à Paris: il faudra que nous y retour- » nions un de ces matins»; et il se mit à se promener devant nous, sans avoir l'air d'attacher la moindre importance à ce propos, que peut-être même les soldats ne regardaient pas comme extraordinaire; l'île d'Elbe leur semblait une position où l'Empereur se reposait pour attendre le moment favorable, et non un lieu d'exil définitif.

Malgré les malheurs de Russie, les revers de la Saxe et la catastrophe de Fontainebleau, Napoléon était encore entouré d'un tel prestige, que ses soldats regardaient comme impossible qu'il ne finît point par triompher de ses ennemis. Cette illusion a survécu à sa seconde abdication; elle dure peut-être encore. N'a-t-on pas entendu un vieux grenadier à qui l'on annonçait la mort de Napoléon, répondre d'un air ironique: «Mort! lui? on voit bien que vous ne le connaissez pas!» Et il est vrai qu'on le connaît bien mal; je l'ai approché bien souvent et de bien près, et je jure qu'excepté M. de Pradt, dans son dernier ouvrage, personne n'en a parlé justement, soit qu'on ne l'ait pas compris, soit qu'on ait menti à plaisir, ce que j'incline à croire; car il ne fallait que le voir un jour dans son intérieur, pour savoir qu'il était bon, obligeant, facile même, et fait pour être aimé, car il savait aimer lui-même.

Mais ce n'est pas le portrait de Napoléon que je me propose de faire, le modèle est trop au-dessus des talens du peintre; j'ai promis quelques particularités sur son séjour à l'île d'Elbe, et je continue ma narration.

On dit que lorsqu'on ne se fait pas comprendre aux plus simples, c'est parce qu'on n'a pas assez d'esprit, et non parce qu'on en a trop: de même, lorsque l'on craint que la familiarité ne compromette, ce n'est pas parce qu'on a trop de dignité, c'est parce qu'on n'en a pas assez. Napoléon se mêlait souvent à nous; il regardait nos jeux, prenait part à nos propos, et certes il n'est jamais venu dans l'idée de personne de lui manquer de respect.

L'officier de service l'accompagnait dans ses promenades; la première fois que ce fut à mon tour, il me demanda: «Savez-vous monter à cheval?—Comme un officier d'infanterie, Sire. — Alors vous ne vous amuseriez guères, car nous irons vîte, reprit-il; venez donc à côté de moi»; et me voilà dans la calèche.

Napoléon avait un goût particulier pour les anecdotes, pour ce qu'on appelle la chronique; il me questionna, d'une manière très-gaie, sur les aventures de l'île, et, selon son habitude, finit par me dire quelques paroles obligeantes, et m'avertit que j'aurais l'honneur de dîner à sa table ce jour-là même. On voyait dans ses discours et dans ses manières, que loin de nous regarder comme assez payés par l'honneur de le servir, il pensait que nous avions des droits à son affection; on voyait enfin qu'il nous aimait sincèrement. Et puis on demande comment il se fait que nous lui fussions dévoués à la vie, à la mort!

Il avait acheté une vigne. C'était, disait-il, pour faire vendanger ses soldats. Il en surprit quelques-uns qui n'attendaient pas que les raisins fussent mûrs; il leur dit: «Mes enfans, qui vous presse? ils sont à vous, mais attendez qu'ils ne puissent vous faire de mal. Tenez, voilà pour avoir quelque chose qui vaudra mieux que du verjus. »

Un soldat lui dit: «Si je savais comment faire parvenir cela à ma mère, j'aimerais mieux le lui envoyer que de le dépenser ici.» Aussitôt, l'Empereur entre en conversation réglée avec le soldat au sujet de sa famille, et quand il est bien informé, il ajoute : « Amuse-toi, mon ami, et sois tranquille pour ta mère ; avant peu je lui aurai fait compter six cents francs : je voudrais être plus riche.»

Napoléon poussait la bonté pour nous jusqu'à nous défendre contre les ridicules qu'on aurait pû nous donner à la Cour, où l'on pense bien que nous n'étions pas habiles à repousser les traits de la malice, comme nous l'étions sur le champ de bataille à parer les coups de l'ennemi.

Voici une aventure de ce genre qui m'est arrivée.

Depuis que la princesse Pauline était venue rejoindre son frère, il y avait fort souvent des bals à la Cour. Un soir je dansais avec une très-grande dame qui regardait mes pieds en riant, se moquant de leur tournure très-peu dansante: «Madame, lui dis-je, ils ont été gelés en Russie.» — Cette réponse, qui n'était point plaisante, provoqua pourtant des éclats de rire plus grands encore. Napoléon, qui était derrière nous, vit que le respect était près de m'échapper; il s'approcha, et dit : « Ces pieds-là se sont endurcis dans les marches pénibles qui m'ont fait Empereur.» On pense bien que les rieurs furent alors de mon côté.

Je sais encore beaucoup d'autres détails; mais comme ils sont relatifs à mes camarades, et que je ne dois mettre personne en scène sans y être autorisé, je m'arrête ici, formant le vœu, toutefois, qu'un crayon exercé trace le tableau du séjour de Napoléon à l'île d'Elbe, où il s'est montré plus grand encore après une chûte, qui aurait brisé sans retour un homme qui n'eût pas tenu comme lui toute sa grandeur de lui-même.

CHAPITRE V.

Rentrée en France.

Nous reçûmes un soir l'ordre de nous tenir prêts à partir avec armes et bagages, et quelques heures après, nous étions à bord d'un bâtiment qui devait nous ramener en France.

Napoléon nous informa de son projet de cet air et de ce ton résolus, décisifs, qui portèrent toujours la confiance dans nos âmes. Il se mit ensuite à dicter ses proclamations au milieu de nous, et il nous semblait ainsi que la pensée de son entreprise nous appartenait comme à lui.

Aussitôt que nous fûmes débarqués, il nous donna ses dernières instructions. La plus formelle était de ne faire usage de nos armes dans aucun cas. « J'ai quitté la France, dit-il, pour lui éviter les fléaux de la guerre civile, je ne veux pas la lui apporter aujourd'hui ; aussitôt que vous trouverez de la résistance, faites-m'en avertir, et j'irai moi-même. »

Je n'essaierai point d'expliquer les causes de l'accueil que reçut Napoléon, ce serait m'engager dans une discussion politique dont le temps n'est pas encore venu, mais je dirai une chose que je sais, que j'ai vue, et qu'on cherche en vain à démentir ; c'est que le mouvement qui éclata en faveur de Napoléon a été décidé par les citoyens et suivi seulement par les soldats.

A Visil, à Grenoble, à la Guillotière, à Lyon, dans le département de l'Ain, à Mâcon, à Châlons, ce furent les paysans et les ouvriers qui se présentèrent les premiers. Napoléon les eût tous amenés à Paris s'il eût voulu, et j'ose presque dire qu'il eut tort de s'appuyer sur l'armée seule, car on peut battre, surprendre, disloquer une armée, quelque brave qu'elle soit, mais un peuple est toujours sûr de triompher quand il en a la volonté. Il est vrai que cette volonté s'obtient par des sacrifices que Napoléon ne voulait pas faire, mais ma remarque n'en subsiste pas moins dans toute sa force.

J'ai presque regret, au milieu d'un événement aussi grave, d'appeler l'attention du lecteur sur moi; je ne puis pourtant me dispenser de rapporter un fait qui trouve place ici, et doit servir plus tard à faire connaître l'injustice avec laquelle, mon frère et moi, nous avons été traités.

L'Empereur s'arrêta quelques jours à Lyon; j'en profitai pour obtenir la permission d'aller embrasser ma famille, qui demeure à Trévoux, à quatre lieues de Lyon seulement. Lorsque j'arrivai dans ma ville natale, il y régnait une grande agitation; tout semblait annoncer que ceux qui avaient pris part à la réaction de 1814 allaient à leur tour éprouver la colère du peuple; j'usai de tout l'ascendant que me donnait ma position, je parlai fortement au nom de L'Empereur, enfin je dissipai l'orage. La vérité de ce que j'avance est prouvée par deux déclarations des autorités, que l'on trouvera dans les pièces justificatives (1), et pourtant quel-

(1) Voir à la fin du volume.

ques mois après, je fus traité dans ce lieu même, comme un ennemi du repos public, un agent de révolution! Mais n'anticipons point sur le récit de mes malheurs.

En arrivant à Paris, je trouvai mon frère aux Tuileries; il était l'un des officiers qui, avec le général Excelmans, avaient arboré le drapeau tricolore au château. L'Empereur l'en récompensa en lui donnant une compagnie dans les tirailleurs de la Garde; j'étais à même d'obtenir plus pour lui, mais il ne voulût jamais y consentir. Quant à moi, je reçus comme tous mes camarades, le grade de capitaine-lieutenant dans les vieux grenadiers, et la croix d'officier de la Légion d'honneur. Les sabres anglais ont sillonné cette croix sur mon cœur, je pensais après cela qu'un Français méritait de ne la plus quitter : le sort en a autrement ordonné; mais si la décoration n'existe plus, l'action qui m'en avait rendu digne reste. C'est un bien qu'aucune puissance ne peut m'ôter.

On pense bien que dans la position où je me trouvais auprès de l'Empereur, je ne manquai pas d'être chargé de lui présenter un bon nombre de pétitions. Je le fis avec plaisir, avec empressement; je ne le dis point pour m'en vanter, mais seulement pour faire remarquer que tel qui m'avait prié d'être *son protecteur* auprès du *grand Napoléon*, s'est rangé trois mois plus tard du côté de mes ennemis. Ce qui m'en console un peu, c'est qu'il nous reviendra à la première faveur de la fortune, et que, plus heureux cette fois, je pourrai peut-être lui faire rendre sa dotation.

Je dois l'avouer cependant, j'étais las de solliciter et d'être sollicité, et ce fut avec un vif plaisir que, vers les premiers jours de juin, je partis pour cette courte et mémorable campagne, où le talent et la valeur le cédèrent au nombre et au hasard. Mais j'ai besoin de me recueillir un instant avant d'en parler; trop de souvenirs me viennent assaillir à la fois !

CHAPITRE VI.

Campagne de Waterloo.

Les opérations de Napoléon ont été expliquées, commentées, décrites par des militaires du plus haut rang; je n'aurai donc point la témérité de parcourir cette carrière après eux; je me propose seulement de parler de quelques faits particuliers à la Garde, et que je n'ai lus dans aucune relation, tels qu'ils se sont passés.

Je ne puis toutefois résister au désir de faire, auparavant, une observation générale : c'est que pas une des conceptions de Napoléon n'a été fausse, et que pas une des opérations n'a été juste. Il voulait surprendre les deux armées ennemies, et les attaquer séparément, il l'a fait : mais une méprise a empêché que le corps d'Erlon, qui pouvait rendre la victoire complète, soit à Lygny, soit aux Quatre-Bras, fût employé nulle part. Il voulait ensuite se jeter entre les Prussiens et les Anglais, et couper ainsi leur ligne d'opération : des ordres égarés, une trahison, que sais-je? ont empêché le maréchal Grouchy de répondre à son attente. Jamais les chances de la victoire ne furent mieux calculées, et l'on sait pourtant quel fut le résultat. Je n'ignore pas que le hasard a sa part dans les batailles, néanmoins je n'aurais jamais pensé qu'il pût se la faire aussi grande. M. de Wellington, vous êtes un homme bien heureux! Mais venons aux détails que j'ai promis.

Les quarante mille hommes qu'avait amené Bulow, joints aux quatre-vingt-dix mille du général anglais, n'avaient pas suffi pendant toute la journée pour vaincre cinquante-cinq mille Français; mais enfin il fallut céder, lorsque, vers les 7 heures, Blucher arriva avec le gros de son armée. Encore si la cavalerie de réserve de la Garde n'eût pas été employée sous l'ordre de l'Empereur, eussions-nous gardé nos positions jusqu'au moment où l'aile droite eut pu nous rejoindre et décider la défaite des alliés. Car c'est un fait avéré, que la précipitation avec laquelle on engagea la cavalerie en général a eu les plus funestes résultats. Il fallut donc céder ; mais ce ne fut pas sans avoir tenté un dernier et généreux effort pour percer la ligne ennemie.

Dans ce moment critique et décisif, le brave lieutenant-général Michel, commandant en second les chasseurs à pied de la Garde, se vient mettre à leur tête et rétablit l'ordre, un instant troublé par un excès d'ardeur. Le maréchal Ney nous rejoint, le général Friant est à ses côtés ; il nous annonce l'arrivée des grenadiers. Les rangs se resserrent. Bientôt, malgré la plus épaisse fumée, on aperçoit l'intrépide colonne marchant l'arme au bras. Elle s'avance sous le feu le plus meurtrier, conduite par le général Poret-de-Morvan ; le général Harlay la suit et la soutient.

Friant reçoit une balle, à la première décharge ; Michel qui, mille fois, avait affronté la mort, est couvert de blessures : il tombe. C'est en vain que le général Poret veut faire enlever son meilleur ami, Michel lutte contre cent soldats affamés de carnage, meurt, et ne se rend pas!!! Le colonel Malet, commandant le 4°. de chasseurs, a le même sort. Harlay est mis hors de combat; le major Guillemin, du 3°. des grenadiers, est blessé grièvement par un éclat d'obus. Ce brave reste à son poste. Enfin Ney tombe sous son cheval, qu'un boulet venait de frapper au flanc gauche.

Cependant les grenadiers se déploient aux ordres de leurs chefs; la baïonnette est croisée à quinze pas de l'ennemi. Les chasseurs, aux ordres du général Henrion, exécutent le même mouvement. La charge se bat, le carnage est à son comble, la ligne anglaise est forcée..... Elle fait demi-tour, et nous marchons en avant!... Mais bientôt secourue par une seconde ligne, par sa cavalerie, qui fait un mouvement sur notre gauche, et son artillerie qui nous prend en flanc, elle nous force à reculer à notre tour..... Mais du moins nous nous retirons en bon ordre.

Les quatre carrés des vieux grenadiers, et les trois de chassseurs aux ordres des généraux Morand, Roguet, Pelet, Petit, Christiani, Cambrone, étaient encore intacts. Ils asssurent notre retraite, et malgré toutes les tentatives de l'ennemi, restent inébranlables.

Toutefois quelques momens après, les inégalités du terrain ayant forcé notre carré à s'ouvrir, la cavalerie anglaise en profita pour s'élancer dans nos rangs; elle n'en sortit pas; nos soldats, sans s'inquiéter s'ils se blesseraient, se retournèrent, et firent sur l'ennemi un feu interne qui le jeta sur le carreau. Cependant, nos mouvemens reprenaient avec peine leur régularité, et la cavalerie nous poursuivait en nous criant de nous rendre. Le général Cambrone fut renversé d'un éclat d'obus; il s'écria en tombant : *continuez de vous défendre!* et quoique blessé, il élevait encore son épée pour commander le feu. En ce moment, le porte-aigle, Martin (il habite aujourd'hui Paris), planta son drapeau auprès du général, et dit d'une voix forte : *Mourons autour de notre aigle! la Garde Impériale ne se rend pas!* En effet, la garde ne se rendit pas, et la valeur triomphant du nombre, nous reussîmes à nous dégager, et nos rangs reprirent bientôt leur première solidité.

Ce fut alors que perdant l'espoir de rétablir

la bataille à notre avantage, l'Empereur résolut de partager le sort de ses braves. Il ordonna au général Gourgaud de faire ouvrir le carré des chasseurs où je me trouvais, et voulut s'y enfermer. Déjà même cet officier avait fait reculer quelques files et pénétré dans notre enceinte, lorsque le maréchal Soult se jeta devant Napoléon, et lui dit : *Ah! sire, l'ennemi n'est déjà que trop heureux aujourd'hui!* Et poussant le cheval de l'Empereur sur la route, il le força, pour ainsi dire, à s'éloigner, au grand contentement de ses fidèles soldats qu'avait fait frémir le parti désespéré qu'il voulait embrasser.

Une heure plus tard, notre carré rejoignit encore l'Empereur; il était arrêté sur le revers d'un fossé, tandis qu'on était occupé à lui chercher un passage. Je ne l'ai pas revu depuis!.. mon frère, plus heureux, a fait plusieurs fois le service auprès de sa personne. Ce fut ce brave Antoine qui commanda la dernière garde, qui veilla sur Napoléon à l'Elysée, et tel était l'empire qu'exerçait le nom du grand homme sur les peuples les plus éloignés, que ce fut à la considération de ce dernier service rendu au héros de l'Europe, que mon frère fut redevable, en Perse, de l'emploi qu'il obtint dans les troupes de Mahamed-Ali-Mirza. Mais si l'Empereur ne se mit pas à notre tête pour sauver la capitale, s'il partit à l'instant où l'étranger entourait Paris, ce fut par la trahison de Fouché. Napoléon avait écrit au Gouvernement provisoire pour lui offrir de commander l'armée en qualité de général, s'engageant à s'éloigner aussitôt que l'ennemi aurait été forcé à la retraite. «*Si j'ai renoncé, disait-il dans sa lettre, à être l'Empereur des Français, je suis toujours le premier soldat de la nation.*» On le refusa, et les alliés, qui s'étaient mis dans la plus critique des positions, échappèrent à leur défaite, et se rendirent maîtres de Paris, par une capitulation que l'histoire jugera!!!

Me voilà bientôt arrivé à l'époque de ma proscription. Toutefois, avant de rentrer dans mes foyers, je sens le besoin de parler quelques instans de cette noble armée, qui couronna vingt-cinq ans de gloire militaire par un dévouement sans exemple dans les fastes de la gloire civique.

L'armée qui s'était retirée de l'autre côté de

la Loire, était forte de quatre-vingt-dix mille hommes à-peu-près, et de plus un grand nombre de gardes nationales mobiles étaient encore sous les armes. Tous ces faits nous étaient connus : nous n'ignorions donc pas que nous étions à même de faire une résistance utile sur-le-champ, ou du moins, qu'au bout de quelque temps, en jetant notre matériel dans les montagnes de l'Auvergne et des Cévennes, nous pourrions reprendre l'offensive, car la présence de l'étranger aurait bientôt porté l'exaspération dans l'âme des plus timides. Nous savions tous cette incontestable vérité, et nous étions désolés que le Gouvernement ne voulût pas la voir comme nous. Cependant nous nous soumîmes au licenciement, renonçant aux avantages de la guerre, pour ne point attirer sur notre patrie les malheurs d'une opposition que n'approuvait pas l'autorité reconnue. C'était nous mettre désarmés à la disposition de l'ennemi; c'était sacrifier nos opinons, et un légitime désir de vengence : le sacrifice était grand sans doute, mais on nous le demandait au non de nos devoirs, et nous le fîmes sans balancer.

Il faut avoir vu la séparation de ces vieux guerriers, pour s'en faire une juste idée. Que de larmes amères ont coulé! que de vœux ont été faits pour la patrie! « Nous allons nous quitter, se disaient-ils, et l'étranger est maître de la France! Est-ce que nous n'avons plus d'armes? notre courage est-il mort? Non, non! » Le licenciement paraissait alors impossible, mais un mot rendait leur douleur calme et soumise: c'est pour le bonheur de la France!

Ils se séparent, ils partent enfin, en embrassant leurs vieux drapeaux, et jetant un regard douloureux sur les armes qu'ils avaient espéré ne déposer que victorieuses; ils partent, et la France n'a plus d'armée! On peut lui enlever impunément ses conquêtes, ses trésors, son territoire même, les soldats qui pouvaient les défendre n'ont plus en main que le bâton du voyageur!...,

Pour moi je me réunis quelques jours après à mon frère, qui avait fait aussi cette courte et désastreuse campagne, et nous rentrâmes dans nos foyers, le 11 novembre 1815.

CHAPITRE VII.

Retour dans nos foyers.

Sur la rive gauche de la Saône, quelques lieues seulement avant d'arriver à Lyon, s'élève en amphithéâtre, sur le revers d'une colline couverte de vignes, une petite ville, mal percée, presque toute pauvrement bâtie et pavée de cailloux pointus qui déchirent les pieds, mais d'où l'on jouit du plus beau point de vue qui soit peut-être en France. Je sais tel qui l'a contemplé tous les jours pendant vingt ans, et qui brûle de l'aller admirer encore.

Une foule de bateaux qui se croisent, les uns portant au midi les blés de la Bourgogne et les bois de la Bresse, les autres amenant au nord les olives, les savons, les eaux-de-vie de la Provence et les cotons du Levant, peuplent la Saône, dont le cours arrose de vastes prairies, couronnées par les fertiles coteaux du Beaujolais. Le Mont-d'Or, Polémieux, Limoney, Tarare, Chessy, aux mines de cuivre, et plus haut, touchant à l'horizon, les montagnes de l'Auvergne, enferment dans une double ceinture cet immense tableau, dont l'étendue ne fatigue jamais, parce que l'œil y trouve sans cesse d'heureux points de repos.

Figurez-vous un nombre considérable de villages dont l'aspect annonce le bonheur de leurs habitans ; une quantité non moins grande de châteaux, dont les propriétaires n'ont plus le pouvoir d'opprimer les paysans; animez la scène par des agriculteurs diligens, des chasseurs intrépides, des voyageurs empressés; faites bondir des troupeaux, rouler des voitures, arriver deux coches d'eau chargés de passagers différens de mœurs, d'accens et de costumes, qui s'arrêtent journellement devant des auberges, dont les filles jolies font les offres les plus engageantes; le soir venu, couvrez les prairies de pêcheurs qui cherchent, à la lueur des flambeaux, des amorces pour le poisson; allumez sur les montagnes des feux d'herbes malfaisantes, dont la cendre va devenir un utile engrais; songez que dans ce beau pays le soleil est presque toujours pur, la lune sans nuage, et vous n'aurez encore qu'une imparfaite idée de ce spectacle que je regrette de ne savoir pas mieux décrire.

Cette ville si agréablement située, cette ville où je ne connais que bien peu d'habitans qui n'aient pas d'amitié pour moi, est l'ancienne capitale des Dombes, on la nomme Trévoux; c'est là que j'ai passé ma jeunesse avec le frère que je suis condamné à ne plus revoir; c'est là qu'en 1815, après avoir déposé nos armes sur l'autel de la patrie, nous revîmes goûter quelques repos, jusqu'au jour où la France aurait besoin de nos bras.

J'étais loin de penser que, pour mon compte, j'eusse rien à redouter des ressentimens de la politique. Il est vrai que j'avais accompagné Napoléon à l'île d'Elbe et que j'étais rentré en France avec lui. Mais, de bonne foi, pouvait-on vouloir me punir d'avoir obéi au chef que m'avait donné le Gouvernement français lui-même, puisqu'il était signataire du traité de Paris? était-il naturel de croire, lorsque les généraux Druot et Cambronne venaient d'être solennellement acquittés, qu'on voudrait s'en prendre à moi qui n'avait pu qu'exécuter leurs ordres? non, l'idée d'une persécution n'entra pas même dans mon esprit, et je disposai mon avenir comme un homme qui a revu enfin ses pénates pour ne les quitter de long-temps.

Quant à mon frère, il était dans la même position qu'avant le 20 mars, ne désirant pas davantage être employé en temps de paix. Il y avait si long-temps que lui et moi nous menions une vie agitée, que la perspective d'un peu de repos, et la jouissance de la moitié de notre traitement, nous paraissait charmante. Nous n'éprouvions d'autres regrets que ceux que doit causer à tout bon Français l'aspect de l'étranger; mais ils étaient adoucis par l'espérance que des jours plus heureux allaient bientôt briller sur notre belle patrie, et nous étions résolus d'accepter tranquillement notre sort.

Entourés de nombreux parens qui nous chérissaient, d'amis dévoués dont la maison et le cœur nous étaient également ouverts, estimés, accueillis partout, notre position était aussi agréable qu'elle pouvait l'être dans ces circonstances malheureuses, lorsqu'un accident fâcheux vint me prouver que j'avais eu tort de compter sur la justice des hommes.

Une ordonnance ministérielle, contresignée *Feltre*, me priva, dès le mois de décembre, non-seulement de ma demi-solde, mais encore des droits acquis par mes précédens services, et cela, pour avoir pris part au retour de Napoléon. En droit général, un ministre peut-il ravir ainsi, d'un trait de plume, ce qu'il a fallu vingt ans pour acquérir? un officier est-il donc un valet qu'on chasse au premier mécontentement? Malgré ce qui est arrivé au brave général Wilson, dans un pays voisin, et chez nous, au colonel Simon-Lorière, je persiste à croire qu'un pareil acte est une usurpation de pouvoir, et que les officiers ne peuvent perdre leur état que par suite d'un jugement, car autrement les militaires, qui exercent la profession la plus honorable dans l'opinion reçue, ne seraient au fait que de vils mercenaires qui ne mériteraient pas le respect qu'on a pour le dernier citoyen.

Mais, dans le cas où je me trouvais, le ministre était-il recevable, même dans l'opinion qu'il lui suffit d'un motif plausible pour rayer un officier des contrôles de l'armée? était-il recevable à me dire qu'il me punissait d'avoir servi l'usurpateur dans son retour?

Nous avions été autorisés à suivre Napoléon; le Gouvernement français nous avait accordé trois ans pour revenir en France avant de perdre nos droits de citoyens ; enfin, on nous avait permis de reconnaître Napoléon pour notre chef, et nous devions le traiter en Empereur, quoiqu'il eût abdiqué le pouvoir qu'il avait eu sur la France. Ne nous avait-on permis de le suivre que pour ne pas lui obéir ? Je n'ai jamais reçu de pareil avertissement. Voulait-on enfin que nous le prissions nous-même pour le livrer à ses ennemis? Il fallait s'en expliquer, et nous ne fussions pas allés à l'île d'Elbe.

Mais non, on ne voulait rien de tout cela, dira-t-on, jamais le Gouvernement du Roi ne commanda la perfidie. Alors nous avons fait notre devoir, vous n'avez rien à nous reprocher, et ne pas nous employer est tout ce que vous êtes en droit de faire contre nous.

Je sentais alors, comme à présent, toute la force des raisons que je pouvais faire valoir ; je me tus cependant, je souffris patiemment ma ruine ; je voulais prouver de toutes les manières possibles à nos ennemis, qu'ils avaient tort de croire que nous ne fussions pas de bons citoyens, disposés à tout sacrifier à l'intérêt général.

Ma résignation fut loin d'avoir l'effet que j'en espérais. On me crut d'autant plus mécontent que je me taisais. On me surveilla, m'inquiéta. Mais ma conduite n'offrant pas même de prétexte à la malveillance, on me laissa de nouveau tranquille, et je pensai que j'en serais quitte pour la perte de mon état, mes blessures et mes infirmités.

Je me trompais. Ce qu'un reste de pudeur empêchait de tenter à Trévoux, on le pouvait essayer ailleurs. J'allais souvent à Villefranche, où ma mère est née, et où je possédais la moitié d'une maison que je cherchais à vendre pour suppléer par quelqu'industrie à la perte de ma demi-solde ; qui empêchait de m'y arrêter? là je n'était pas protégé par le souvenir de ce que j'avais fait quelques mois avant pour le maintient de l'ordre public; là il était facile de m'accuser de vouloir cabaler, conspirer, et de me jeter dans les mains de la cour prévôtale. Il ne fallait qu'un motif quelconque pour se saisir de moi. On savait, par exemple, que j'allais sans passe-port, et que les militaires ne pouvaient se dispenser d'en avoir. Ce fut donc par ce côté là, qu'on résolut de m'attaquer. Il est vrai que je n'étais plus militaire, mais on n'y regarde pas de si près, quand il s'agit *de sauver l'Etat*, et il fut convenu qu'on m'arrêterait à mon premier voyage à Villefranche.

On pense bien que je n'ai connu que plus tard cette horrible machination. Je crois cependant devoir la rétablir à la date qu'elle tient dans les événemens, pour faciliter l'intelligence de ce drame, dont le dénouement n'a pas été tel que le souhaitaient ses auteurs, car je suis encore debout, mais qui a coûté la vie à mon frère, et à moi, ma fortune et ma santé.

CHAPITRE VIII.

Affaire de Villefranche.

Villefranche, chef-lieu d'arrondissement du département du Rhône, est situé à peu près à cinq quarts-d'heure de distance de Trévoux, sur la rive opposée de la Saône. Cette ville, qui ne compte guères que cinq mille âmes, tire une certaine importance de la grande route de Paris à Lyon, qui la traverse, et d'un marché considérable qui s'y tient le lundi de chaque semaine, et où se rendent en grand nombre les riches habitans des pays d'alentour. Je répète que ma mère y est née, que j'y compte beaucoup de parens, enfin que j'y possédais alors la moitié d'une maison : il est essentiel qu'on ait ces faits bien présens, afin de sentir tout ce qu'il y a d'odieux dans la conduite qu'on tint à mon égard, et qui n'eut d'autres motifs que ma présence dans un lieu où m'appelaient mes affections et mes intérêts.

C'était le lundi 4 mars 1816. J'allai à Villefranche accompagné de mon frère et de plusieurs négocians de Trévoux, qui s'y rendaient pour leur commerce. Nous nous séparâmes aussitôt arrivés dans cette ville, nos amis pour vaquer à leurs affaires, mon frère et moi pour aller chez mon oncle, qui nous attendait. Le rendez-vous pour le retour avait été fixé à 4 heures, dans un café; rien de plus ne fut dit, rien de plus ne fut fait; voilà pourtant un crime, un délit tout au moins, puisqu'on jugea que je méritais d'être arrêté.

Notre entrée à Villefranche avait été remarquée par des gens qui apparemment avaient des raisons pour nous observer; ils allèrent aussitôt en informer quelques personnes charitables qui en instruisirent l'autorité, comme d'une chose dangereuse, très-dangereuse.

Deux hommes comme nous ne pouvaient être venus à Villefranche qu'à mauvaises intentions. Nous étions à coup sûr l'avant-

garde de Bonaparte; c'était un coup de parti de se saisir de nous, etc., etc.

Ainsi parlaient dans un café des individus dont j'ignore, et ne veux pas apprendre le nom; mais dont je sais les dicours d'après une déclaration que m'a courageusement remise, dans l'intérêt de ma défense, le fils même du limonadier chez qui la scène se passait. On la lira dans les pièces justificatives, et se reportant au temps où elle a été faite, on appréciera la générosité de ce brave jeune homme, que je regarderai toute ma vie comme l'un de mes meilleurs amis.

On négocia long-temps pour obtenir un ordre du sous-préfet ou du maire; ils le refusèrent, ou du moins ne le voulurent donner que verbal; je n'ai jamais été bien instruit à cet égard, et je ne dis rien, même contre mes ennemis, que ce qui est clair comme le jour. Mais quelle qu'ait été la conduite des autorités supérieures, notre arrestation n'en fut pas moins convenue; on la fixa pour le moment où nous sortirions de la ville, et l'exécution en fut confiée au commissaire de police *Séon*, et au maréchal-des-logis de la gendarmerie *Saltet*; je dis qu'on la leur ordonna, car autrement ils eussent été punis de l'avoir entreprise, et jamais il n'a été question d'aucune punition pour eux : loin de là, ils ont été récompensés.

J'ai la tête calme maintenant; six années ont détruit la chaleur de mon ressentiment. Je m'interroge, et je ne trouve rien, absolument rien dans ma conduite ni dans celle de mon frère, qui ait pu justifier l'acharnement qu'on déploya contre nous.

Le sous-préfet de Trévoux, que certes on n'accusera pas d'indulgence à notre égard, avait rendu hommage à notre conduite sage et prudente. Le maire, qui ne partage pas davantage notre opinion, le procureur du roi, dont le zèle n'est jamais en arrière, ont tous deux attesté notre esprit pacifique, notre respect pour les lois. Nous avions évité tout rassemblement. Une seule fois, depuis notre retour, nous nous étions réunis à Neuville-sur-Saône, avec des militaires de nos amis, dans un lieu public. On accusa quelques-uns d'entre nous d'avoir conservé des boutons à l'aigle; la gendarmerie vint, le fait fut reconnu faux, et le maire, M. Durand, homme exalté dans son parti, et qu'à mon retour de l'île d'Elbe j'avais protégé contre une exaltation contraire, ayant appris que j'étais à Neuville, défendit qu'on m'inquiétât, et me fit témoigner sa reconnaissance, par toutes sortes d'offres de service (1).

Je le répète, je cherche dans ma mémoire une seule action qu'on ait pu interpréter à mal, et je ne la soupçonne même pas. Pour mon frère, toujours froid, toujours mesuré, ne disant, ne faisant jamais rien qu'avec réflexion, certes il n'avait pas donné de prises sur lui. Il faut donc que je trouve dans nos services la cause de notre persécution, et ce n'est qu'avec une douleur profonde que je me vois réduit à

(1) Depuis la publication de la première édition de cet ouvrage, j'ai appris que j'avais été induit en erreur à l'égard de M. Durand; loin de m'avoir protégé, c'est lui qui m'a fait poursuivre, et l'affaire, qui prenait une tournure sérieure, s'arrangea par la fermeté et le zèle d'un simple citoyen. Je m'empresse donc de déclarer que M. Durand n'a jamais eu la moindre reconnaissance pour moi; souhaitant de tout mon cœur que cet aveu lui profite, ce que de raison, dans l'opinion des gens de son parti.

prouver qu'il fut une époque, non éloignée encore, où c'était un crime que d'avoir aimé, servi, défendu la France.

Mais au milieu des tristes réflexions que l'idée d'un tel égarement fait naître en moi, j'éprouve le besoin de déclarer à mes lecteurs que de quelque côté que viennent les excès, je m'en affligerai toujours dans mon amour pour la patrie, et que je les tairais même après en avoir été la victime, si ce n'était un devoir de les rappeler pour les rendre détestables à ceux-là même qui les ont commis.

J'arrive maintenant à l'attaque arbitraire contre laquelle j'eus à me défendre : j'ai dit dans quelle intention je la publiais; je m'abstiendrai de tout commentaire sur cet acte odieux; je souhaite seulement que ceux qui l'ont fait, ou qui y ont pris quelque part, lisent ce simple récit; après cela je les livre à leur conscience.

Nos amis avaient été exacts au rendez-vous : à peine était-il quatre heures, que déjà nous étions réunis au café. Le maréchal-des-logis et le commissaire vinrent s'asseoir à une table voisine de la nôtre, et semblèrent ne pas s'occuper de nous. Bientôt nous nous mîmes en route pour retourner à Trévoux, et ce ne fut pas sans étonnement qu'arrivés près de la porte d'Anse, je vis *Sattet* et *Séon*, qui nous avaient suivis sans que je prisse garde à eux, nous aborder brusquement. « Votre passe-port, M. Bacheville, » me dit le maréchal-des-logis, d'un ton menaçant. — « Je ne demeure qu'à une lieue d'ici, je suis propriétaire à Villefranche, on ne peut exiger que je prenne un passe-port pour venir dîner en famille dans une ville où je suis connu de tout le monde, même de vous, qui m'interpellez par mon nom. — Connu ou non, il vous faut un passe-port, les officiers.... — J'ai été destitué, la mesure ne me regarde plus : tenez, j'ai justement une copie en forme de l'ordonnance qui m'exclut de l'armée. — Militaire ou non, je vous arrête. — Je suis prêt à vous suivre; montrez-moi votre ordre. — Je n'ai point d'ordre à vous montrer : suivez-moi. — Ce serait bon si j'étais en flagrant délit, mais je pense qu'il est permis de venir toucher ses loyers. — Point de raisons, je vous arrête. »

Il me saisit alors au collet, et met la main à

son sabre ; je prends dans ma poche un pistolet que je portais toujours, depuis que des officiers avaient été insultés et maltraités par de la canaille soudoyée, et je lui en montre le bout, en lui disant : « Pas de violence! » Saltel disparaît soudain dans la foule qui s'était amassée autour de nous, et le commissaire s'éloigne rapidement de mon frère, qui était resté spectateur de cette scène, où j'eus le bonheur de ne pas perdre un seul instant mon sang-froid.

Loin de songer à fuir, mon premier mouvement fut d'aller me plaindre à l'autorité ; mon frère m'en détourna. « Il n'y a point de justice à attendre, me dit-il, prends le chemin qui mène à la Saône : je prendrai la grande route ; notre salut est dans la fuite : Adieu. » Je suivis ce conseil, on va voir si je fis bien.

Le maréchal-des-logis et le commissaire, pour justifier leur frayeur, jettent des cris d'alarme comme si la ville allait être prise d'assaut : on sonne à cheval ; les chasseurs des Pyrénées galopent sur les pas de mon frère, et les gendarmes, le pistolet au poing, s'élancent ventre à terre sur la route que j'avais prise,

2ᵉ *édition.*

insultant les paisibles citoyens, qu'ils accusaient d'avoir favorisé ma fuite.

J'avais gagné le port de Franc, et je m'étais jeté dans un bateau que je poussais au large, quand Saltel, suivi de sa troupe, arriva tout haletant. « Arrête! arrête! cria-t-il au batelier, que je menaçais pour la forme, car le brave homme m'était tout dévoué; arrête! retourne à terre. » Je continuai de voguer sans rien dire, et le maréchal-des-logis de vomir contre moi des injures, comme par exemple : « Brigand, il y en a mille aux galères qui ne l'ont pas mérité comme toi, etc. etc; » et, pour compléter la légalité de sa conduite à mon égard, il ordonna à sa troupe de tirer sur moi; et fit feu le premier.

J'étais si près, que je ne comprends pas comment ils m'ont manqué. Le batelier laissa tomber sa rame, et se coucha dans son bateau, que je conduisis alors moi-même. Enfin, quand je fus parvenu au milieu de la rivière, et que je sentis que le courant seul me dérivait, je quittai un instant l'aviron, et prenant mon pistolet, je tirai à mon tour sur Saltel. Il a prétendu devant la cour prévôtale que la balle avait traversé son chapeau : cela n'est pas vrai, pour deux raisons qui en valent bien d'autres : la première, c'est que j'étais hors de portée ; la seconde, c'est que, quand je le mis en joue, il se cacha derrière son cheval; car je dois dire que pour mieux ajuster, il avait eu la précaution de mettre pied à terre.

Cependant j'avais atteint l'autre rive; là, je recommandai à mon batelier, qui refusa tout salaire, de déclarer que je l'avais, le pistolet à la main, forcé de me passer. Je m'enfonçai ensuite dans le bois de Riotier, où je me reposai quelques momens en attendant la nuit. Elle arriva bientôt, et je m'acheminai vers Trévoux. Je laisse à penser de quelles tristes pensées j'étais abîmé.

CHAPITRE IX.

Notre tête est mise à prix.

Avant que je fusse de retour à Trévoux, mon affaire y était déjà présentée sous un tel jour, qu'il n'y avait point de justification possible, au moins pour le moment. Mes parens qui avaient senti cette triste vérité, s'étaient divisés sur les différens chemins que je pouvais prendre pour rentrer dans la ville. L'un d'eux me rencontra et me conduisit dans une maisonnette, située aux Bruyères, appartenant à l'un de nos amis, me promettant de me donner des nouvelles de mon frère aussitôt qu'on en aurait, de me tenir au courant de ce qui se passerait relativement à nous, et me conjurant, au nom de ma famille, de ne pas me montrer jusqu'à ce que la violence des passions fût appaisée. Je le lui promis. Lui et moi, nous étions persuadés qu'il suffirait de quelques jours pour faire éclater mon innocence, et je m'armai de patience. Il en fallut en effet, non pendant quelques jours, mais pendant trois ans que j'eus à lutter contre tous les maux qui peuvent assaillir un homme; il faut que j'en aie encore une bien grande, pour supporter les souffrances qui sont les suites de ma proscription, et qui ne finiront qu'avec ma vie.

Le lendemain, à quatre heures du matin, mon frère me rejoignit dans ma retraite, qu'on lui avait indiquée. Il venait d'échapper à la garde mobile, qui, conduite par le maire et le juge de paix, avait cerné la maison d'un de nos cousins, où il s'était réfugié pour prendre un instant de repos, bien nécessaire après la course qu'il avait faite pour se dérober aux recherches des chasseurs des Pyrénées.

On imagine facilement que sur la route de Villefranche à Anse, la plus belle, la plus unie qui soit en France, des cavaliers n'eurent pas beaucoup de peine à regagner un avantage d'un quart-d'heure qu'un piéton avait sur eux. A chaque pas que faisait mon frère, il entendait plus distinctement le galop des chevaux. Il n'y avait qu'un parti à prendre, c'était de se cacher, et de laisser passer la troupe. Mais les côtés du chemin sont découverts, et l'on peut être facilement aperçu, quelque direction qu'on prenne; le pauvre Antoine fut donc réduit à se jeter sous un pont. Le voilà dans l'eau jusqu'au cou, cachant sa tête au milieu des joncs. C'est dans cette position qu'il attendit l'obscurité, qui lui semblait ne devoir arriver jamais. Qu'on juge ce qu'il a dû souffrir! ses membres glacés par le froid, se roidissaient de moment en moment, et tandis qu'il employait le reste de ses forces pour se soustraire à la mort, il entendait les chasseurs passer et repasser sur le pont, se répandant en menaces, en invectives contre nous; disant tantôt que je venais d'être pris, tantôt que j'avais été tué. Mon frère m'a assuré que, dans toutes les traverses que nous avons essuyées, il n'a jamais rien éprouvé de pareil à ce qu'il souffrit sous le pont d'Ambery.

La situation parut cependant plaisante à certaines personnes; elles la comparèrent à celle de Scarron se précipitant dans la rivière pour échapper à la colère de quelques femmes qu'il avait scandalisées par l'indécence de sa mascarade, ne se faisant ainsi nul scrupule de mettre sur la même ligne les suites d'une farce de carnaval et les résultats d'une affreuse persécution.

Mais je dois dire qu'à peine échappé au danger qu'il avait couru sous le pont, mon frère en rencontra un autre non moins grand. Il ne pouvait se mettre décidément à l'abri des poursuites de la cavalerie, qu'en traversant la Saône, et le seul bateau qui se trouva sur la rive était si petit, que personne ne voulut s'y risquer avec lui, à cause de la violence du vent. Un seul homme, un de nos parens, Jacques Petré, d'Anse, eut la générosité de se hazarder à le passer, et grâces à son courage je fus réuni à mon frère, à cet ami dont la présence et les conseils m'étaient si nécessaires dans la triste situation où le sort m'avait jeté.

Au reste, l'ardeur de ceux qui nous poursuivaient, croissait en raison des efforts que nous faisions pour leur échapper. Ils ne m'avaient pas manqué d'une minute au port de Franc; mon frère venait de sortir par une fenêtre, et la châleur de son lit prouvait qu'il venait d'en sortir, quand la garde entra dans sa chambre; il était piquant de nous suivre toujours de si près, sans pouvoir nous saisir. On redoubla donc de précautions et d'activité, mais le zèle de nos amis redoublait aussi avec nos dangers : nous ne tardâmes pas à en recevoir des preuves.

Sur le flanc gauche de l'ancienne église des Pères, à Trévoux, il est un chemin étroit et rapide, nommé Prionde; quand on l'a gravi pendant vingt minutes, on se trouve dans la plaine dite des Bruyères. C'est là que Sévère et son compétiteur Albin se livrèrent cette sanglante bataille qui coûta le trône et la vie à Albin. A cette même place où l'on se disputa jadis l'empire du monde, il n'y a plus de vestiges, de souvenirs même de cette lutte; une ou deux fermes, quelques maisonnettes où les habitans de Trévoux vont se délasser des travaux de la semaine, voilà tout ce qu'on trouve aux Bruyères; et cela, je crois, n'a rien de bien terrible; mais, dans la position où nous nous trouvions, ce lieu nous parut peuplé de sinistres images.

Sévère était un tyran : il fut père de Caracalla; il n'avait pour lui que les légions asiatiques; Albin était chéri du peuple, son armée était composée de ces fiers Gaulois que Marius proclamait plus vaillans que les Romains même; la victoire pourtant se décida pour Sévère! Albin s'enfuit le long des rives de la Saône, et, toujours pressé par ses ennemis, il fut réduit à s'arracher la vie, pour ne pas la perdre dans les tourmens.

Et nous aussi, nous avions vu naguères la victoire infidèle au courage; et nous aussi nous fuyions, et peut-être après avoir suivi la même route, étions-nous attendus par le même sort que le malheureux Albin!

Vous voyez quel cours avaient pris nos idées; ajoutez à l'effet qu'il devait produire sur nous, l'horreur des ténèbres et la solennité du silence de la nuit qui parlent si fortement à l'âme quand elle est ébranlée!.... Mais ce silence est tout-à-coup troublé par des pas d'hommes; on approche de la cabane où nous sommes enfermés, on se demande tout bas : « Est-ce là?..... » Nous sommes découverts, je n'en puis plus douter; j'appelle mon frère: « Antoine, prends tes armes, nous sommes cernés; il ne nous reste plus qu'à vendre chèrement notre vie. » Nous nous serrons la main pour nous dire un dernier adieu, et nous voilà en défense... O sur-surprise! ô joie inattendue! ce sont trois de nos amis qui viennent à notre secours, nous avons reconnu leurs voix; la porte s'ouvre, et nous sommes dans leurs bras!

Pourquoi de vains ménagemens m'empêchent-ils de les nommer tous les trois? avec quel plaisir je leur donnerais ici un témoignage public de ma reconnaissance! Mais du moins je dirai le nom de l'un d'eux: c'est M. Dumas-Lamarche, ancien officier de cuirassiers. Il nous est resté fidèle dans tout le cours de notre mauvaise fortune; de près comme de loin, il fut toujours notre défenseur; il célébra mon retour par des vers qui sont dans la mémoire de tous nos amis, et après m'avoir aidé de tout ses moyens dans les réclamations que j'ai faites, à Paris, où nous sommes venus ensemble, il me prête aujourd'hui son secours dans la rédaction d'une partie de ces Mémoires.

Chers amis, vous qui les premiers nous frayâtes la route du salut, recevez, dans les remercîmens que j'adresse à M. Dumas, la seule preuve qu'il me soit permis de vous donner, dans cet ouvrage, de mon attachement et de ma gratitude.

Cependant la gendarmerie et la garde mobile, trompées par de faux avis donnés à dessein, étaient allées nous chercher du côté de la forêt d'Amberrieux : l'un de nos amis, infatigable chasseur, connaissait les chemins les plus détournés, les plus impraticables : la circonstance était donc propice pour nous éloigner, et nous nous empressâmes de la saisir. Nous partîmes, et franchissant les obstacles que le terrain offrait à chaque pas, nous arrivâmes à une heure du matin à un petit port sur la Saône, appelé *le Quart,* et situé une lieue environ au-dessus de Trévoux. Nous y fûmes accueillis avec empressement par un brave pêcheur, nommé Nesme, qui depuis a péri sous le fer de cette même Cour prévôtale aux mains de laquelle il fit tout pour nous arracher.

Nesme fut l'une des victimes de cette terreur

qui ensanglanta en 1817 les bords du Rhône et de la Saône, et qu'a flétric 'dans le présent et l'avenir la vertueuse éloquence de notre député Camille Jordan, que pleureront longtemps la patrie et la liberté. C'était un de ces hommes courageux, mais simples, qu'il est facile d'entraîner quand on leur montre un but honorable au bout de la carrière; il se laissa séduire par des scélérats qui, pour le perdre, lui proposèrent d'entreprendre de soustraire la France au joug des étrangers. Ce fut là tout son crime; je dis plus, ce fut là le seul reproche qu'on ait pu lui faire dans une vie de quarante ans, toute remplie de bonnes actions. Il fut condamné à la peine capitale!

En vain le respectable curé de Saint-Bernard, l'abbé Boujard, aujourd'hui général des Lazaristes à Paris, alla-t-il déposer en sa faveur devant la Cour prévôtale à Lyon; la sentence de mort fut portée. Il est vrai qu'on recommanda Nesme à la clémence royale, mais il avait succombé aux longues tortures du cachot, quand la commutation de sa peine arriva. A mon retour en France, j'allai embrasser ses enfans, ils me reconnurent. « Voilà, disent-ils, un Monsieur qu'a sauvé notre père! Et votre frère, où est-il? est-ce qu'ils l'ont tué aussi?... » et ils se mirent à pleurer. Pauvres enfans!...

Avant de reprendre mon récit, j'éprouve le besoin de reposer ma pensée sur un exemple de vertus angéliques, qui fut donné en ces temps de malheur. Le ministère public demanda vivement au vénérable curé qui apportait son témoignage en faveur de Nesme, ce qu'il venait faire devant la cour sans y être appelé. «Monsieur, lui répondit le curé, puisqu'il se trouve de mes paroissiens parmi les prévenus, ma place est ici; votre devoir vous oblige de les accuser, le mien est de les défendre partout, car ils sont mes enfans!» Quel noble langage, et qu'il est doux pour moi de pouvoir opposer l'amitié de celui qui l'a tenu, à la haine et aux calomnies de mes ennemis!....

Nesme nous passa promptement dans une petite île de la Saône, qui est presqu'en face de sa maison. Cette île est couverte d'un taillis très-fourré, qui pouvait aisément nous dérober à tous les yeux; nous eûmes cependant la précaution de ne pas sortir de la petite hutte que notre ami nous avait bâtie à la hâte. Ni les provisions, ni les armes ne nous manquaient, et nous passâmes ainsi deux jours assez tranquillement dans cet asile, sans pourtant avoir encore la certitude de pouvoir gagner Lyon.

Cependant les bateliers qui cotoyaient notre île s'entretenaient tout haut avec Nesme de notre aventure, et tous témoignaient un vif désir de nous servir. Nous nous déterminâmes à nous faire connaître à l'un d'eux. Il nous reçut avec joie, et à l'instant même, sur son bateau, nous y cacha soigneusement, et nous conduisit sains et saufs jusqu'au faubourg de Sérin. Mais Nesme ne se borna pas à nous procurer les moyens de fuir, il nous accompagna et ne voulut nous quitter que lorsque nous fûmes en sûreté chez un digne négociant de Lyon, M. Poncet, notre cousin, qui nous accueillit dans sa maison, bravant pour nous l'animadversion d'une autorité soupçonneuse, et exposant sa propre liberté pour conserver la nôtre (1).

(1) Ce serait peut-être une indiscrétion que de révéler le nom de tous ceux qui nous furent utiles à Lyon, mais, j'espère que MM. Lavernier et Reboul me pardonneront de consigner ici le témoignage de ma reconnaissance pour leurs bontés.

Il fallait pour nous rendre à Lyon, passer devant Trévoux ; c'était un moment critique, car l'autorité inquiète pouvait ordonner la visite de notre coche. Nous tentâmes néanmoins l'aventure. Je ne cèle pas que nous étions fort émus, mais cette appréhension même avait un attrait indéfinissable ; car il est, dans les plus grandes peines et les plus grands dangers, de secrètes jouissances qu'on ne saurait bien faire comprendre à ceux qui n'ont pas été malheureux, et souvent exposés à perdre la vie.

C'est l'habitude des habitans de Trévoux, de se promener sur le quai, pour regarder passer les bateaux ; ils y étaient en grand nombre lorsque le nôtre défila, vers les sept heures du matin, emporté par un courant rapide ; et, je le répète, je ne puis exprimer ce que j'éprouvai en reconnaissant parmi eux plusieurs de ceux qui nous avaient poursuivis. C'était une joie ironique, mêlée d'un reste de crainte qui me faisait à la fois mal et plaisir ; je crois que j'aurais donné tout ce que je possédais pour pouvoir mêler ma voix à celle des bateliers qui leur lançaient d'énergiques quolibets, selon la coutume des gens de rivière. Nos conducteurs mettaient dans leurs paroles une amertume, une ambiguité qui répondaient à merveille à l'état de mon cœur, et je me croyais vengé en entendant mes sauveurs injurier mes ennemis, qui étaient loin de soupçonner que dans le moment même je leur échappais sans retour.

Ce n'était point le tout d'être arrivés au faubourg, il fallait pénétrer dans la ville de Lyon; nous y réussîmes malgré les précautions inquisitoriales qu'on prenait aux barrières; nous franchîmes les portes sans obstacle. ayant toutefois la précaution de passer entre nuit et jour, car notre signalement était si répandu, si bien donné, que nous devions craindre d'être reconnus malgré les soins que nous avions pris pour nous déguiser.

Mais enfin, nous sommes dans Lyon, où nous ne trouvâmes pas un, mais dix, mais vingt asiles; où toutes les bourses, tous les cœurs nous furent ouverts.

Cité généreuse! toi qu'on vit toujours fidèle à la patrie, secourable aux malheur, accepte l'hommage de ma profonde reconnaissance! le courageux député qui te représente (1), a couronné tes bontés pour moi, en me prêtant à la tribune l'appui de ses véridiques accens. Je ne sais plus qui je dois aimer davantage de Lyon ou des lieux qui m'ont vu naître: si les uns ont nourri mon enfance, l'autre m'a sauvé de l'horreur de l'échafaud. Oui, Lyonnais! c'est à vous que je dois le bonheur de vivre encore pour servir la France! ne craignez pas que je l'oublie: je ferai un digne usage des jours que vous m'avez conservés; je sais qu'ils vous appartiennent, c'est dire qu'ils sont à tout ce que l'honneur a de plus délicat, le patriotisme de plus pur, de plus désintéressé.

Mais tandis que les soins de l'hospitalité charmaient les douleurs de notre persécution, deux nouvelles bien affligeantes vinrent en même temps nous rejeter dans l'amère tristesse dont nous commencions à secouer le poids. Nous ap-

(1) On sait comment, dans les dernières élections, l'autorité a réussi à priver Lyon de ce respectable mandataire..... Mais ce qui n'est possible à aucune cabale, à aucune intrigue, c'est d'enlever à M. Corcelles l'estime de la France, l'attachement et la reconnaissance de tous les vrais Lyonnais.

2ᵉ *édition.*

prîmes d'abord que notre digne oncle avait été en butte à des menaces qui avaient altéré sa santé affaiblie déjà par son grand âge. On lui reprochait de nous avoir reçus à Villefranche chez lui; on l'accusait de complicité avec nous, sans spécifier pourtant aucun délit, aucun crime; enfin il était exposé à toutes sortes de violences et de vexations pour avoir invité à dîner ses deux neveux, les deux fils de sa sœur.

Ce que nous souffrions personnellement n'était rien en comparaison de ce que nous fit éprouver la pensée que nous avions, quoique bien involontairement, attiré sur la tête de notre digne oncle des chagrins qui pourraient abréger sa vie. Nous voulions à tout risque nous livrer à l'autorité et disculper notre vénérable parent, lorsque nous fûmes informés que, par affiches publiques (on en trouvera une dans les pièces justificatives), cent louis étaient promis par le ministre de la police à quiconque nous arrêterait.

Je me tais sur cette horrible politique qui met le sang à l'enchère: elle est jugée; mais je ne puis me dispenser de témoigner mon étonnement de ce que cette offre cruelle a été publiée à Trévoux avant de l'être partout ailleurs. Qu'avions-nous fait pour mériter ce barbare empressement à provoquer notre mort? Aujourd'hui même que nous avons à nous plaindre de tant de rigueurs, je défie qui ce soit, parmi mes compatriotes, de prouver, d'alléguer même un fait qui puisse justifier la haine.

Le prix de notre sang est proposé, et à qui? à ceux qui furent élevés avec nous, à nos amis, ou à ceux de nos parens, car, dans notre heureux pays, les habitans se connaissent, s'unissent tous par les liens d'une sainte fraternité! et par qui est souscrite cette offre sanglante? par un jeune homme qui fut le compagnon des jeux de notre enfance! sa charge de maire, dira-t-on, le contraignait à nous poursuivre, je le crois, j'ai besoin de le croire, mais je déclare que si jamais il se trouvait dans ma position et moi dans la sienne, je ne me souviendrais de ce qu'il a fait, que pour ne pas l'imiter.

CHAPITRE X.

Notre procès s'instruit devant la Cour prévôtale.

Deux officiers de l'ex-Garde, les frères Bacheville, étaient allés à Villefranche dans l'intérêt d'une conspiration qui devait renverser le Gouvernement; ils avaient des écharpes tricolores sous leurs habits, et les poches pleines de proclamations; mais, grâces à la fermeté des autorités, ce projet avait échoué, et les coupables, qui avaient d'abord échappé à la gendarmerie, ne pouvaient manquer d'être bientôt saisis.

Voilà dans quels termes et dans quel esprit on parlait d'une visite faite à notre oncle! il faut être singulièrement bien organisé pour la peur, pour craindre que deux simples officiers suffisent à culbuter une administration qui s'appuie sur 4 à 500,000 baïonnettes étrangères et sur un parti qui s'appelle modestement le plus fort, le plus nombreux et le plus habile. On crut pourtant, ou l'on feignit de croire à la réalité de cette tentative. La Cour prévôtale avait été instituée pour juger ces sortes d'affaires, et la nôtre y fut portée à la grande satisfaction de nos ennemis. Nous fûmes cités à comparaître devant cette Cour; nous n'en fîmes rien, et l'instruction marcha libre de toute contradiction. Deux officiers de nos amis, MM. Meynier et Perrin, se permirent seulement quelques mots en notre faveur: on les mit trois mois en prison pour leur apprendre à parler. M. Morel, de Trévoux, négoçiant à Villefranche, fut enfermé six mois pour n'avoir pas aidé la gendarmerie à nous arrêter; enfin notre oncle, âgé de quatre-vingts ans, que toutes les vexations qu'il avait essuyées n'empêchèrent pas de déposer de notre innocence, fut jeté dans les prisons, où il a langui près de cinq mois! Si je disais, non pas ce que j'ai éprouvé en apprenant ces horreurs, mais seulement ce que je souffre en me les rappelant aujourd'hui, j'en dirais trop. J'espère, d'ailleurs, que mon silence sera compris par tous ceux qui portent un cœur d'homme....

Il fut fait aussi dans ce temps et à-propos de nous, des ordonnances administratives qui méritent d'être connues. Le préfet du Rhône ordonna que des garnisaires seraient placés chez les habitans de Villefranche qui avaient refusé main-forte au commissaire de police. Ces garnisaires, nourris aux frais des délinquans, devaient encore recevoir une rétribution pécuniaire.

La mesure prescrite fut rigoureusement exécutée ; et comme il faut toujours que quelque ridicule se mêle à la cruauté des faibles, deux dames, dont les maris étaient absens depuis trois mois, furent condamnées à héberger et payer chacune deux soldats, en réparation de ce qu'elles n'avaient pas aidé la troupe à nous arrêter. On punit encore de la même amende des citoyens qui s'étaient rendus coupables d'un crime tout-à-fait nouveau : ils avaient ri de la peur de monsieur le maréchal-des-logis !

On voit par-là qu'on agissait sans façon avec la loi ; cependant, quelques mois plus tard, le gouverneur de Grenoble fit beaucoup mieux encore. Son ordonnance pour raser les maisons de ceux qui donneraient asile aux conspirateurs est le chef-d'œuvre de la légalité dans un pays constitutionnel.

Quant au maréchal-des-logis et au commissaire de police, on pense bien qu'ils triomphèrent devant les juges d'instruction de la cour prévôtale. Lorsque l'on peut faire arrêter ceux qui vous contredisent, rien n'est facile comme d'avoir raison. J'ai dit que notre oncle et trois de nos amis avaient été mis au cachot pour nous avoir défendus, cela n'était pas fort encourageant pour ceux qui auraient voulu les imiter. Nos accusateurs nous chargèrent donc à leur aise, et dès-lors il fut permis de douter de l'issue du procès.

Ce fut après avoir été à Lyon les invisibles témoins de toutes ces vexations, que nous résolûmes de quitter la France, pour ne pas compromettre davantage ceux qui avaient la bonté de s'intéresser à nous. Mon frère, quoique le moins menacé de nous deux, insista le plus fortement sur ce projet; il lui était impossible de résister plus long-temps à la douleur de savoir nos amis persécutés pour nous, et à la crainte de me voir porter la tête sur l'échafaud. Je ne croyais certainement pas qu'on oserait pousser jusques-là l'injustice et la barbarie; je me décidai pourtant à partir, persuadé qu'un séjour de quelques mois en Suisse donnerait le temps à nos ennemis même de reconnaître la cruauté de leur conduite à notre égard.

Il n'y a que ceux qui ont été contraints d'aller, comme nous, demander à l'étranger un refuge contre la persécution, qui pourront comprendre l'affliction que nous causait ce départ. J'avais bien des fois, et mon frère aussi, passé les frontières pour suivre nos drapeaux si long-temps vainqueurs; j'étais même parti volontairement pour l'île d'Elbe; mais alors nous allions le front levé, nous emportions l'espoir d'un retour glorieux, et cette joie que donne la certitude qu'on remplit un devoir sacré. Quelle différence aujourd'hui! nous allions fuir comme des coupables; nos parens, nos amis ne recevraient point nos adieux; nous quittions enfin notre belle patrie, non plus pour aller lui chercher une moisson de lauriers, mais pour offrir à ses voisins le spectacle de nos divisions et de nos malheurs.

Trente lieues séparent Lyon de la Suisse, et j'aurais entrepris avec moins d'effroi un voyage autour du monde ! Je souhaitais que les facilités qu'on nous avait promises pour notre fuite, nous fussent refusées ; je faisais et redéfaisais mes paquets ; je me créais moi-même des difficultés, et pourtant ma vie dépendait de la promptitude de ma fuite ! Amour du sol natal, quel empire tu exerces sur les cœurs !

CHAPITRE XI.

De Lyon en Suisse.

Les bons, les excellens Lyonnais avaient pris, pendant notre séjour dans leur ville, toutes les précautions que conseille la prudence; ils nous avaient prodigué tous les soins que l'amitié seule inspire; et leur zèle, quand il fallut assurer notre fuite, ne fut arrêté par aucun obstacle. Ne pouvant plus veiller eux-mêmes sur les dangers que nous allions courir, leur sollicitude pour nous sembla redoubler. Ils firent venir de Saint-Claude, un guide sûr à qui les chemins les plus secrets étaient familiers; ils nous donnèrent des armes, des vêtemens conformes au rôle que nous devions jouer; et leur générosité, qui avait pourvu à toutes ces dépenses, ne se borna pas là, elle arrondit encore notre petite bourse. Si le ciel a exaucé les vœux que nous fîmes alors, et que je renouvelle chaque jour, ces dignes amis auront reçu la récompense de leurs bontés pour nous; mais du moins j'espère qu'en lisant ces lignes, ils verront avec plaisir qu'ils n'ont pas obligé des ingrats, et que loin de me soustraire à la reconnaissance, j'aime à proclamer des bienfaits qui leur donnent des droits bien chers à mon cœur.

Nous étions alors au mois d'avril : cette saison ordinairement si belle dans nos climats, était mauvaise. Nous ne devions marcher que de nuit; mes pieds gelés en Russie ne me portaient qu'avec peine ; cependant il fallait partir : la résolution me donna la force qui me manquait, et nous nous mîmes en route pour quitter Lyon, un lundi, quelques momens avant la nuit.

Nous étions habillés en charretiers. Des guêtres de peau, de gros souliers ferrés, un chapeau rabattu, un habit court, pardessus tout cela une *blouse* de toile bleue, espèce de sac avec de larges manches, qui rappelle assez bien, si je ne me trompe, le vêtement des anciens Gaulois; ajoutez que nous avions un fouet à la main, et vous aurez une juste idée du costume que portaient deux capitaines de la Garde le jour qu'ils se décidaient à fuir de leur patrie, qu'ils étaient coupables d'avoir défendue quinze ans contre les Russes, les Anglais, et autres bons alliés.

Nous devions sortir par la barrière Saint-Clair; plusieurs de nos amis avaient pris les devants pour éclairer la route; les uns devaient faire causer les sentinelles; d'autres attirer l'attention de la garde, en lisant notre signalement affiché aux portes; quelques-uns enfin, étaient placés de distance en distance devant des maisons qui ayant des issues sur plusieurs rues, nous offraient un moyen de retraite dans le cas où nous serions obligés de fuir. Nous passâmes heureusement sans être remarqués; le factionnaire tout occupé de la conversation que nous lui avions envoyée, ne nous vit seulement pas ! Tout aurait été à merveille, s'il n'eût pas fallu nous séparer de nos libérateurs sans oser leur jeter un regard d'adieu. Nous nous éloignâmes donc sans détourner la tête, affectant une indifférence qui certes n'était pas dans notre âme, et de leur côté nos amis réglèrent leurs propos et leurs gestes de façon à ne pas éveiller des soupçons toujours trop prompts à éclorre dans l'esprit de certains hommes qui semblent deviner les traces des malheureux, comme les chiens celles du gibier.

Nous étions dans notre département; il s'étend jusqu'aux portes de Lyon; l'un des faubourgs même s'appelle le faubourg de l'Ain. Connus à la ronde comme nous l'étions, le danger d'être découverts sous nos déguisemens nous tourmenta jusqu'à la nuit. Cependant quand nous fûmes parvenus sur la hauteur de Miribelle, nous ne pûmes résister au désir de nous arrêter pour contempler une dernière fois le beau pays que nous allions quitter. De la place où nous étions, nous ne pouvions apercevoir Lyon, mais notre vue plongeait sur la rive gauche du Rhône. Mon frère me dit, après une pause assez longue : « Barthélemy, tu vois d'ici le département de l'Isère : il est limitrophe de celui du Rhône; le Rhône s'unit à l'Ain, et l'Ain touche à Saône-et-Loire: ne désespérons pas de la liberté ! » Faisant aussitôt un brusque demi-tour, il se remit en

marche, et je le suivis long-temps sans ressentir la souffrance continuelle que me causaient mes pieds, dont un cuir dur et mal apprêté rouvrait les anciennes blessures.

Je ne dois pas oublier de dire qu'avant d'arriver à Miribelle, nous avions entendu galoper deux cavaliers derrière nous, et que, persuadés que nous étions poursuivis, je conseillai à mon frère de se jeter vers la montagne, tandis que je gagnerais les bords de la rivière. Il refusa absolument de se séparer de moi. Nous nous cachâmes derrière une maison sur le bord de la route, et ce ne fut que lorsque nous n'entendîmes plus rien que nous repartîmes. Notre guide avait été pendant tout ce temps dans un effroi qui nous fit rire malgré nous, et nous rendit l'assurance. Pour guérir de la crainte, il suffit souvent de regarder quelqu'un qui a peur : un homme qui tremble a si mauvaise grâce, qu'on n'est guères tenté de l'imiter.

La frayeur qu'éprouva notre conducteur à Mont-Luel ne fut pas moins grande, mais elle fut moins comique, parce qu'elle était fondée. Il fallait ou passer dans l'eau jusqu'au cou, ou bien traverser la ville en défilant devant la caserne des gendarmes : je ne fus pas d'avis de me mettre à la nage, et risquant le tout pour le tout, nous suivîmes la grande route. C'était une imprudence sans doute, elle n'eut pourtant aucun résultat fâcheux; personne ne nous remarqua, et nous allâmes nous reposer derrière une meule de paille, tout près du château d'une espèce de Don Quichotte qui avait organisé une compagnie avec laquelle il se vantait de tout mettre à la raison.

Cet asile ne nous laissa pas un souvenir fort agréable. Nous y fûmes assaillis par certains compagnons de voyage, auxquels le séjour de l'Espagne ne nous avait pas appris à trouver des charmes, et ce ne fut qu'en mettant nos habits au four que nous parvînmes à nous débarrasser de l'affection de ces messieurs. Un malheur ne va pas sans l'autre, et mes pieds bientôt tout en sang, me donnaient des douleurs qui, m'obligeant à de fréquentes haltes, éloignaient le terme de notre course. J'eusse été d'ailleurs dans l'impossibilité de fuir si nous eussions été poursuivis, et mourir en me défendant sur place, était ma seule chance : je crus un instant que mon mauvais destin l'avait amenée. Un pont que nos bons alliés avaient coupé nous forçait de passer la rivière dans un bac; nous eussions donc nécessairement eu affaire aux gendarmes de la correspondance qui nous talonnaient déjà, si le batelier, qui démarrait à l'instant où nous arrivions, nous eût refusé de prendre terre et de nous recevoir à son bord; à la manière dont nous lui parlâmes, il devina que nous avions des raisons pour ne pas aimer la maréchaussée, et s'empressa de nous accueillir. Les gendarmes lui crièrent aussitôt de les attendre, mais il leur répondit en nous regardant d'un air significatif : « Ce sera pour l'autre voyage; » et quand nous fûmes sur l'autre rive, et que je voulus lui offrir de l'argent, il me prit la main et me dit : « Je suis payé, camarade : prenez sur la gauche, je leur dirai que vous êtes allés à droite. » J'ignore le nom de ce brave homme, je ne l'ai pas revu, mais il a dû lire dans nos regards que nous ne l'oublierions de la vie.

Nous nous jetâmes dans les montagnes du Bugey. La fatigue et la douleur avaient tellement dérangé ma santé, que je ne pouvais garder même le bouillon que je prenais; il ne me fut bientôt plus possible de marcher ; je louai donc une petite charrette de paysan, et je me fis conduire jusqu'à l'entrée des montagnes du Sardon, où la curiosité de notre hôtesse faillit nous être fatale. Nous avions pris, comme de coutume, notre domicile pour quelques heures dans un petit cabaret que nous jugeâmes être peu fréquenté. La femme de la maison me voyant fatigué et souffrant, s'approcha de moi, me fit ses offres de service, et ne m'épargna pas ses questions. « Ces Messieurs sont sans doute des marchands qui vont à la foire de Nantua? » — « Précisément. » — « Et que vendent ces Messieurs? » — Je répondis : « Nous sommes marchands de toile. » — Aussitôt l'hôtesse empressée veut voir nos marchandises. Mon frère lui dit que notre domestique avait pris une route plus facile, et que le lendemain nous le trouverions à Nantua. Je pensais en être quitte; ce n'était que le commencement. « De quels prix, de quelles qualités sont vos toiles, continua la questionneuse? j'en ai besoin; demain j'irai à la foire, et nous pourrions faire affaire ensemble. » — « Vous verrez tout cela, » lui dis-je, cherchant toujours à rompre les chiens. Mais ne voilà-t-il pas qu'il se trouve au coin de la cheminée deux hommes qui étaient de véritables marchands de toiles. La discussion était ouverte, point de moyens de l'éviter; mon frère prit donc la parole. Se sauvant d'abord par les généralités, il commença à se plaindre qu'il n'y avait pas de l'eau à boire dans le métier. Les perkales et les calicots reçurent de vigoureuses apostrophes, et par une transition que je ne me rappelle pas sans rire, Antoine, à propos de l'oreille déchiré, d'une chienne amena les confrères à parler de la chasse au sanglier, où il leur fit faire un tel chemin, qu'ils ne surent plus comment revenir aux toiles. Le patois, que nous parlions tous deux très-bien, servait aussi à détourner les soupçons; et nous nous remîmes en chemin avec promesse de vider bouteille à Nantua, où nous devions tous nous rencontrer.

Il y avait à nous livrer tous deux, deux cents louis à gagner, la somme est faite pour tenter de pauvres forains; nous jugeâmes donc prudent d'éviter une nouvelle rencontre, et nous prîmes les devants. Je fus, malgré mes souffrances, obligé de traverser les montagnes à pied, m'appuyant sur le bras de mon frère. Mais une lieue avant d'arriver à Nantua, il ne me fut plus possible de marcher, et je louai de nouveau une petite charrette devant laquelle cheminait mon cher Antoine, éclairant la route en véritable voltigeur. Six coups à tirer chacun, de la force, une ferme résolution de ne pas nous laisser prendre, ne rendaient pas notre arrestation facile, et les gendarmes eussent été peut-être aussi embarrassés que nous s'il eût fallu en venir aux mains; mais le sang français, même celui des gendarmes, nous était précieux, et la crainte d'être contraints à le verser nous troublait autant que notre propre péril. Le ciel, qui nous a été quelquefois si sévère, a daigné nous épargner le malheur que nous redoutions le plus; nous avons défendu nos concitoyens, plusieurs nous doivent la vie, et notre épée n'a jamais frappé que des ennemis de la patrie. Je plains ceux qui n'en peuvent pas dire autant.

J'avais mis pied à terre pour traverser la route

de St.-Claude, sur laquelle se tient une partie de la foire de Nantua, parce que je ne voulais pas m'exposer à être attaqué sur une voiture, où je n'aurais pu me servir de mes armes qu'avec difficulté; mais je boitais, je suis d'une haute taille, on me remarquait, je le voyais, et mon embarras devenait plus grand à chaque pas ; il eût même pu me faire découvrir si l'on n'eût pas été, sans doute, si loin de soupçonner que deux hommes dont la tête était à prix et le signalement affiché partout, se trouvaient en plein jour dans un chef-lieu d'arrondissement de leur département, au milieu d'un marché, et coudoyant les gendarmes, sans qui rien ne se passe dans le libre pays de France, ni affaires, ni plaisirs.

Après trois jours et trois nuits de fatigues et d'appréhensions continuelles, nous arrivâmes chez le père de notre guide. Ce brave homme, qui demeure dans une petite maison fort propre, située à une demi-lieue en avant de Saint-Claude, nous reçut de son mieux. Nous prîmes chez lui deux jours de repos; pendant ce temps, lui et son fils s'occupèrent de nous procurer les moyens de franchir la frontière, chose peu facile à cause d'une double, et je crois même d'une triple ligne de douane, qui fouille, visite, interroge tout ce qui passe; ils réussirent pourtant à nous procurer un compagnon sûr, hardi, et compromis comme nous avec ce qu'on appelle la justice. C'était M. L......, accusé d'avoir introduit de la poudre suisse en France pour la conspiration du 21 janvier 1816, fait dont il n'était nullement coupable; néanmoins il aimait mieux s'en défendre de loin que de près; les tribunaux ont le premier mouvement assez dangereux en tout temps, mais c'est surtout dans les momens de trouble et de divisions politiques, qu'il est sage de se rappeler le conseil de d'Aguesseau : « Si l'on vous accuse d'avoir mis les tours de Notre-Dame dans votre gousset de montre, commencez toujours par vous sauver. »

Nous allâmes, la nuit, cela va sans dire, rejoindre à Saint-Claude M. L....., chez une dame qui le cachait. La conformité de nos situations et la communauté des dangers que nous devions courir, abrégèrent les préliminaires, et nous fûmes amis au bout d'une heure. On verra plus tard ce qui m'engage à ne pas désigner ce brave homme autrement que par l'initiale de son nom, quoique je sois très-disposé à le remercier publiquement des services qu'il nous a rendus.

Le premier jour après notre départ de Saint-Claude, nous couchâmes dans une chaumière écartée où nous fûmes fort bien accueillis; je parle de la bonne mine de l'hôte que nous y trouvâmes, car, du reste, il n'y avait rien; et le lendemain, nous nous mîmes en route pour la Suisse; où, je croyais que nous n'arriverions jamais. Les jours sont des années, les années sont des jours suivant ce qu'on éprouve; pour moi, je déclare que toute ma vie ne m'a pas semblée si longue que les six semaines qui se sont écoulées depuis mon affaire de Villefranche, jusqu'à l'instant où je mis le pied sur le territoire hospitalier des Helvétiens.

Enfin, enfin nous sommes en Suisse! douaniers et gendarmes, agens publics et secrets de la police, garde mobile et garde urbaine, courez, furetez, visitez partout, vous ne boirez pas le prix de notre sang, nous sommes dans la patrie de Guillaume Tell! vive la France! vive la liberté! c'est à ce cri que nous entrâmes chez nos voisins, et vive l'Empereur, ajouta mon frère, car il est persécuté, non pour le mal, mais pour le bien qu'il nous a fait; s'il n'eut été qu'un despote, il serait encore sur le trône; il aima la gloire de sa patrie, il l'éleva au-dessus de tous les autres peuples, voilà surtout pourquoi il est prisonnier à Sainte-Hélène.

Je n'étais pas assez habile pour juger si mon frère avait raison, mais eût-il eu cent fois tort, je n'aurais pu m'empêcher de l'embrasser, et je pleurai sur le sort de mon bienfaiteur. Si c'est un crime, je me dénonce. Gens, qui lisez cet ouvrage pour y trouver le mal qui n'y est pas, notez qu'un officier, qui a servi huit ans dans la Garde de Napoléon; qui fut choisi par lui pour l'accompagner dans son exil, a versé des larmes sur le destin de ce héros malheureux. Je m'avoue coupable de reconnaissance. Voyez si vous pouvez trouver un tribunal qui veuille me punir de ce délit; je n'en ai point commis d'autre de ma vie.

Mais la joie que nous avions éprouvée en entrant en Suisse fut bientôt troublée; nous voulûmes nous reposer un instant dans une auberge, notre signalement y était affiché, et la récompense promise au Français qui nous livrerait, était offerte à l'étranger. Quel acharnement! quelle rage! si nous étions dangereux au maintien de l'ordre établi en France, n'était-ce donc pas assez de nous avoir réduits à nous expatrier? débarrassé de nous, que demandait-on de plus? on demandait notre sang.... C'est bien ici qu'il est permis de s'écrier avec Rousseau: « Qu'en voulez-vous faire de ce sang, bêtes féroces? le voulez-vous boire?»

Nous étions dans une position difficile à sentir: rencontrer sa perte à l'endroit même où l'on vient chercher son salut! il y a là un mécompte plus cruel cent fois que la présence d'un danger prévu. Nous étions atterrés.

Heureusement pour nous, si M. L...... n'était pas un conspirateur, il était un contrebandier de la première force, connu dans toute la ville de Sancerre; il nous annonça comme des négocians qui faisaient des affaires avec lui, et cette recommandation qui valait mieux que toute autre dans un pays où ce trafic est la source des richesses, nous mit à l'abri des recherches d'une police qui, du moins, a le bon esprit de ne pas contrarier les intérêts de ceux qui la paient. Cela soit dit sans trop tirer à conséquence, car je ne prétends pas faire ici l'éloge de la contrebande.

M. L...... nous conduisit dans une auberge tenue par le maire, qui était de ses amis, lui confia nos malheurs, et lui demanda sa protection pour nous. Ce digne homme nous l'accorda sans se faire prier. « Si les gendarmes, nous dit-il, vous eussent arrêtés et menés a la municipalité, je tremble en pensant à ce que mon devoir m'eût obligé de faire, mais vous êtes ici sous la sauve-garde de l'hospitalité; ne craignez donc rien. Les hommes libres n'ont jamais trahi ceux qui se sont livrés à leur foi, pas même leurs ennemis, et vous n'êtes pas les miens; encore une fois, ne craignez rien. » Après ce discours rassurant que nous avions besoin d'entendre, le maire fit panser mes pieds qui étaient dans un état déplorable ; nous offrit à souper, à coucher, nous traita comme des frères, et le lendemain nous donna une recommandation pour Nyon, où nous nous rendîmes : il ne voulut accepter de nous que des remerciemens.

Nous descendîmes à Nyon dans une auberge où se trouvait ce jour-là, et je crois pour toucher leur demi-solde ou leur retraite, un bon nombre d'officiers qui avaient servi en France. M. L...... qui les connaissait, leur demanda la permission de nous faire dîner avec eux; elle fut accordée; et nous voilà à table avec des camarades, qui étaient loin de nous croire militaires comme eux. Un geste, un rien suffit souvent à découvrir un secret qu'on a pris les plus grandes précautions pour cacher. Le malheureux Condorcet, habillé en paysan, fut reconnu à la blancheur de sa main ; mon frère, sous l'habit d'un charretier, se trahit en découpant avec une adresse remarquable, et offrant avec une politesse aisée les mets qui étaient devant lui. Mais nous étions au milieu d'anciens frères d'armes, et une pleine et entière confidence de notre part leur évita l'embarras des conjectures.

Le succès de cette première rencontre nous rendit l'espérance d'obtenir la permission de résider en Suisse, grâces aux recommandations que nous avions pour MM. Caillier, Gay, Konobel et Laharpe ; et nous résolûmes de partir le plutôt possible pour Cossonay, où demeuraient ces nobles protecteurs de l'infortune.

Mais j'éprouve le besoin de faire un chapitre à part de notre séjour en Suisse; l'accueil généreux que nous avons reçu dans le canton de Vaud, a pénétré mon cœur d'une reconnaissance que ce sera pour moi un plaisir de publier; ce sera aussi satisfaire à une volonté de mon cher Antoine. « Je ne sais, me répétait-il souvent, si je reverrai les bons Vaudois; mais si je péris et que tu me survives, dis-leur bien que je les aime comme des frères, et que j'ai pensé à eux jusqu'au dernier moment!»...... Hélas pourquoi n'est-ce pas lui qui est revenu pour leur dire ce qu'il éprouvait si bien? mais les meilleurs doivent quitter les premiers cette vallée de douleurs...... Ils ont mérité d'être heureux.

CHAPITRE XII.

Séjour en Suisse.

Le Gouvernement de la Suisse, ses montagnes, ses lacs, le contraste d'une verdure passagère et d'une neige éternelle; la vie à la fois commerçante, pastorale et guerrière de ses habitans, enfin cette simplicité antique qui se conserve intacte à quatre pas des villes qui ont suivi le mouvement de la civilisation, offrent au pinceau du poëte, aux réflexions du philosophe, et aux combinaisons du publiciste une inépuisable matière.

Est-il vrai, par exemple, que la Suisse ne peut se dispenser d'affermer à l'étranger le courage de ses fils? ne lui serait-il pas plus utile et plus glorieux de chercher à fonder une colonie dans le nouveau monde? surtout est-il vrai que les cantons ne soient qu'une fédération de municipalités qui existent sous le bon plaisir des grandes puissances? pour être petite, une république n'est-elle pas un gouvernement légitime?

Mais ces hautes questions me meneraient trop loin, lors même que je ne voudrais que les effleurer; j'aime mieux les abandonner entières au jugement du lecteur, et je passe à ce qui nous est personnel, laissant aussi de côté les descriptions que nous avons faites et qu'on peut trouver partout; car, quel voyageur n'a pas décrit la Suisse? il est même des personnes qui vont dans ce beau pays exprès pour faire un livre, et ne font après tout que copier sur place l'histoire de Jean de Müller, qu'elles pourraient, sans se déranger, transcrire dans leur cabinet. Quand tout est dit, que peut-on dire encore? Pour moi, j'ai trop de franchise pour ne pas avouer que tous les sites que j'ai vus ont été mieux dépeints que je ne le saurais faire. Je ne m'attacherai donc qu'au récit des faits; ils se font lire de quelque manière qu'ils soient écrits; et je sens que mon style a besoin de couvrir sa faiblesse de l'intérêt de curiosité qu'inspirent des événemens qui ont au moins le mérite de n'être pas connus.

Nous restâmes d'abord quelques jours cachés chez M. Konobel, dont nous avions fait connaissance par l'entremise de M. Caillier; mais il nous fallut bientôt quitter cet asile: l'activité des poursuites dirigées contre nous devenant de plus en plus grande. On était d'ailleurs venu nous prévenir de Lausanne, que notre retraite était connue, et que des ordres étaient donnés pour nous arrêter. Nous prîmes donc congé de notre hôte, qui refusa toute indemnité pour le temps que nous avions passé chez lui, et nous donna une lettre de recommandation pour un vénérable vieillard qui habite dans les montagnes.

Il est impossible de désirer un meilleur accueil que celui que nous reçûmes de ce digne patriarche. Nous nous flattions de pouvoir attendre en paix dans sa demeure les passe-ports que nos amis les bons Vaudois, sollicitaient pour nous avec un zèle infatiguable. Mais à peine étions-nous arrivés, que l'on nous avertit que nos traces étaient découvertes; et nous voilà de nouveau en fuite.

On nous avait mandé que M. Bermont, notaire à Asson, aurait la bonté de nous recevoir. Nous nous y rendîmes plein d'espoir, cette fois, d'échapper aux recherches des limiers de la police : notre attente fut encore trompée. Reconnus et dénoncés, nous fûmes réduits à chercher un refuge plus écarté.

Mais où aller? que devenir? que faire? consentirait-on à s'exposer pour nous à des perquisitions vexatoires? voudrait-on enfin encourir l'animadversion de l'autorité, pour servir des étrangers sans autre recommandation que le malheur? La pitié, l'obligance n'étaient-elles pas déjà fatiguées? Non, les Vaudois ne se lassent jamais de rendre service ; nous l'éprouvâmes bientôt, et la crainte que nous avions d'être abandonnés, nous fit ajouter un nouveau prix à l'hospitalité que nous trouvâmes le 6 mai, à Willarzel, chez un ministre du saint évangile, appelé Tuillard.

Nous n'étions nullement connus de lui ; il ne s'informa pas de notre croyance ; nous lui dîmes : « Nous venons vous demander un asile ; nous sommes deux infortunés, deux Français persécutés, poursuivis pour avoir trop bien défendu notre patrie. — Eh! qu'importe, qui que vous soyez, vous êtes hommes, répondit le saint pasteur, vous souffrez, il suffit.» A ces mots, il nous ouvrit ses bras, nous appela ses enfans, ses frères, et sa maison fut la nôtre.

O tolérance! ô charité! combien vous avez plus d'empire sur les cœurs, que ces terribles menaces dont des prêtres fougueux font retentir la chaire! Il nous sembla que le ciel même venait de nous parler par la bouche du ministre; une pieuse résignation nous donna soudain la force nécessaire pour envisager sans effroi l'abîme qui nous entourait; et, à dater de ce jour, je n'ai plus désespéré du triomphe de la justice.

Ce courage de l'âme qui est bien au-dessus de l'impétueuse valeur des combats, ne tarda pas à être mis à l'épreuve. Vingt jours s'étaient écoulés en inutiles démarches pour nous procurer des passe-ports, sans lesquels nous ne pouvions sortir de la Suisse, lorsque le bon pasteur fut prévenu par une lettre dont le sens ne put lui échapper, que le lendemain on irait chez lui pour saisir des marchandises de contrebande. On lui conseilla surtout de soustraire le gros ballot. Mon frère était alors à Nyon pour tâcher d'obtenir les papiers que nous avions si ardemment sollicités; moi, toujours imprudent, je voulus attendre qu'on me répétât l'avertissement qui m'était donné si charitablement.

Ma témérité faillit me coûter cher.

En effet, le 1er juin 1816, cinq gendarmes, conduits par le juge de paix, vinrent frapper à ma porte à quatre heures du matin. Ce ne fut qu'en courant de grands risques que je m'échappai par une fenêtre qui donnait sur les derrières de la maison, et que je parvins à me jetter dans un bois voisin des bains d'Agny. J'y restai trois jours, après lesquels le ministre vint me chercher, et me ramena chez lui, en m'assurant que je pouvais y demeurer sans crainte.

Je reçus alors une lettre de notre bonne sœur: elle me prévenait qu'elle avait adressé cinq cents francs à M. Laharpe pour nous, et nous promettait de nouveaux secours. Cette excellente amie avait eu l'attention de ne pas nous instruire des vexations auxquelles la police l'avait soumise

2e *édition.*

à Paris où elle demeure ; mais nous les avions apprises par une autre voie, et sachant qu'elle avait souffert aussi pour nous, ses secours nous en devenaient plus précieux.

Je me rendis aussitôt à Lausanne, où j'espérais trouver mon frère, pour avoir l'honneur de connaître personnellement M. Laharpe, et pour toucher la somme qu'il avait reçue et dont nous avions le plus grand besoin. Nous profitâmes de cette circonstance pour saluer un de nos concitoyens à qui nous avions des obligations de plus d'un genre; je veux parler du général d'Espinassy, proscrit par la loi d'amnistie, et qui trouve dans l'estime des Vaudois et de tous ceux qui le connaissent, un dédommagement, s'il en est un possible, à la douleur d'être privé de vivre au sein de sa patrie. On vint nous informer, pendant que nous étions chez lui, que quatre scélérats avaient été expédiés de France avec la promesse de dix mille francs de récompense s'ils nous livraient morts ou vifs, et qu'ils rôdaient autour de Lausanne, se répandant contre nous en menaces d'assassinat. Pour cette fois, je ne me le fis pas redire, et nous reprimes à l'instant le chemin de Willarzel, où demeurait notre bon ministre, notre ami, notre providence.

Que l'on poursuive un voleur, un meurtrier, au-delà des frontières du pays dont il a enfreint les lois, cela se comprend, cela est juste, car nulle part le vol et le meurtre ne sont tolérés ; mais qu'un homme accusé d'un crime politique, soit encore exposé à des recherches, à des attaques cruelles, quand il est sorti des limites de l'État dont il a attaqué l'autorité, cela est injuste, absurde même, car tels principes, telles actions punis chez un peuple, sont en honneur chez un autre.

Comment aller dire au chef d'une république : Un homme a osé vanter chez moi l'excellence de votre gouvernement ; rendez-le-moi, que je le pende pour le punir de vous avoir trouvé plus sage et meilleur que moi; en retour de ce bon procédé, si quelqu'un de vos concitoyens vous conseille de changer vos consuls contre des rois, et vous échappe après cet attentat, moi, monarque, je vous le livrerai, afin qu'il soit mis à mort pour avoir aimé la monarchie.

De bonne-foi, une pareille proposition serait-elle supportable? On la fait pourtant, à cela près qu'on l'enveloppe dans des phrases diplomatiques, où les noms d'ordre et de salut public viennent se fourrer, sans doute bien malgré eux. J'ai pris, j'en conviens, dans ma comparaison, les deux extrêmes, le bien et le mal, la république et la monarchie; mais sans avoir besoin de pousser si loin les choses, n'est-il pas évident que le Gouvernement de France et celui de Suisse, et ceux de tous les autres états où l'on nous a réclamés, ont entre eux des différences assez fortes pour nous faire tantôt innocens, tantôt coupables. Le Grand Turc, par exemple, a dû être bien vivement indigné que nous nous fussions permis de préférer un empire despotique et militaire, au règne de la Charte constitutionelle. Car, enfin, voilà de quoi on nous accusait. Mais j'en ai déjà dit assez sur ce sujet, l'extradition est condamnée par tous les bons esprits et par les bons gouvernemens : les États-Unis n'ont jamais livré personne à la vengeance des ministres étrangers, et depuis que l'Espagne est libre, on sait qu'elle ne répondrait que par le mépris à une pareille demande : et voyez ce qu'on fait les Suisses à notre égard ? L'autorité ne pouvait refuser de nous poursuivre, mais tous les citoyens nous protégeaient, et l'autorité elle-même eût fait comme eux, si elle eût eu plus de poids dans la balance européenne. Quand viendra le temps où la liberté des faibles ne sera plus la proie de la violence et de la force !

Je retourne à ma narration.

En revenant chez notre respectable pasteur, nous fûmes abordés par un gendarme qui faisait la même route que nous; il nous demanda si nous n'avions pas vu les frères Bacheville; nous lui répondîmes que nous les connaissions, mais que, pour le moment, il nous était impossible de lui dire où ils étaient. La conversation continua; nous nous donnions alors pour des marchands de chevaux; la connaissance que nous avions acquise des localités dans le canton de Vaud, et le nom de plusieurs personnes que nous citâmes, écartaient si bien le soupçon, que le gendarme nous offrit de prendre quelques rafraîchissemens avec lui ; nous acceptâmes, à condition que nous en ferions les frais. J'ai déjà dit que c'est la coutume en Suisse d'afficher le signalement des malfaiteurs dans les auberges; *les nôtres* étaient placardés contre un pilier de celle où nous entrâmes à Moudon ; le gendarme les lut d'abord, et nous les lûmes tous de compagnie, sur la même feuille qui sert aujourd'hui à les imprimer, et que mon frère eut soin d'arracher en sortant.

INDIVIDUS A RECHERCHER.

Barthélemy Bacheville, capitaine-lieutenant de l'ex-Garde, décoré de la Légion d'honneur, âgé de trente à trente-quatre ans, taille de cinq pieds sept pouces environ, coiffé à la titus, nez mince, un peu court et relevé, visage ovale, yeux bleus très-beaux, bouche moyenne, menton rond, teint coloré, moustache peu garnie, démarche assurée, tête haute, grassayant légèrement, corpulance bien proportionnée.

Antoine Bacheville, capitaine au 3ᵉ régiment d'infanterie de l'ex-Garde impériale, taille d'environ cinq pieds deux pouces, cheveux et sourcils châtains, barbe blonde, visage ovale, fort gravé, front couvert, yeux gris, assez fendus et un peu saillans, bouche grande, menton pointu, physionomie hau-

taine, se berçant légèrement en marchant, le dos un peu voûté, et la tête haute, bien que portée en avant.

Après cette lecture, le gendarme nous assura gravement qu'il reconnaîtrait les frères Bacheville sous quelques vêtemens qu'il les rencontrât; mais il parla d'eux sans animosité, et nous nous contentâmes de rire de la confiance qu'il avait dans sa pénétration.

Les flacons vides, nous nous remîmes en route toujours avec le gendarme, qui avait la plus grande envie, tantôt de nous vendre, tantôt de nous acheter des chevaux. Parvenus à la hauteur d'un chemin de traverse que nous voulions prendre, je m'adressai à notre physionomiste et l'invitai à me regarder en face. L'air que mon frère et moi avions pris, notre main posée sur nos armes, le portèrent à croire que nous étions des voleurs; mais il ne soupçonna seulement pas que nous fussions ces mêmes Bacheville qu'il cherchait. Je lui déclarai donc qui nous étions, en lui conseillant d'aller étudier son *Lavater*. Il eut l'air étonné, mais point du tout fâché. Il voulut cependant faire mine de nous arrêter, mais un pistolet que lui montra mon frère lui fit rengaîner son sabre, et tout se passa amicalement, à l'aspect de ce médiateur respectacle. Nous entrâmes dans la forêt, tandis que notre compagnon de voyage s'en alla de son côté sans essayer le moins du monde de nous suivre.

Il était huit heures du soir quand nous arrivâmes chez notre Ministre. Nous lui apprîmes les nouveaux dangers dont nous étions menacés. Il nous embrassa et nous promit de ne pas nous abandonner, mais il ne nous dissimula point que sa maison ne pouvait être plus long-temps un lieu de sûreté pour nous. Il ne disait que trop vrai; le 8 juin, douze gendarmes vinrent nous cerner avant le jour, et sans les aboiemens d'un chien fidèle, nous étions pris; mais nous réussîmes encore cette fois à gagner la forêt, où notre excellent pasteur vint régulièrement chaque nuit nous apporter pour le jour des alimens et des consolations.

Ne pouvant supporter plus long-temps d'être un objet d'alarmes et de fatigues pour le bon Ministre, je me décidai à me séparer de mon frère, qu'on poursuivait avec moins d'acharnement, et à me rendre à Constance, auprès de la duchesse de Saint-Leu, où je me flattais d'arriver en marchant toujours de nuit et par des chemins détournés. Un événement favorable vint encore augmenter mon espoir : M. le colonel Combe, qui avait été à l'île d'Elbe avec moi, eut la bonté de me remettre un passe-port qu'il s'était procuré à Genève. Ce n'était pas mon signalement, il s'en fallait de beaucoup, n'importe c'était ce qu'on appelle un papier, et les douaniers et les gendarmes ne sont pas tous très-forts sur la physionomie, comme je l'avais éprouvé naguères. Je partis donc vers le milieu de juin avec quelqu'argent, un peu de confiance, et beaucoup d'envie d'arriver, ce qui valait mieux encore que le reste; car ce qu'on veut fortement on le peut presque toujours.

J'épargne au lecteur les détails de ma route. Qu'y verrait-il? des persécutions, des fatigues, de mauvais traitemens; il sait d'avance que je ne pouvais rencontrer autre chose. Il me suffira donc de dire qu'à Schaffouse je réussis, en grisant les suppôts de la police, à faire viser mon

passe-port qui ne l'avait encore été nulle part;
qu'après cela un juge de paix me fit des difficultés que je parvins à appaiser, et qu'enfin mes
papiers, qui n'étaient nullement en ordre à
mon départ, avaient un certain air de légalité à
mon arrivée à Constance. Mais avant de sortir
de la Suisse, j'ai eu une rencontre que je ne
veux pas passer sous silence.

J'étais allé sur les bords du lac de Lucerne,
contempler les lieux où Guillaume Tell tua le
tyran de sa patrie. L'histoire, ou peut-être la
fable de la pomme enlevée sur la tête de son
fils, voilà tout ce que je savais de particulier sur
le libérateur de la Suissse.

J'étais profondément rêveur, et je me reprochais mon ignorance, lorsque je vis un jeune
homme, qui venait de mon côté, sautant de rocher en rocher avec une audace admirable. Il
approcha; un livre était dans sa main, et il récitait, d'une voix animée et sonore, des vers
allemands que je ne comprenais pas, mais dont
l'harmonie rappelait tantôt le son du cor des
Alpes, tantôt les cris de la douleur ou ceux de
l'indignation, et me causait une émotion, des

transports même que je ne saurais définir.

Enfin, je crois reconnaître le cri de la liberté qui a brisé les chaînes d'un long esclavage ; je n'y peux plus tenir, je cours vers le jeune homme, dont les regards tournés vers le ciel avaient une expression d'enthousiasme que je n'avais jamais vue à personne. Je l'aborde, et lui demande, sans hésiter, de m'expliquer les vers qu'il récitait à l'instant.

« Est-ce que vous n'entendez pas l'allemand, monsieur, me dit-il? je l'avais cru en vous voyant prendre tant d'intérêt à ma déclamation?—Pour l'usage ordinaire de la vie, j'en sais quelques mots, mais je n'en comprends pas du tout la poésie. Cependant je suis sûr que vous récitiez un morceau où il est question de la liberté.— Oui, sans doute, il y est question de la liberté! c'est le quatrième acte du Guillaume Tell de Schiller, que je déclamais. Cet homme qui dit en mourant : « c'est le trait de Guillaume Tell! » cet homme est le barbare Gessler; celui qui lui répond d'une voix terrible : « tu dois le connaître! c'est Tell lui-même.... Enfin, ce cri de joie et de délivrance qui vous a transporté, il est poussé par le peuple Helvétique, qui remercie le ciel de la chûte des tyrans. »

Le jeune homme continua ainsi à me traduire les principales beautés de la tragédie allemande.

Je me souviendrai toute ma vie de ce passage où Melchtal demande à sa femme ce qu'il doit faire dans le péril où il se trouve. » Reste du côté de ton pays, lui répond cette digne épouse, c'est là que le ciel t'a placé !......» — » Et moi aussi, j'y resterai, m'écriai-je avec force ! honte à qui s'en sépare. » Il n'en fallut pas davantage, mon interprète et moi nous fûmes; amis après ce serment, que je répète chaque jour. Je lui dis non pas mon nom, mais qui j'étais, il se fit connaître à son tour. Je regrette que les tablettes où j'avais écrit les renseignemens qu'il m'avait donnés sur sa famille, aient été perdues. Tout ce que je me rappelle, c'est qu'il sortait de l'université d'Iena, et que son adieu fut : » Nous sommes les amis des Français dans la liberté. »

CHAPITRE XIII.

Mon frère me rejoint à Constance.

Le passe-port que m'avait donné le colonel Combe avait décidé de mon nom et de mon état; je m'appelais Louis Lions et j'étais horloger, bien que je n'eusse touché de montre, de ma vie, que pour voir l'heure. Ainsi, j'avais reçu d'un papier une profession, comme tant d'autres la reçoivent d'un parchemin; et cette fois, par bonheur, on oublia pour moi ce qu'on oublie toujours pour eux, de s'assurer si je savais le métier que je prétendais faire. Les douaniers, les gendarmes et les juges de paix prirent mille précautions inutiles, ils ne songèrent seulement pas à celle-là. Mais j'y pensai pour eux, et ce ne fut jamais sans trembler de voir ma ruse découverte, que j'entendais faire cette question si simple, si souvent répétée : quelle heure est-il? le son d'une horloge me jetait dans un trouble que ne m'aurait pas causé le bruit de cent canons. Il faut avoir été dans ces positions-là pour s'en faire une idée; mourir pour son pays, les armes à la main, mourir avec gloire c'est un sort si beau qu'il couvre de son éclat les horreurs du danger, mais être arrêté, traîné de brigade en brigade, comme un vil scélérat, et porter enfin sa tête sur un échafaud, il y a dans cette perspective une terreur dont le courage le plus ferme ne ne défend pas toujours. J'avoue donc que je n'étais pas sans frayeur et que ce fut avec une joie bien vive que j'entrai dans Constance.

Cette ville, située à l'extémité du duché de Bade, était alors le refuge d'un grand nombre de proscrits. J'espérais ne pas y être inquiété; j'espérais surtout que mon malheur s'adoucirait, par la société de quelques-uns de mes concitoyens persécutés comme moi. Je me fis donc annoncer chez tout ce qu'il y avait de Français recommandables, sollicitant l'honneur de faire leur connaissance. Qu'on juge de mon étonnement et de ma douleur, lorsque je vis tous les cœurs se serrer à mon approche! On me prit pour un espion, pour un agent provocateur ; en un mot, pour un de ces hommes de sang que les gouvernemens envoient à la piste des victimes qui leur échappent : moi, qui plus qu'un autre, poursuivi par ces horribles émissaires, ne m'étais qu'avec tant de peine soustrait à leurs recherches! Mais je me renfermai dans ma conscience, et je renonçai à voir des gens qui me jugeaient avant de vouloir prendre la peine de me connaître.

Sans amis, sans société, sans appui, avec fort peu d'argent, on pense sans doute que je ne menais pas une vie fort heureuse à Constance. Je place les dix jours que j'ai passés en y attendant mon frère, au nombre de mes jours les plus malheureux. Jusques-là, mes souffrances avaient été adoucies par l'accueil que je recevais, par l'intérêt qu'inspirait mon infortune ; je les sentis dans toute leur amertume, lorsque repoussé par d'injustes soupçons dont je dédaignai de me plaindre, je me vis seul en présence du plus funeste avenir. Où aller? que devenir? que faire? mes ressources touchaient à leur fin; le métier que je me donnais pour savoir, ne me faisait pas vivre, et mes idées devenaient de plus en plus sombres; mais grâce au ciel, mon cher Antoine me rejoignit, et je repris courage.

La nouvelle profession de mon frère, était aussi celle d'horloger; il se nommait Eléonor Lecoutre, et pourvu qu'on ne lui donnât ni montre, ni pendule à régler, il pouvait passer, ainsi que moi, pour un des plus habiles ouvriers de Genève. Toutefois notre prétendue profession ne nous donnait pas de pain : il ne nous restait plus que quelques louis, donc nous nous décidâmes à aller chercher fortune ailleurs. Nos yeux se portèrent naturellement vers Munich, où nous avions des raisons d'espérer qu'on ne nous refuserait pas de nous employer d'une manière quelconque. Ne pas être à charge à notre famille, à nos amis, et ne pas mourir de faim, c'est là que se bornait notre ambition; elle était, j'espère, bien naturelle, bien excusable; il faut pourtant qu'ont l'ait trouvée démesurée, car elle ne fut point satisfaite.

Nous nous mîmes donc en route pour la capitale de la Bavière, le 1ᵉʳ juillet 1816, par un temps affreux, avec une santé déplorable, (je m'étais donné un effort en sautant par la fenêtre du pasteur de Villarzel, pour me dérober aux gendarmes), mais emportant avec nous un bien qui dédommage de la privation de tous les autres, l'espérance. Quand nous étions fatigués, nous nous mettions, pour reprendre courage, à parler des bontés que les Suisses avaient eues pour nous; les noms de nos amis, prononcés à haute voix, faisaient sur nous l'effet que produit le tambour sur une troupe harassée : nous relevions la tête, et doublions le pas, fiers d'avoir mérité l'estime de tant de gens de bien.

2ᵉ édition.

CHAPITRE XIV.

Munich.

Deux respectables Françaises, Mlles Lœillet, que nous allâmes voir à Munich, sans autre recommandation que d'être leurs compatriotes, nous offrirent leur table, quoi qu'elles ne fussent pas riches, et nous prodiguèrent ces soins, ces consolations que les femmes savent faire accepter avec tant de plaisir, parce qu'elles sont heureuses de rendre service. J'aime à remercier ici publiquement Mlles Lœillet des bontés qu'elles ont eues pour nous : ces bontés nous eussent sans doute été précieuses en France, au milieu de notre famille, mais elles le furent cent fois davantage en Bavière. Il est si doux de retrouver chez l'étranger des concitoyens à qui la fortune ou le malheur n'ont pas fait oublier la patrie qui les a vus naître ! Je le redis encore, l'accueil que nous avons reçu de ces demoiselles, les bons offices qu'elles nous ont rendus, les démarches qu'elles ont entreprises pour nous être utiles, ont pénétré mon cœur de la plus vive reconnaissance, et je mettrai au nombre des jours les plus heureux de ma vie, tous ceux où je trouverai l'occasion de leur prouver que je suis entièrement dévoué à ceux qui m'ont ouvert leur cœur au temps de l'adversité.

Pendant un mois que nous avons séjourné à Munich, nous avons été assez tranquilles; mais il ne suffit pas de n'être point arrêté, il faut vivre, et nous ne pouvions songer à rester à la charge de Mlles Lœillet; d'ailleurs le repos dont nous jouissions était dû à l'absence de la police diplomatique de France; elle allait sans doute reprendre son cours à l'arrivée du nouvel ambassadeur qu'on attendait d'un moment à l'autre; nous nous décidâmes donc à partir. Restait à savoir si nous nous approcherions de la France, pour être plus à portée de faire connaître notre innocence, ou si nous chercherions à gagner la Pologne, terre des braves, où l'hospitalité est une vertu familière à toutes les classes, à tous les rangs. La lettre suivante, que je reçus d'une de mes parentes, mit fin à notre irrésolution. Il n'y avait plus qu'un parti à prendre.

Le 15 juillet 1816.

» Mes chers amis,

» Que vous avez bien fait de fuir! toi surtout, mon pauvre Barthélemy! si tu savais.... malgré la douleur que j'éprouve à te l'écrire; il vaut mieux que tu apprennes tout. Prends bien garde de te laisser prendre; tu es condamné à mort, oui à mourir par la guillotine, sur la place de Villefranche, tout près de la maison où ta mère est née! Tu as déjà été exécuté en effigie. Le bourreau est parti de Lyon avec son fatal tombereau; l'échafaud a été dressé, et l'on y a attaché la sentence..; s'ils te tenaient jamais, ils te tueraient sans pitié: sauve-toi, s'il le faut, jusqu'au bout du monde, en attendant que ces cruelles gens n'aient plus de pouvoir, ce qui ne manquera pas d'arriver. Face le ciel que ce soit bientôt! on n'y pourra plus tenir, si cela dure. Mais ce qui doit te consoler et adoucir un peu notre chagrin, c'est de voir comme tout le monde t'aime et t'estime. Le jour où l'on a vu le jugement cloué au poteau, c'était un véritable deuil. Si tu as été un bon français, tu en es bien récompensé par les sentimens qu'on te porte. Je ne dois pas oublier non plus de te dire que pour que la fête fût complète, le greffier ou son commis, je ne sais qui, mais enfin un homme de justice, s'est promené dans toutes les principales rues et les places de Lyon pour y lire ton arrêt. S'il s'attendait à faire plaisir, il a bien vu qu'il s'était trompé. Enfin, on a fait signifier ton jugement chez ton oncle et partout on promettait de l'argent à ceux qui te livreraient. C'est abominable de mettre comme ça le sang d'un brave homme à l'encan! et puis qu'est-ce donc que tu as fait? à coup sûr ce n'est pas toi qui as livré la France à ces maudits alliés.

» Quant à toi, mon cher Antoine, tu en es quitte pour deux ans de prison, c'est beaucoup ; c'est cent fois trop, puisque tu es innocent; mais quand je pense à ton frère, il me semble que ce n'est rien. Je crois toujours que sa tête va tomber; j'y songe le jour, j'y rêve la nuit, je crois même souvent sentir le froid du couteau sur mon cou, et je jette des cris comme un enfant. Va-t-en loin, bien loin; je ne serai contente, que lorsque je te saurai dans quelque pays où il ne sera plus possible de te faire arrêter..... Pour Antoine, mon mari lui conseil de revenir; il a servi en Espagne sous le maréchal Marmont, qui a dans ce moment de grandes protections, et paraît bien disposé en faveur des anciens militaires ; il pourrait arranger son affaire, et ensuite la tienne. Je le souhaite plus que je ne l'espère. Adieu; tous nos parens, tous nos amis vous embrassent, etc., etc. »

Lorsque je vis en effet que mon frère qui n'avait été condamné qu'à une peine correctionnelle, avait un espoir fondé de se faire acquitter dans le jugement contradictoire, je le pressai vivement de ne pas s'associer plus long-temps à mon sort. Je lui représentai les dangers, les fatigues qui nous attendaient, je m'efforçai de lui démontrer l'avantage qu'il y aurait pour ma propre cause à ce qu'il fût en France pour me défendre contre les calomnies auxquelles mon absence laissait un libre cours. Rien ne put le toucher. «Dis-moi seulement, me répondit-il, de quel côté tu veux aller, je marcherai devant; c'est mon métier: ne suis-pas voltigeur?» Je l'embrassai, et nous convînmes de nous rendre en Pologne, où nous espérions être protégés du moins par l'ombre de Poniatowski.

CHAPITRE XV.

Départ de Munich pour Dresde.

Ce fut dans la première quinzaine d'août que nous partîmes pour Varsovie, sans trop savoir comment nous y arriverions, aucun des chargés d'affaires de Prusse, d'Autriche et de Russie n'ayant voulu viser nos passe-ports, et toute notre fortune consistant en une somme de deux cents et quelques francs, que nous avions reçue de M. le général Trière, chambellan de Son Altesse le duc de Leucthenberg.

Pour donner une idée de l'état de misère auquel nous étions réduits, avant de nous trouver dans l'impérieuse nécessité d'accepter ce faible secours, je dirai qu'en revenant de *Berg*, château du roi de Bavière, à 8 lieues de Munich, où nous étions allés réclamer les bontés du prince Eugène, harassés de fatigue et mourant de faim, nous entrâmes chez un des gardes de forêt, qui nous donna une jatte de lait et un morceau de mauvais pain en échange du dernier objet qui fût à ma disposition; de la seule chose, après l'amitié de mon frère, qui pût me faire oublier tant d'infortune, en échange de ma pipe enfin. Connaissant tout le prix d'un tel sacrifice, le premier emploi que fit mon frère du secours que nous avions reçu, fut de remplacer la perte que j'avais faite. Les moindres attentions flattent les malheureux; et je fus plus sensible à cette douce prévenance de l'amitié, que je ne l'avais été peut-être à toutes les faveurs de la fortune qui pendant quelque temps n'en fut point avare pour moi.

- Nous traversâmes, sans accident, tout le pays qui sépare la capitale de la Bavière du royaume de Saxe; allant à pied, une petite besace pendue au côté et un mauvais parapluie à la main. Afin d'économiser nos capitaux que nous ne savions où renouveler, le matin nous mangions un morceau de pain trempé dans le premier ruisseau qui s'offrait à nous, à midi nous achetions un peu de lait, et le soir nous allions demander l'hospitalité aux bons habitans du pays, qui souvent nous firent un accueil assez froid, mais jamais ne nous refusèrent une botte de paille et un coin de leur grange pour passer la nuit

Comme on nous avait assuré que la ligne des douanes ne laissait passer personne sans être parfaitement en règle et nos papiers n'étant pas en ordre, nous combinâmes notre marche, le temps et la distance que nous avions à parcourir, de façon à n'entrer en Saxe que vers le soir. La crainte de l'extradition nous poursuivant de nouveau, nous prîmes la double précaution et d'entrer de nuit et de chercher un abri à droite ou à gauche de la route, chez les habitans des montagnes qui bordent la vallée de Plauen. Il y avait à peine une demi-heure que nous marchions à travers champs, lorsque nous rencontrâmes une petite fille portant, sur sa tête un vase rempli d'eau, et remontant la côte par un sentier qui venait d'une source dont on entendait sourdement le murmure. Mon frère lui dit en mauvais allemand, que nous étions égarés. « C'est fâcheux, répondit-elle, mais vous n'êtes pas perdus.—Cependant, ma belle enfant, nous ne savons où reposer cette nuit.—Suivez-moi, ma petite maman vous verra avec bien du plaisir. » Quoiqu'elle fût faite par un enfant, l'offre était trop obligeante, nous avions trop besoin de repos pour nous faire prier davantage; je pris le vase de la petite montagnarde et nous la suivîmes. Bientôt elle nous devança et disparut à travers un immense verger qu'aggrandissait encore les ombres de la nuit. Elles sont longues les heures du soir, quand on a marché tout le jour et qu'il faut courir après son gîte! nous l'avions éprouvé mille fois, mais alors le prestige de la gloire, l'amour de la patrie faisaient taire nos douleurs, et donnaient un air de fête aux marches les plus pénibles!

A peine finissais-je cette courte réflexion, que la jeune Saxonne revint à nous, accompagnée de son père, qui nous offrit l'hospitalité de la manière la plus pressante, sans s'informer qui nous étions. « Ma femme, dit-il en entrant chez lui, je te présente deux compatriotes qui viennent passer la soirée avec nous. — Madame est française? — Oui, Messieurs, soyez les bienvenus. »

Il me serait impossible de peindre les soins, les égards, les attentions dont on nous combla;

jamais l'hospitalité n'exerça plus largement son pouvoir. Cette heureuse famille avait aussi connu l'infortune, et s'acquittait avec empressement des dettes que tout homme de bien contracte quand il est forcé d'avoir recours à la bienfaisance d'autrui.

Je ne m'étonnai pas long-temps de ce que toute la maison parlait français; la maîtresse du logis, la mère de six enfans charmans, était petite-fille d'un de ces quarante mille pères de famille que l'intolérance religieuse et le pouvoir arbitraire bannirent de notre patrie désolée, à la révocation de l'édit de Nantes. Son aïeul trouva un asile en Saxe, s'y fixa, établit une manufacture de bas, que le mari de sa petite-fille fait encore prospérer aujourd'hui, et renonça à la France qu'il ne cessa de recommander à l'amour de ses enfans. Nous quittâmes à regret cette famille hospitalière, et si les vœux que nous avons faits pour elle furent écoutés, rien ne doit manquer à son bonheur.

CHAPITRE XVI.

De Dresde à Breslau.

Après avoir traversé dans toute sa longueur la belle vallée de Plauen, si riche par ses manufactures et si peuplée qu'on se croirait pendant dix lieues dans un même village, après avoir parcouru les vastes plaines qu'on trouve au débouché, nous arrivâmes près de Dresde, bien fatigués, sur les neuf heures du soir. Mais nous n'osâmes entrer en ville crainte des recherches de la police. Je me rappelai que lors de la bataille du 26 août 1813, j'avais été assez heureux pour être utile à un bourgeois du faubourg, en mettant à la raison quelques soldats ivres qui faisaient du bruit chez lui; nous allâmes lui demander un asile, et aussitôt que je lui eus découvert qui j'étais, il m'embrassa en m'engageant à rester dans sa maison le plus que je pourrais. Nous soupâmes avec lui, et quelques instans de repos, quelques verres de vin de France eurent bientôt mis la politique en jeu. Mon frère, avec cette réserve qui lui était si naturelle, fit quelques questions à notre hôte, qui s'empressa d'y répondre avec une franchise digne d'éloge. La conduite des troupes Saxonnes à Leipsick fut, non pas justifiée, mais excusée par lui de la manière suivante :

« La France, nous dit-il, après avoir reconquis ses droits, promit aux autres peuples de les aider à recouvrer les leurs; son Gouvernement marcha quelque temps dans ce sens, puis en dévia tellement qu'au lieu de nous apporter la liberté, il nous imposa d'insupportables humiliations. L'Allemagne gémissait donc sous le joug de la France, quand la désastreuse campagne de Russie vint faire briller l'espoir de rompre nos chaînes; la Prusse donna l'exemple, la Saxe devait le suivre; nos intérêts étaient les mêmes, l'indépendance des états peut seule assurer le bonheur des citoyens. Il est vrai que nous nous sommes trompés, ou plutôt que les Rois, assemblés au congrès de Vienne, ont violé leurs promesses; car nous sommes moins libres que jamais; notre malheureuse patrie a été démembrée; les charges se sont accrues, les contributions doublées, l'arbitraire est à l'ordre du jour; mais nos intentions étaient pures; nous ne voulions point la destruction de cette belle France, véritable berceau de la liberté européenne, nous voulions nous soustraire à toute influence étrangère, et rester libres sur les bords de l'Elbe comme nous voudrions qu'on le fût sur les rives de la Seine. »

Le lendemain nous visitâmes le champ de bataille de Dresde, que mon frère ne connaissait pas. Je lui expliquai le mieux qu'il me fut possible, les belles manœuvres que l'Empereur nous fit exécuter en présence d'un ennemi quatre fois plus nombreux que nous, et lui rappelai un des plus beaux exploits de cette jeune Garde dont il fit partie en 1815. Ici, lui dis-je, le duc de Trévise déboucha sur notre gauche en remontant les bords de l'Elbe; là, le maréchal Ney, à la tête de la division Barrois, culbuta tout ce qui s'opposa à son passage; c'est dans cette plaine que l'intrépide roi de Naples fit ces belles charges de cavalerie qui rendirent la bataille si décisive; c'est de cette hauteur, c'est de cette batterie que partit le boulet qui punit le transfuge Moreau.... Ne troublons point la cendre des morts, me dit mon frère, mais puisse l'exemple de son juste châtiment servir d'épouvante à tous ceux qui seraient tentés de l'imiter!

Au reste, le jugement que je portai alors sur ce malheureux général a été confirmé depuis par le conseil municipal de Morlaix, sa ville natale. Ceux qui l'ont vu naître et qui l'ont admiré lorsqu'il commandait nos phalanges républicaines, ont refusé le buste d'un guerrier qui souilla sa vieille gloire en combattant dans les rangs ennemis (*).

Nous rentrions à peine de notre course, que notre hôte accourut nous avertir, les larmes aux yeux, qu'on avait appris que deux officiers de l'ex-Garde de Napoléon étaient à Dresde; que la police nous cherchait; que déjà l'on était venu visiter sa maison; qu'il avait déclaré que nous étions partis; qu'enfin, le plus sûr moyen d'éviter d'être arrêtés et reconduits en France, était

(*) Voyez *la France telle qu'on l'a faite*, par M. Kératry.

de gagner au plutôt la Pologne. Il nous remit une lettre du comte de Mojonski pour sa sœur, Mᵉ la comtesse Dembinska, nous fit monter dans une charrette couverte en toile, et la conduisant lui-même, nous fit faire le tour de la ville pour n'être point arrêtés aux barrières, passa le pont et, de l'autre côté de l'Elbe, nous mit sur la route de Breslau; nous embrassa, et nous dit un adieu qui montrait à la fois et la douleur de nous quitter, et le plaisir de nous voir soustraits aux recherches de la police.

J'avouerai franchement que ce brusque départ me contraria beaucoup; mon dessein était de rester quelques jours à Dresde : « On nous poursuivra donc partout? dis-je à mon frère; nous n'aurons donc jamais de repos?... — Est-ce à nous de nous plaindre? les vétérans de la révolution, dont nous ne sommes que les vélites, errent aussi sur des rives étrangères; avec des peines qui ne peuvent être moindres que les nôtres, ils supportent les infirmités de la vieillesse, et nous sommes dans la force de l'âge! opposons donc tout notre courage aux coups du sort; si l'adversié amollit les cœurs faibles, elle retrempe les âmes fortes. »

Favorisés par un temps superbe, et connaissant les chemins, nous fûmes bientôt rendus sur les hauteurs qui couvrent Bautzen. Fidèles à la marche que nous avions suivie jusqu'alors, nous tournâmes la ville, et nous allâmes loger dans une petite auberge de l'autre côté sur la route de Breslau. L'aubergiste, qui nous prit pour des horlogers Suisses, comme le portaient nos passe-ports, nous raconta longuement ce qu'il savait et ce qu'il ne savait pas de la célèbre bataille qui s'était donnée sous ses yeux. Dans la crainte d'être découvert, nous changeâmes la conversation. Il nous pria de faire marcher sa vieille horloge de bois qui dormait dans un coin; j'allais me mettre en devoir d'y toucher, tant bien que mal, quand mon frère me tira d'embarras en disant que nous n'avions avec nous aucuns des outils nécessaires.

Il était huit heures du soir; nous nous acheminions vers le grabat qui nous était préparé, lorsque nous vîmes arriver un homme d'une taille élevée et d'une mise qui n'était rien moins qu'opulente; sa figure, qui pouvait annoncer trente ans, était tout à la fois sévère et douce; ses traits fortement prononcés, portaient l'empreinte d'une longue souffrance; un coup de sabre qui lui sillonnait le front, indiquait qu'il avait été militaire : son ton, ses manières, son accent, tout nous dit qu'il était Français.

La connaissance ne fut pas longue à faire : les militaires ont une facilité étonnante à se lier, » Je sors du premier régiment de carabiniers, nous dit-il, où, après dix ans de service j'avais obtenu le grade de sous-lieutenant; j'eus le malheur d'être fait prisonnier de guerre, pendant la retraite de Moscou et d'être traîné, pendant un hiver désastreux, avec plus de dix mille de mes frères d'armes, qui presque tous y périrent, jusqu'aux rivages de la mer Blanche, où j'eus le bonheur d'apprendre à lire au fils du Gouverneur, ce qui me sauva la vie et facilita mon retour vers ma patrie. »

Cet infortuné militaire esquissa ensuite avec des couleurs si vraies, le tableau des maux de toutes espèces qu'il eut à supporter pendant sa longue captivité, qu'il arracha des larmes à toute l'asssemblée.

« Qui que vous soyez, ajouta-t-il, mes compatriotes, mes amis, si vous aimez la liberté, n'allez pas la chercher en Russie. — Nous allons en Pologne. — On est encore plus esclave sur les bords de la Vistule que sur ceux du Wolga. J'ai voulu séjourner quelques temps à Varsovie, pour y voir d'anciens amis, pour y prendre quelque repos, et attendre des secours que ma famille a dû m'y envoyer, il ne me fut pas permis d'y passer une nuit. Le grand-duc Constantin, dont le pouvoir est sans limites, m'a fait dire que si le jour suivant me retrouvait à Varsovie, il me ferait reconduire sous bonne escorte en Sibérie. »

Nous avions bien l'intention de dire à ce brave camarade qu'il allait à la rencontre de nouvelles persécutions, mais la crainte de nous faire connaître, et d'empoisonner la douce espérance qu'il avait de revoir sa famille et la France heureuse, nous imposèrent silence. Nous lui dîmes donc adieu, sans dévoiler le mystère de notre proscription, et sans lui faire pressentir la récompense qui l'attendait pour avoir servi la France.

Nous quittâmes la Saxe sans avoir éprouvé

d'autres désagrémens que de ne pouvoir y séjourner ; mais aussitôt arrivés dans la petite ville de Lignitz, dans la Silésie prussienne, le landrate, espèce de sous-préfet, nous fit arrêter par la garde, nous fit fouiller, prit nos papiers à l'exception des plus précieux que nous avions cachés dans le fourreau de notre parapluie ; nous interrogea, nous tortura pour savoir qui nous étions, d'où nous venions, où nous allions ; et pour se convaincre que nous étions réellement des ouvriers suisses, nous fit jurer sur l'évangile que nous profession la religion réformée. Alors son couroux se calma ; il se contenta de nous gratifier de quelques épithètes désobligeantes ; nous contraignit de prendre chez lui de nouveaux passe-ports qui nous coutèrent neuf francs, et nous permit de continuer notre route avec l'injonction de quitter avant la fin du jour, la ville qu'il gouvernait avec tant de douceur.

A quelque chose malheur est bon. Malgré les vexations qu'il nous fit éprouver, malgré l'argent qu'il nous fit dépenser, et dont nous avions le plus pressant besoin, *le visir prussien* nous rendit service en nous donnant de nouveaux passe-ports, où les noms de Lecoutre et de Louis Lions nous étaient conservés.

C'était le 24 août 1816, que nous étions ainsi traités dans une ville où j'avais passé en vainqueur trois ans auparavant à pareil jour, lorsque l'Empereur et sa Garde accouraient de la Silésie pour assister à la bataille de Dresde; il est vrai que nous n'étions pas chez nous, et que les Prussiens étaient chez eux.

Mais, puisque j'ai promis de rendre compte des impressions que les lieux ont faits sur nous, j'ai besoin de revenir un instant sur mes pas pour dire que, ce n'avait pas été sans la plus vive émotion que nous avions traversé cette belle Silésie qui fut le théâtre de tant de combats. Beaucoup de maisons en ruine y attestaient encore les ravages de la guerre. Il nous sembla que la terre était encore fraîchement labourée par les boulets, ou plutôt qu'elle ne venait que de recouvrir les ossemens de tant de nos camarades, qui payèrent de leur vie l'imprévoyance de leurs chefs et la crue subite des eaux. Nous passâmes le Bober, pour ainsi dire à pied sec, ce funeste torrent qui engloutit toute une division de notre armée, le 29 août 1813.

La Katzbach nous rappela les mêmes souvenirs, et des revers passés vinrent encore ajouter aux douleurs présentes.

Enfin nous avions laissé derrière nous Neumarck où Napoléon signa l'armistice de 1813, et les champs de Leuthen, où le grand Frédéric légitima sa conquête de la Silésie; les vastes plaines qui avoisinent Breslau se déployaient majestueusement devant nous quand nous aperçûmes, en avant d'un village reconstruit à neuf, une petite croix de bois plantée sur le bord de la route. Poussés par un sentiment qui n'était point de la curiosité, nous vînmes nous asseoir sur le gazon qui l'entourait, et bientôt une larme échappée de nos yeux arrosa le tombeau d'un brave, en lisant sa noble épitaphe: *Ici repose le général Pastol, tué d'un coup de feu, le 31 mai 1813.* Ce brave officier, ancien aide-de-camp du maréchal Brune, et l'un des plus braves militaires de l'armée, périt en effet à cette époque, à la tête de la deuxième brigade de la division Puthod, en avant de Neukirken, à deux lieues de Breslau, au moment où cette division culbutait la garde prussienne qui couvrait la capitale de la Silésie, en effectuant sa retraite sur Schwenitz. Le sur-lendemain un armistice plus funeste pour nous que la perte de dix batailles, donna le temps à nos ennemis de se rallier. Deux mois après, le commencement des hostilités fut aussi celui de nos revers.

CHAPITRE XVII.

De Breslau à Varsovie.

Il y avait deux jours que nous étions à Breslau, jouissant d'un repos dont nous avions grand besoin. Nous y vivions avec la plus sévère économie; soixante et quelques francs étaient toute notre fortune, quand nous rappelant le conseil de l'officier de carabiniers que nous avions rencontré à Bautzen, nous nous décidâmes à partir pour Cracovie, avec l'intention, toute fois, de passer à Varsovie, où nous avions l'espoir de trouver de l'argent et des lettres de ma famille.

Afin de n'être pas inquiétés en sortant des états Prussiens, nous fûmes à la police pour faire viser nos passe-ports. Après avoir attendu une heure à la porte de Monsieur le commissaire, nous fûmes enfin introduits. On nous reçut avec une impolitesse révoltante, nous interpellant en allemand avec une dureté que l'aprêté de cette langue était loin d'adoucir. Las des injures du commissaire que je ne comprenais que peu ou point, je le priai honnêtement de s'expliquer en français. « En français, me dit-il, avec un sourire insolent, il n'y a que les chiens en Prusse qui parlent cet horrible jargon. » Ma patience était à bout, je fis un mouvement pour mettre la main à mes pistolets, mon frère s'en aperçut, me retint, et me dit froidement : « Laisse ce misérable, il y a peut-être ncore des juges à Berlin. »

Nous nous rendîmes chez le gouverneur, M. le feld maréchal Kalkreuth. Ce respectable vétéran des armées prussiennes, nous reçut avec autant de bonté que le commissaire avait mis d'insolence à remplir ses fonctions. Mon frère, avec ce calme imperturbable qui ne l'abandonna jamais, lui expliqua brièvement nos griefs. Le vieillard en fut indigné, fit venir le commissaire et le cassa. Il donna ensuite l'ordre de viser nos passe-ports et nous pria d'oublier la conduite outrageante d'un homme qu'il fallait plutôt vouer au mépris qu'à la haine du genre humain.

Ce ne fut pas la seule fois que le maréchal Kalkreuth prouva l'excellence de son caractère, et la vive amitié qu'il portait aux Français.

En 1813, le général Puthod, après son héroïque défense sur le Bober, fut fait prisonnier de guerre et conduit à Breslau; le général Gaudi qui commandait la ville, reçut le général Puthod avec une hauteur insultante. Mais un des lieutenans de Frédéric-le-Grand, le maréchal Kalkreuth, gouverneur de la province, se rappelant avoir connu le général Puthod dans une situation tout opposée, lors de la prise de Dantzick, en 1807, monte à cheval à l'âge de 82 ans, et vient rendre visite au général trahi par la fortune. M. Thiriet l'un des rédacteurs de ces voyages, était présent à cette entrevue, et il se rappellera toujours avec un sentiment mêlé de respect et d'admiration, ces mots sortis de la bouche de ce vieux guerrier:

« J'aime la France au-delà de toute expression; et si je revenais à l'âge de vingt ans, je dirais: mon Dieu! ne me donne que dix années à vivre, mais permets-moi de les passer à Paris! on y a eu tant de bontés pour moi! »

Nous quittâmes le même jour Breslau et la Silésie, pour nous rendre en Pologne.

Cependant malgré les contrariétés et les vexations que les autorités prussiennes nous firent éprouver en traversant la Silésie, nous déclarons avec plaisir que nous n'eûmes jamais à nous plaindre des habitans. Jamais ils ne nous dirent un mot désagréable, quoiqu'ils parussent bien persuadés que nous étions français, et que nous avions été long-temps leurs ennemis; et soit que leur bonté naturelle les portât à faire le bien, soit que le malheur porte avec lui sa recommandation, toujours est-il vrai qu'ils nous témoignèrent le plus vif intérêt; il en est même qui ne voulurent point accepter le prix du morceau de pain que nous leur demandions en payant.

Enfin nous voilà en Pologne. Je respire... Salut terre des braves! patrie des Kosciuszko, des Poniatowski, salut! puissent tes bons habitans ne pas refuser à deux soldats proscrits l'hospitalité qu'ils offrirent aux prisonniers français, avec tant de courage, malgré les menaces et les poursuites d'un gouvernement inhumain·

Telles furent nos premières pensées en entrant en Pologne.

Nous traversâmes la petite ville de Kempen, sans nous arrêter, gémissant tout bas de la trouver encore sous la domination étrangère, et nous allâmes loger, dans un petit village à une lieue au-delà, chez un juif de crasseuse mémoire.

Rigide observateur des dogmes judaïques, le maître du cabaret, qui avait quelque ressemblance avec ces honnêtes fripons qu'on rencontre au bagne, portait une longue tunique d'un noir sale, sanglée à la hauteur des reins par un cordon d'une couleur douteuse; deux petits yeux, scintillans et roux, brillaient en dessous et à travers le poil hérissé de deux larges sourcils; sa barbe longue, noire et crépue retombait sur sa poitrine à côté d'une médaille d'argent à l'effigie d'un grand prince du nord; (1) enfin un vieux bonnet, garni d'une peau de loup, complettait le bizarre accoutrement de ce vilain

---

(1) C'était à coup sur un de ces Israëlites que l'empereur Alexandre *décora*, pour avoir trahi les Français pendant la retraite qui termina une campagne entreprise pour la délivrance de la Pologne.

personnage. Sa femme qui ne lui cédait en rien en fait de malpropreté, six enfans dont l'aîné pouvait avoir dix ans, son cognat, sa vache, ses poules et ses dindons etc. etc., étaient parqués pêle-mêle dans la même écurie. Certes, je ne suis pas difficile, ce qui m'irait fort mal, mais j'avouerai franchement que ce spectacle m'étonna et ne m'amusa pas du tout. Cependant il fallait accepter la compagnie du juif et de sa basse-cour, ou coucher à la belle étoile; les nuits sont froides en Pologne, il m'en souvient; l'idée d'ailleurs de bivouaquer à deux n'avait rien de bien séduisant; nous nous décidâmes donc, malgré nos dégoûts, à partager le lit des canards de notre hôte.

Nous nous mettions en devoir de préparer nous-même quelques pommes de terre pour notre souper, lorsqu'un jeune polonais, d'une figure martiale, d'une taille élancée, vint nous inviter, en très-bon français, au nom de sa famille, à passer la nuit dans son château, situé à quelques pas du village.

Je vous demande si la proposition fut acceptée ! Nous plions bagage, un domestique porte nos effets, et nous allons nous établir chez le Comte J....., dont le fils qui avait servi cinq ans dans les lanciers de la garde, était venu nous chercher avec tant de bonne grâce.

Une maison construite à la moderne, un jardin planté avec goût et un immense verger couvert d'arbres chargés de fruits, composaient le domaine du comte J.....; des grains, du chanvre, des bestiaux que ses fermiers lui apportent chaque année forment son revenu, qu'augmentent encore d'immenses forêts qui entourent son héritage; sa fortune est plus qu'aisée, et il en fait le plus noble usage.

Après un bon dîner où le vin ne fut pas épargné, selon la coutume polonaise, on nous fit entrer dans une vaste chambre bien chauffée, où nous devions passer la nuit. Notre lit n'était pas élégant, mais il était propre et sain; une demie douzaine de bottes de paille fraîche étendues sur le plancher, un matelas, un traversin et une paire de draps d'une extrême blancheur, voilà de quoi il était composé. Qu'on ne vienne pas critiquer cette manière de coucher ses amis, notre lit était excellent, et nous y avons dormi comme des bienheureux.

Nous partîmes le lendemain avec une lettre de recommandation de notre hôte pour le premier patriote polonais que nous rencontrerions. Nous marchions déjà, depuis près de deux deures, lorsque nous apperçûmes en sortant de la forêt, des terres bien cultivées et quelques maisons éparses sur le bord d'un ruisseau. J'entrai dans la première habitation que je trouvai ouverte pour allumer ma pipe, et mon frère, toujours rêveur, continua sa route. L'intérieur de la maisonnette où je me présentai répondait au-dehors; point d'opulence, la propreté et l'ordre étaient ses seuls ornemens. Une jeune femme, occupée à habiller deux petits enfans, se leva avec empressement pour me donner du feu, tout en m'offrant une chaise. Pendant ce temps, je jetais un regard curieux sur l'ensemble du modeste appartement. La petite femme qui, sans parler notre langue, s'aperçut que j'étais français, alla bientôt tirer un rideau de serge verte et je vis au fond d'un lit en forme d'alcove, un trophée d'armes dont les couleurs ne m'étaient point inconnues : une lance, un sabre, deux pistolets et un étendard surmonté de l'étoile de la Légion d'Honneur formaient ce faisceau glorieux. Jugez de mon étonnement : j'en p'eurais de plaisir; je serrai la main de la jeune paysanne, et lui dis, sans m'inquiter si elle me comprenait, que j'allais chercher mon frère.

Je sortis de la chaumière avec précipitation, et traversai le hameau d'un pas rapide; arrivé au bout, je regarde et ne vois plus mon frère; j'appelle, personne ne répond. Je prends le premier chemin qui s'offre à ma vue, je m'enfonce dans la forêt, et j'avais déjà fait près d'une lieue quand je rencontrai un bûcheron qui ne put me donner aucuns renseignemens; le pauvre homme n'entendait pas un mot de ce que je lui demandais. Tantôt je double le pas dans l'espoir de rejoindre Antoine; tantôt je m'arrête, réfléchissant qu'il est impossible qu'il soit en avant. Je passai tout le jour dans cette cruelle alternative; à chaque minute mon inquiétude augmente; à chaque pas mon espoir renaît. Enfin, la nuit vient, et déjà le silence de ces vastes solitudes ajoutait encore aux angoisses que j'éprouvais, quand j'aperçus un gros village, une église et un château. J'entre chez le curé, qui me conduit chez le châtelain; on m'y comble d'honnêtetés, mais on n'y a pas vu mon frère. On met sur-le-champ dix paysans en route pour le chercher; vingt quatre heures se passent, et l'on n'a rien découvert. Je n'y peux plus tenir, je reviens sur mes pas; je traverse de nouveau la forêt, j'oublie la fatigue, l'espoir me soutient; je découvre bientôt la chaumière où j'allumai ma pipe. La tête appuyée dans sa main, un homme est assis à la porte : c'est mon frère! « Antoine! » et nous sommes dans les bras l'un de l'autre. « Tu m'as fait bien du mal. — N'en parlons plus, et ne nous quittons jamais. »

C'était l'heure du dîner. De retour des hcamps, le soldat laboureur nous offrit son *cachat*, ses pommes de terre, sa bière et son *voudki*; une heure passée auprès de ce brave et généreux camarade, nous fit oublier six mois de persécutions. Nous bûmes à la liberté de la Pologne et de la France, et nous chantâmes la chanson d'Eugène de Pradel :

> Il avait brisé les entraves
> De ce peuple ami des Français,
> Et nous comptions parmi nos braves
> Les braves lanciers polonais.

Enfin le moment de la séparation arrive ; et nous trouvons à la porte le cheval et la charrette de notre compagnon d'armes, qui vint nous conduire à quinze lieues de là. Ce généreux ami voulait venir plus loin, mais nous le conjurâmes de retourner à ses travaux. Nous n'osâmes rien lui offrir, persuadés que c'eût été faire injure à son bon cœur.

Quant à la mésaventure qui me sépara de mon frère, elle est facile à expliquer. Mon frère avait pris la bonne route, et m'avait attendu à une lieu de là ; moi, je m'étais égaré, et j'avais fait six lieues en courant après lui, sur un chemin perpendiculaire à celui qu'il suivait.

CHAPITRE XVIII.

Varsovie.

VARSOVIE, dont la population est de cent mille âmes, est située sur une colline très-élevée de la rive gauche de la Vistule. Les rues en sont larges, bien percées, et toutes pavées, à l'exception de quelques-unes des faubourgs. Elle renferme une grande quantité de maisons magnifiques, construites sur les meilleurs modèles; mais on y voit encore par-ci par-là une cabane couverte en chaume à côté d'un palais somptueux.

Les maisons du faubourg de Cracovie et du Nouveau-Monde, sont les plus agréablement situées, faisant face à l'un des plus beaux quartiers de la ville; le côté opposé, garni de belles terrasses qui descendent en amphithéâtre jusqu'à la Vistule, offre un des plus beaux coups-d'œil qu'on puisse désirer; le cours du fleuve, le passage du pont, les sites variés du faubourg de Pragua; de vastes plaines, couvertes de villages; complètent cet immense tableau que bordent de vertes forêts de sapins, dont les masses noires se perdent à l'horison.

Les environs n'en sont pas moins charmans; Lazienki, Willanow, Bielany et une infinité d'autres habitations, vraiment royales y réunissent tous les avantages de la belle nature, que l'art embellit à grands frais.

On parle généralement français dans les cercles de Varsovie; la bourgeoisie fait plus fréquemment usage de l'allemand; les ouvriers et les domestiques, élevés pour la plupart dans la campagne, conservent la langue du pays, et comprennent avec une facilité étonnante tout ce qu'on leur dit dans un dialecte étranger. Les Polonais ont le génie des langues; il n'est point rare d'en rencontrer écrivant et parlant le polonais, le russe, le français, l'italien, l'allemand, l'anglais, le turc et le latin.

Les femmes y sont d'une beauté remarquable, d'une instruction peu commune, et susceptibles de recevoir des impressions tellement vives, qu'on peut regarder leur caractère comme un phénomène dans le nord. Elles sont religieuses jusqu'à la superstition; très-attachées à leur famille, et cependant je connais plus d'une dame de Varsovie qui a divorcé jusqu'à trois fois. Leur beauté, leur instruction, et leur caractère leur donnent une grande influence dans les affaires politiques; mais nous devons le dire à leur louange, elles ne se sont jamais servies de ces avantages que pour encourager les Polonais à défendre leur malheureuse patrie, et à mourir plutôt que de renoncer à l'espoir de reconquérir la liberté dont elles sont idolâtres.

Le second jour de notre arrivée, nous fûmes visiter le champ électoral appelé Wola où s'assemblaient jadis cent mille gentilshommes armés, pour procéder à l'élection d'un roi, ou pour délibérer sur les intérêts de la république. Il n'est point d'exemple d'une sévérité semblable à celle qu'ils apportèrent pendant des siècles, dans l'observance de leurs réglemens. Sous le règne de Ladislas IV, le dernier jour de la diète s'étant passé sans rien conclure, le Roi ne voulut pas séparer l'assemblée; et cependant une ancienne loi qui avait pour but de prévenir la trop longue durée de chaque séance, et de la proportionner à cette durée d'attention que peuvent supporter des hommes ordinaires, défendait de rien traiter aux lumières. L'assemblée resta donc dans les ténèbres, chacun prenant repos à la place où son rang le fixait, et il est arrivé ce que les plus hardis romanciers n'oseraient jamais imaginer : un sénat et une diète restèrent assemblés, chacun endormi à sa place, présidés par un roi que le sommeil enchaînait sur son trône.

Cette anecdote, racontée par un français domicilié depuis long-temps en Pologne, nous porta à lui faire quelques questions sur cet ancien Gouvernement.

« Ce n'était pas le Gouvernement féodal, nous dit-il, mais un Gouvernement plus ancien, celui des Francs, des Celtes, des Goths, des Germains, celui qui a précédé la féodalité. Une oligarchie de plus de cent mille combattans, un sénat perpétuel, un roi électif, voilà ce qui le constituait. »

« Une égalité parfaite régnait chez cette noblesse jalouse de ses droits; et le gentilhomme sans fortune servant à table le riche palatin, se serait trouvé déshonoré si on l'eût cru son vassal.

« Un était égal à tous, et une simple opposition suffisait pour arrêter indéfiniment les travaux de la diète. Ils disaient : la république est une, la société ne peut être rompue. »

« Cette noblesse turbulente, pleine de vertus guerrières, fut toujours amie de la paix. Les lois qu'elle s'est imposées lui défendent les conquêtes; aussi se vante-t-elle avec raison, de n'avoir jamais attaqué aucun peuple; combattre pour l'indépendance au-dehors, et pour la liberté au-dedans, fut toujours pour elle le plus impérieux, le plus saint des devoirs. Aussi, loin d'avoir adopté cette maxime des monarchies : *la guerre civile est le pire des maux*, les Polonais ont même donné une forme légale à leurs insurrections; ils répètent d'âge en âge à leurs enfans: *brûlez vos mai-*

sons, errez dans le pays les armes à la main, plutôt que de vous soumettre à l'arbitraire. »

« L'insurection résolue, ils choisissaient un chef; l'unanimité des suffrages n'est plus nécessaire dans une assemblée qui réunit l'autorité de toutes les magistratures. Les tribunaux suspendaient leurs fonctions, parce que les intérêts particuliers doivent se taire, quand l'intérêt général parle. Aussitôt le calme rétabli, cette dictature cesse, tous les réglemens qu'elle a faits tombent, à moins qu'ils ne soient sanctionnés à la prochaine diète unanime. »

« Leur liberté est aussi ancienne que leur origine; on trouve encore sur la frontière les vestiges d'un large fossé qui marqua les limites de l'empire romain; aussi disaient-ils avec les autres pays non subjugués: *un homme libre ne peut être taxé, ni gouverné que de son consentement.* »

« Tel était le principe de la constitution polonaise. »

« Rien n'égale, ajouta-t-il, la fierté des Polonais, et le noble désintéressement qu'ils ont fait éclater en tout temps pour la défense de la liberté. L'empereur Henri v. voulut les asservir, son armée fut battue; mais loin de renoncer à ses coupables projets, il dit à Skarbek, ambassadeur à Vienne, en lui montrant un coffre rempli d'or et de pierres précieuses : « *Voilà avec quoi je réussirai.* » Celui-ci, qui portait au cou une chaîne d'or enrichie de diamans, la détacha en silence, et pour toute réponse la jeta dans le coffre du despote autrichien..... »

—Et cependant, m'écriai-je avec douleur, après des guerres glorieuses et des sacrifices énormes, la Pologne est tombée sous le joug de l'étranger!...

Le lendemain nous fûmes voir M. Chauvau, ancien officier de bouche de Napoléon, maintenant restaurateur à Varsovie; il nous reçut en bon camarade, la chose est naturelle : il est français et de plus il naquit à Lyon. Il nous donna un vrai dîner de luxe, à nous pauvres exilés qui ne mangions depuis plusieurs mois que des pommes de terres et du lait. Sa cuisine toute française charmerait les plus fins gastronomes de Paris, et son vin de Chambertin est au-dessus de tout éloge. Mais le sort des malheureux est tel qu'ils ne jouissent de rien, et cette chère délicieuse qui nous eût fait tant de plaisir dans toute autre circonstance, ne nous causa que des regrets en nous rappelant des jours prospères.

Il y avait quarante-huit heures que nous habitions Varsovie sans que notre avenir se présentât sous des couleurs plus riantes; nous n'avions reçu de notre famille ni lettres ni argent, notre inquiétude augmentait, et l'état de nos fonds était presque réduit à zéro. Nul espoir d'entrer dans les troupes polonaises soumises à la domination russe, que nous ne voulions pas servir; nul moyen d'existence, et nous étions dans un état de dénuement qui nous privait de l'avantage de nous présenter chez de riches polonais, qui n'eussent pas manqué de venir à notre secours en nous procurant les moyens de gagner notre vie.

La police vint nous tirer de l'état d'incertitude et d'anxiété dans lequel nous étions, en nous donnant l'ordre de quitter Varsovie dans ving-quatre heures, et le royaume de Pologne avant huit jours.

Nous occupâmes donc le peu de temps qui nous restait à faire nos modestes préparatifs de départ, et à visiter les principaux édifices de la ville. Les désœuvrés de Varsovie, comme ceux de Paris, habitent la campagne pendant la belle saison. Nous trouvâmes donc les promenades publiques: le palais, la place et le jardin de Saxe, presque déserts. Ces faibles restes du règne d'Auguste, nous offrirent une architecture élégante, un emplacement où peuvent manœuvrer dix mille hommes, et une promenade délicieuse, garnie de statues en marbre blanc d'après les plus grands maîtres, et recouverte de frais ombrages. Nous visitâmes ensuite le palais des anciens rois de Pologne, situé sur le revers de la colline faisant face à la Vistule; la salle des Nones et celle du Sénat, ornées des bustes des anciens Polonais qui soutinrent le plus courageusement l'indépendance de leur patrie, et de-là nous traversâmes la Vistule sur le pont de bateaux qui conduit à Pragua, faubourg aussi célèbre par la résistance que les Polonais y firent contre leurs éternels ennemis, que par la mort de vingt mille d'entre eux que le barbare Souvarow y fit massacrer lorsqu'il s'en rendit maître en 1794.

Les douloureuses réflexions que fit naître en nous l'asservissement des braves Polonais, nous suivirent jusqu'à l'heure du repos, et le lendemain matin, nous prîmes la route de Cracovie avec l'espoir d'y séjourner plus long-temps sous la protection des lois de cette chétive république.

CHAPITRE XIX.

Arrivée et séjour à Cracovie.

Malgré les avantages d'une constitution robuste, et d'un courage à toute épreuve, les injustices, les persécutions, les marches pénibles, l'inquiétude et la mauvaise nourriture avaient affaibli ma santé au point que le trajet de Varsovie à Cracovie, quoiqu'il ne soit que de quatre-vingt lieues, me parut d'une longueur insupportable. Voyageant à petites journées, dans la belle saison, vainement l'hospitalité polonaise nous offrait un asile que nous acceptions à l'arrivée de la nuit; forcés de sortir du royaume de Pologne avant huit jours, sous peine d'encourir la colère des Russes, malades ou non, il fallait nous remettre en route le lendemain matin. Mes pieds gelés pendant la retraite de Moscou, me faisaient souffrir des douleurs inouies; je me traînais péniblement d'un village à l'autre, sans trop savoir si je pourrais arriver au terme de notre voyage; enfin j'étais dans un tel découragement, que sans l'amitié, la force et la philosophie de mon frère, j'aurais dès ce moment mis un terme à tant d'infortunes, en me faisant sauter la cervelle. Cependant grâce à quelques bons paysans que nous rencontrâmes de temps en temps sur la route, et qui nous permirent de monter sur leurs charrettes, après douze jours des plus horribles souffrances, nous découvrîmes les hauteurs qui avoisinent l'ancienne capitale des Jagellons. Il me sembla que c'était la terre promise. Depuis notre entrée en Pologne, je n'avais pas aperçu une seule montagne; de vastes plaines, d'immenses forêts, couvrent tout le pays depuis Breslau jusqu'à Varsovie. L'aspect d'un site plus varié, de hautes montagnes, des forêts, des vallons, des prairies, le cours de la Vistule, tout me rappela les rives de la Saône; cette douce erreur me soutint; je repris courage; je me crus heureux, et nous entrâmes à Cracovie.

En reconnaissant de loin l'uniforme des

troupes polonaises qui partagèrent tant de fois nos travaux guerriers, un pouvoir secret vint réveiller en nous le sentiment de ce que nous étions; un mélange d'amour-propre et d'orgueil national nous fit mettre un morceau de ruban rouge à la boutonnière de nos habits rapés, et les soldats de la république, dont plusieurs avaient également la décoration de la Légion-d'Honnneur, nous portèrent les armes.

Nous nous rendîmes à la municipalité, qui examina nos papiers, et nous permit de rester indéfiniment sous la protection des lois de son gouvernement.

Nous avons été trop bien reçus à Cracovie, j'y ai séjourné trop long-temps, pour ne pas donner à mes compatriotes une idée de la ville et du gouvernement de cette petite république, échappée comme par miracle, au partage de la Pologne.

Située au bord de la Vistule, au milieu d'une plaine fertile, entourée de hautes montagnes couvertes de forêts et renfermant des mines de charbon, de fer et de zinc; il ne lui manque

qu'une chose, mais qui entraînera sa ruine :
c'est le commerce.

Point de débouchés pour la vente de ses
grains et de ses bestiaux; point d'exportation
pour favoriser l'exploitation de ses bois ni de
ses mines; tout se borne à la simple consommation de ses habitans, dont le nombre diminue chaque jour, de manière que cette ville
qui comptait jadis plus de cent mille âmes, en
renferme à peine quinze à vingt mille. Cependant la liberté dont on y jouit, la société
qu'on y rencontre pendant l'hiver, y attirent
un nombre considérable de familles riches des
provinces polonaises, russes, autrichiennes et
prussiennes; mais ce surcroît de population
procure plus de débit pour les objets de luxe
qu'on tire de l'étranger, que pour les denrées
de première nécessité qu'on trouve dans le
pays, et dont se passent les nouveaux hôtes,
car chacun d'eux apporte avec soi des provisions pour tout l'hiver.

Cette république, dont le territoire est de quelques lieues, la population de près de cent mille
âmes, fût créée par acte du congrès de Vienne,

sous la protection des trois puissances qui se sont si injustement partagé la Pologne. Chacune d'elles ne pouvant l'obtenir, on imagina d'en former un état indépendant sous la protection des trois gouvernemens de Russie, d'Autriche et de Prusse. Ainsi c'est de la seule rivalité de leurs ennemis que ces Polonais ont obtenu la liberté pour laquelle ils ont combattu pendant tant de siècles.

Le Gouvernement se compose d'un président élu par le sénat; du sénat, nommé par la diète, et de la diète choisie par le peuple. Le président qui a le pouvoir administratif, est nommé pour trois ans; le sénat, composé de douze membres, moitié à vie, moitié rééligibles tous les trois ans, et la diète qui se renouvelle à la même époque, exercent conjointement le pouvoir législatif. En général, on y est très-libre; et si le gouvernement ne se laissait trop influencer par les commissaires des trois puissances *protectrices*, le peuple y jouirait, sous la protection des lois, d'une sage liberté qu'on cherche vainement dans les plus grands états de l'Europe. Depuis qu'on a divisé les biens nationaux pour les affermer aux paysans par baux emphytéotiques, l'agriculture s'améliore, l'abondance règne dans la république; les denrées de première nécessité y sont à très-bon marché. Cette concession qui est due au Gouvernement actuel, lui fait beaucoup d'honneur.

Semblable à celle de Saint-Marin, qu'on voit avec étonnement rester debout après les diverses révolutions qui ont boulversé l'Italie, cette répulique entretient un corps de trois cents hommes habillés comme l'était la légion de la Vistule; avec des grenadiers, des voltigeurs, et manœuvrent à la française; presque tous les officiers et soldats ont servi dans nos rangs.

La ville est assez régulière; et, comme presque toutes les villes anciennes d'Allemagne, la place principale où se trouve le Gouvernement est la plus digne de remarque; un immense bâtiment qui s'élève au centre, renferme la halle aux draps, et sert tout à la fois de promenade d'hiver.

Nous jouissions depuis deux jours du bonheur de vivre en pays libre, quand on nous dit que le général Morand habitait avec sa famille une campagne située à quelques lieues de Cracovie. Nous nous empressâmes d'aller lui faire visite. Malgré les haillons de la misère qui nous couvraient, de la tête aux pieds, ce généreux compatriote nous traita comme si nous eussions été ses enfans; sa maison, sa bourse et son cœur tout nous fut ouvert. Il reçut avec une noble résignation la nouvelle de sa condamnation à mort que je lui donnai; et nous engagea à supporter avec courage les persécutions que l'injustice et la haine dirigeaient contre nous; nous le quittâmes le lendemain, avec promesse de retourner le voir souvent.

Après avoir échangé nos vieux habits contre des neufs, nous nous informâmes de la demeure de Mme. la comtesse Dembinska, pour laquelle nous avions une lettre de recommandation. Apprenant qu'elle habitait une campagne à dix lieues, dans les terres sur la route de Varsovie, nous remîmes ce petit voyage au lendemain et nous fûmes visiter les principaux édifices de la ville.

Ce désir de voir, ce besoien de connaître qui nous fit sortir de notre logement pour ainsi dire malgré nous, car nous étions encore abîmés de la fatigue du voyage, tient au caractère français. Je me rappellerai toujours avoir vu nos soldats après de longues privations, des marches pénibles et des combats sans nombre, arrivant dans une ville, un village, n'importe où, s'approprier autant qu'il était en leur pouvoir, et, pour se délasser, courir visiter le nouveau canton qu'ils n'habitaient par-fois que pendant quelques heures.

Ancienne capitale de Pologne, Cracovie renfermait jadis quatre-vingt-dix églises; aujourd'hui qu'un grand nombre sont fermées ou détruites, il en reste une trentaine parmi lesquelles on remarque la cathédrale, l'église Sainte-Anne, du Saint-Esprit et l'ancien collége des Jésuites. A la place de quelques-uns de ces Temples usés par le temps, dévastés par la guerre et que la république fit démolir, on a percé de nouvelles rues qui contribuent à l'embellissement, à la salubrité de la ville, car, me dit un polonais, qui avait la complaisance de nous accompagner dans nos courses, nous sommes moins superstitieux que nos maîtres les russes. Lorsqu'une église est vieille, qu'elle n'est plus propre au culte, nous la démolissons pour laisser la place libre ou pour en construire une nouvelle ; mais en Russie on ne démolit jamais une église en ruine, on en élève une autre à côté. Moskow avant le désastre de 1812 en comptait seize cents, peut-être avant un siècle en aura-t-elle le double : pour peu que cela continue, on ne serait pas étonné de trouver un jour en Russie des villes toutes composées d'églises.

Nous allâmes voir le château qui servit de tombeau aux rois de Pologne et qui renferme encore aujourd'hui les restes non moins glorieux de Kosciuszko et du prince Joseph Poniatowski, en attendant que les monumens que le patriotisme et la reconnaissance leurs érigent, soient dignes de les recevoir.

« Une poignée de vos braves compatriotes, ajouta notre guide, commandée par Vioménil en 1772, lors de la confédération de Bar, s'empara de ce château, s'y défendit avec une rare intrépidité et ne le rendit qu'à la dernière extrémité. Ce fut le seul secours que la France nous envoya dans le cours de cette funeste guerre. Les Autrichiens, les Russes et les Prussiens s'emparèrent des immenses trésors de la couronne, parmi lesquels se trouvait une croix enrichie de diamans, seule récompense que le grand Sobieski voulut accepter de l'empereur d'Allemagne, pour avoir préservé la ville de Vienne et peut-être toute la chrétienté de la fureur des musulmans. »

Nous visitâmes l'ancienne demeure du vénérable évêque de Cracovie, Caëtan Soltik, qui s'écriait à l'âge de quatre-vingts-ans, au moment où les Russes le menaçaient de toute leur fureur : « *Qu'il s'estimerait heureux d'aller mourir dans les tourmens de l'exil pour la sainte cause de la liberté, puisque, par sa fermeté, il aurait forcé les implacables ennemis de la Pologne de ne pouvoir exécuter leurs coupables projets sans exercer la plus odieuse tyrannie.* » Quelques jours après sa courageuse résistance aux ordres que l'Ambassadeur russe donnait à la diète de Varsovie, ce vertueux prélat fut arrêté avec d'autres évêques et le palatin de Cracovie, le comte de Rzewuski; et ces dignes représentans d'une si belle cause furent impitoyablement traînés, sans pouvoir communiquer même entre eux, dans les déserts de la Sibérie, à plus de quinze cents lieues de leur patrie.

Voilà comme, de tout temps, les Russes ont respecté le courage, la vertu et le malheur. La seule dureté naturelle à ce peuple esclave et superstitieux, aurait paru cruelle envers des vieillards, que l'habitude des richesses avait accoutumés à toutes les commodités de la vie, mais on y ajouta toutes sortes de rigueurs; on leur refusa non-seulement les soulagemens que l'âge et les infirmités leur rendaient nécessaires, mais ce qu'on ne refusa jamais ailleurs aux plus grands criminels.

Nous partîmes le lendemain par une belle journée d'automne pour le château de Mme la comtesse Dembinska, qui nous reçut avec cette bonté et cette grâce si naturelles aux polonaises. Cette aimable dame m'invita à rester à la campagne, ce que j'acceptai avec plaisir, et engagea mon frère à aller avec son fils aîné qui était propriétaire d'une grande fortune à Odessa sur les bords de la mer Noire, ce à quoi je souscrivis avec peine, nous étant promis mon frère et moi de ne jamais nous quitter. Cependant il fallut me résoudre à cette cruelle séparation, c'était pour le bonheur de mon frère; et malgré la distance qu'il y aurait bientôt entre nous, j'avais la douce conviction qu'il m'aimerait toujours, et que je serais à même de recevoir de ses nouvelles toutes les semaines par la correspondance de M. Dembinski avec sa famille.

Antoine fit donc ses préparatifs de voyage. M. Dembinski lui fournit les moyens de faire la route qu'il allait entreprendre; et 8 jours après il me quitta en me renouvelant la promesse de revenir aussitôt que je serais décidé à prendre un autre parti, et se mit en chemin, à pied, au commencement d'octobre 1816, pour la Crimée, où, comme on le verra plus tard, il séjourna près de six mois.

Les quinze premiers jours qui s'écoulèrent

après le départ de mon frère me parurent d'une longueur insupportable. Il me semblait que j'avais perdu la moitié de moi-même. L'ami de mon enfance, mon compagnon d'infortune, mon frère enfin, voyageait seul sur une terre inconnue pour lui; il allait se trouver en butte à de nouvelles persécutions de la police en passant par la Gallicie autrichienne; il allait courir de nouveaux dangers en traversant les forêts désertes qui avoisinent le Borysthène, où peuvent se réfugier impunément des bandes de brigands : toutes ces idées venant m'assiéger sans cesse, empoisonnèrent les premiers momens de mon séjour à la campagne. Bientôt malgré les soins obligeans de Mme. Dembinska et de sa chère famille, malgré tout les avantages d'un logement agréable, d'une table excellente, et d'une société charmante, je me vis en proie à la plus sombre mélancolie; récapitulant le passé et le présent, j'osai sonder l'avenir sans que l'espérance vînt m'encourager de ses douces illusions. N'osant croire à la fin de ma proscription, à mon retour en France, pouvais-je prétendre au bonheur? ô ma chère patrie! ton souvenir me suivit partout, dans l'exil comme dans les combats; fuyant la hache des bourreaux comme à la tête d'une compagnie de grenadiers! je n'oublierai que les injustices de ton Gouvernement et les sanglantes persécutions qu'un pouvoir anti-national attira sur nous. Malgré la funeste récompense que tu accordais à tes défenseurs, à ceux qui avaient sacrifié pour toi le plus pur de leur sang et les belles années de leur vie, ô trop malheureuse France, sache combien je t'aimai toujours! puisqu'à l'abri du besoin sous le toit hospitalier des braves et généreux Polonais, je te regrettais encore!

La Vistule charriait déjà une immense quantité de glaçons! la terre était déjà couverte d'une couche de neige d'un pied d'épaisseur, quand Mme Dembinska revint en ville avec sa famille pour y passer l'hiver. Je reçus en même temps une lettre de mon frère, qui m'annonçait son heureuse arrivée à Odessa; cette nouvelle me tira de l'état d'anxiété dans le quel je me trouvais depuis son départ; il avait beaucoup souffert pendant ce long et périlleux voyage;

mais enfin, il avait atteint son but, jouissait de toutes les douceurs de la vie auprès de son noble bienfaiteur, et passait les longs jours de l'exil à explorer une excellente bibliothèque.

Quant à moi, voulant rester le moins long-temps possible à la charge de mes amis, je cherchai à me créer un état qui me mît à même de pourvoir à mes besoins. M. Jerzmanowski, que j'avais connu chef d'escadron à l'île d'Elbe, et à qui j'avais écrit à Varsovie, m'avait bien offert une place d'instituteur chez un de ses amis, en m'envoyant une lettre de recommandation pour M. le président du sénat; mais mon éducation et mes goûts ne me permettant pas d'accepter cet emploi, je tournai mes vues d'un autre côté. Je fis la connaissance d'un négociant qui avait une fabrique de savon dans un des faubourgs de la ville; nous passâmes un marché, il se contenta d'une faible rétribution moyennant la quelle il s'engageait à m'apprendre un état qui me donnerait les moyens d'exister partout où l'infortune pourrait me conduire. Mais, par une cruelle fatalité, après deux mois de travaux préparatoires excessivement pénibles, ce brave homme mourut; ses ateliers furent fermés, et j'en fus pour mes frais, mon temps, et les peines que je m'étais données.

Ainsi, le sort trahit encore mes espérances.

Ce fut cependant à cette époque que je commençai à recevoir des nouvelles et des secours de ma famille et de quelques bons amis.

Ma bonne sœur, dont la tendresse et la fortune me soutinrent pendant ma proscription, m'écrivait pour me confier ses chagrins, ses craintes et ses espérances, en me prévenant que je recevrais sous peu de jours douze cents francs qu'elle allait nous envoyer; sa bienfaisante sollicitude doubla mon courage, et l'espoir de surmonter tant d'infortunes reparut dans mon âme.

Mlles Lœillet, de qui nous avions reçu tant de preuves de bienveillance et d'amitié lors de notre passage à Munich, nous donnaient dans une lettre du style le plus affectueux, des conseils dictés par la prudence, et nous envoyaient deux cents francs qu'elles avaient reçus pour nous de ma chère sœur.

M. Guiraud, ancien Consul-Général, nous écrivait de Saint-Pétersbourg, où il se trouvait arrivant de Paris; et nous faisant passer deux cents francs qu'il avait aussi reçus de ma sœur, nous engageait à aller en Amérique où nous étions certains de trouver de l'emploi, avec une lettre de recommandation pour le brave général Humbert, qui après s'être illustré dans nos rangs, commandait alors une armée des indépendans de l'Amérique méridionale.

Les Lyonnais, ces braves et généreux concitoyens qui exposèrent leur tête pour soustraire la mienne à la hache du bourreau, nous annonçaient qu'ils allaient ouvrir une souscription en notre faveur; enfin, dans une lettre pleine des plus franches protestations d'amitié, les généreux Vaudois m'envoyaient une somme de deux cents quarante francs en une traite sur la maison Delessert et Cie, de Paris.

Je versai des larmes de plaisir en recevant ces précieuses offrandes de ma famille et de mes amis, mais mon âme reconnaissante s'indignait de songer que je ne serais peut-être jamais à même d'acquitter les dettes sacrées que je venais de contracter.

Après avoir reçu une partie de l'argent qu'on m'annonçait, je me trouvais dépositaire de cent napoléons; cent napoléons! pour un proscrit qui naguères n'avait pas de quoi dîner, c'était une fortune. Mes premiers soins furent d'écrire à mon cher Antoine de venir la partager. Ne voulant pas rester plus long-temps dans une inaction fatigante, je consultai mes amis sur le parti que je devais prendre; ils me parlèrent, d'après les journaux, de la colonie française qui s'établissait sur les rives du Texas. L'idée de m'unir à mes vieux compagnons de gloire et d'infortune, pour fonder un état indépendant, me sourit, et je résolus, aussitôt après le retour de mon frère, d'aller nous embarquer à Hambourg pour le Champ-d'Asile; mais le sort en décida autrement.

La certitude que j'avais de quitter bientôt la

Pologne, et les pressantes invitations de plusieurs familles de Cracovie, me déterminèrent a assister à quelques soirées du carnaval. Le ton, l'usage, la conversation de la société est tout comme à Paris, la danse seule diffère. Un soir, à l'un de ces bals, chez le comte Wielogloski, dont la famille me combla de bontés, on proposa une partie de traîneaux à laquelle je fus invité.

Au jour convenu, je me rendis chez Mme D..., qui m'avait offert une place; le temps était beau, mais extrêmement froid, le soleil brillait sur l'horizon, mais ses rayons obliques étaient si faibles, leur couleur était si pâle, qu'on eût pris pour un véritable clair de lune, la lumière douteuse qu'il répandait sur la neige.

Notre équipage était d'une élégante légèreté: la caisse en forme de gondole, peinte en bleu foncé, était garnie au dehors d'une draperie amarante, et coussinée en-dedans avec des peaux d'ours d'une extrême blancheur. Quatre chevaux de robe différente, et d'une extrême vitesse, étaient dirigés par le fils de Mme D...., qui nous conduisit avec une rapidité étonnante au rendez-vous général. Quarante phaétons comme le nôtre, mais de formes, de couleurs, et d'ornemens différens, y arrivèrent en même temps; on donne le signal du départ, et la brillante caravane est en route.

Les cris des conducteurs modérant ou excitant l'ardeur des chevaux, le bruit de mille grelots de différens timbres faisaient un carillon d'enfer. L'immensité du tableau qui se déploya devant nous frappa d'abord mes regards, mais sa pâle uniformité, ou plutôt l'esprit et l'amabilité de ma compagne de voyage rappelèrent bientôt mon attention sur des objets plus rians et plus rapprochés.

Mme D......, qui joignait à la grâce de son sexe l'érudition et le jugement des hommes instruits, me donna sans prétention une idée des divers personnages qui étaient de la partie. En femme d'esprit, elle traita les dames avec une extrême indulgence, lança quelques traits malins sur les Polonais qui, selon elle, s'occupaient trop peu des intérêts de la patrie, et laissa tomber tout le poids de son indignation sur un agent russe

2e édition.

qui s'était joint à la société, pour ainsi dire malgré tout le monde.

« Quel est-il? demandai-je à la spirituelle polonaise. » — « Il a rang de général-major. » — « Je ne le croyais pas officier. » — « Il ne l'est pas non plus, me répondit-elle, mais chez les Russes, tout est assimilé aux grades militaires pour les honneurs et les appointemens : chambellans, médecins, commissaires, comédiens, valets, tous sont inscrits sur les états de la guerre; quatorze éléphans envoyés autrefois par le roi de Perse en présent au czar de Russie, étaient pour leur entretien, inscrits sur la liste militaire aux grades de lieutenans généraux. » Le récit de cette étrange assimilation me fit rire. « Il paraît, madame, que les mœurs russes vous sont connues? » — « J'ai voulu voir par moi-même quel était le peuple qui nous tenait sous le joug. J'ai visité avec mon fils les plus belles provinces de ce vaste Empire, je n'y ai vu partout que l'esclavage le plus abject, que la superstition la plus absurde, et l'orgueil ressortant de l'ignorance la plus profonde. » — « Cependant, m'écriai-je, ce colosse effrayant menace plus que jamais la liberté de l'Europe. » — « Il cessera bientôt d'être à craindre, continua-t-elle, quand on le connaîtra mieux. Il ne peut se soutenir qu'en se civilisant, et ne peut se civiliser rapidement que par la guerre; mais si les nations méridionales lui opposent, comme elles le doivent, une résistance combinée et soutenue, l'empire des Czars tombera de lui-même, ne pouvant recruter ses gigantesques armées sans se dépeupler entièrement; ce qui ne sera pas difficile; car, dans les provinces du nord, il y a déjà si peu d'hommes, que lorsqu'il naît un enfant mâle, il n'est point rare de voir arriver vingt filles nubiles pour en prendre soin, restant servantes dans la maison où il est né, sans autre salaire que la promesse de l'épouser un jour. » — « Cependant, lui dis-je, les nombreux émigrés qui sont allés s'y établir, les arts de l'Europe qu'ils y ont fait fleurir doivent y attirer et y fixer ces peuplades nombreuses qui habitent les déserts entre la Sibérie et la Chine. » — « Belle erreur! que vous autres Français partagez avec tous ceux qui n'ont pas vu ce misérable pays.

Les arts chez ces nations sauvages! vous allez juger par ce que je vais vous dire, des progrès qu'ils y font. Au nord de la Sibérie, dans une bourgade appelée la ville de Tomski, j'ai vu un couteau, apporté par hasard il y a nombre d'années, passer pour une merveille, et d'après une délibération publique il fut attaché à un tronc d'arbre, au centre de la ville, pour l'usage commun de tout les habitans. » Mme. D..... allait continuer, lorsque la caravane s'arrêta, Chacun quitta sa fourrure et son traîneau, et l'on entra tout pêle-mêle dans un château appartenant à M. le comte D...... où le déjeûner était servi.

On mangea, on but, on joua; quelques dames firent de la musique, et nous rentrâmes le soir à Cracovie avec plus de rapidité encore que nous n'en étions sortis le matin.

Ce fut la dernière partie de ce genre que l'on fit cette année. Bientôt le temps s'adoucit, le soleil reprend de la force, les neiges fondues de la montagne descendent par torrens dans la pleine; la Vistule recevant une crue d'eau considérable fait craquer sourdement l'enveloppe de glace qui la couvrait depuis trois mois; il n'y a déjà plus que les hardis piétons qui osent passer d'une rive à l'autre; les propriétaires riverains tremblent pour leurs habitations, tout le peuple est dans la plus grande anxiété : un bruit semblable à un coup de tonnerre se fait entendre, et la débacle de la Vistule a commencé.

Cet événement fait tellement époque dans le pays, les désastres qui peuvent s'en suivre sont tellement fréquens, qu'il part au même moment un courrier pour en porter la Nouvelle à Varsovie. La communication d'une rive à l'autre est interrompue, et celui qui, la veille, traversa le fleuve avec une lourde voiture, ne trouve aucun moyen de la repasser le lendemain. D'énormes glaçons poussés violemment par la rapidité des flots, briseraient, engloutiraient en un instant toutes les embarcations qu'on oserait exposer à leur choc.

Dans l'inquiétude que j'éprouvais de ne point voir arriver mon frère, j'allais chaque jour interroger la rive autrichienne. Il me semblait deviner ses traits sur la figure de chaque individu que j'apercevais de loin sur la rive opposée; ou plutôt je craignais qu'il n'y fût détenu, sachant que son signalement était affiché à la porte de toutes les églises de la Gallicie, depuis qu'il avait traversé cette partie de l'ancienne Pologne pour se rendre en Crimée.

Ce fut à cette époque que je reçus la lettre suivante ; elle me causa une joie trop vive pour ne pas la confier tout entière à mes lecteurs :

Villarzel, 5 octobre 1817.

« Aujourd'hui nous avons reçu votre lettre, mes chers et bons amis; elle est arrivée bien à propos pour nous tirer de peine, nous ne savions à quel malheur attribuer votre silence, et comme votre dernière lettre de Munich nous disait que vous partiez pour la Pologne, nous ne savions où vous adresser les nôtres.

« Nous avons vu par votre billet du 12 septembre, que vous n'aviez pas reçu une grosse dépêche que nous vous avons envoyée à Munich, dans laquelle M. Despinassy et son fils s'étaient réunis à mon père et à moi pour vous assurer de notre amitié et de notre désir de vous être utiles. J'espère que vous n'en êtes pas moins persuadés de notre attachement, et de notre dévouement à tout faire pour finir votre malheur. Au reste, tout nous prédit une amnistie générale; elle a déjà eu son effet en Espagne, et tout donne à présumer que votre bon Roi en fera autant; adieu donc, braves et chers exilés, je cède la plume au général. »

Signé, Louise Thuillard.

« Je me joins à l'aimable fille de notre bon ministre pour vous témoigner, mes chers camarades, tout le plaisir que m'a causé votre lettre. Vous auriez appris, si vous aviez reçu notre missive adressée à Munich, que je vis au sein de cette aimable famille; mon fils Marius et moi y recevons les soins les plus touchans; M. Thuillard est toujours l'ange gardien des malheureux : il n'est pas de jour qu'il ne me donne de nouvelles preuves d'attachement.

Que n'est-il à même, ainsi que moi, d'adoucir vos peines! mais nous avons lieu d'espérer qu'elles seront bientôt terminées; le renvoi de la Chambre des députés donne de grandes espérances; voici ce qu'on m'écrit de Paris, vous le lirez, je pense avec plaisir : « L'ordonnance du Roi, du 5 septembre, par laquelle il déclare vouloir maintenir les principes consacrés par la Charte, fait espérer que le sort de ceux qui ont été exceptés par la loi d'amnistie sera adouci. Il y a plus; depuis deux jours, le bruit se répand qu'ils seront prochainement compris dans cette amnistie; *qu'elle s'étendra même sur tous ceux qui ont été jugés pour des faits révolutionnaires.* Il n'y aura d'exceptions que pour les individus dénommés dans l'ordonnance du 24 juillet 1815. »

« Cet extrait, mes chers amis, doit vous tranquilliser, et vous faire supporter vos peines avec plus de patience; quant à moi, j'attends tous les jours une autorisation pour me fixer en Suisse; ma femme elle-même me l'apportera incessamment; je me fais une fête de la présenter à notre cher et bon ministre, qui soupire après le moment de vous embrasser, si les mesures de rigueur viennent à expirer : Je partagerai bien volontiers ce plaisir en quelque lieu que j'habite à cette heureuse époque. Adieu, mes bons camarades; Marius est absent, il vous aurait écrit sans cela. »

Signé, Le général D......

« Je vous suis toujours dévoué, et vous embrasse de tout mon cœur. »

Signé, Thuillard.

Abandonnant mon âme aux douces émotions que cette lettre fit naître en moi, je profitai des premiers jours du printemps pour aller admirer la nouvelle teinte que la nature donnait à ses tableaux, et visiter les montagnes monumentales que les Polonais ont élevées pour perpétuer le souvenir de grandes actions. Ce sont des espèces de pyramides, ou plutôt d'énormes pains de sucre en terre d'une grandeur extraordinaire. La première, selon les vieilles chroniques, fut élevée au commencement du VIIme siècle, à la mémoire Krakus qui délivra la Sarmatie du monstre le plus funeste et le plus terrible que l'imagination puisse concevoir. Comme il est démontré que les anciens Sarmates faisaient alors dans leurs récits un fréquent usage de l'allégorie, ont croit assez généralement en Pologne, que Krakus chassa les tyrans de sa patrie, et qu'il y fonda la liberté, dont l'origine remonte aux siècles les plus reculés.

Suivant la marche des temps, la seconde montagne est celle érigée en l'honneur de la reine Wanda, jeune et superbe héroïne, qui gouverna avec tant de justice, que les paysans, qui possèdent la mémoire du cœur au plus haut degré, chantent encore aujourd'hui ses vertus et sa beauté. Par amour pour son pays, elle refusa la main d'un des plus grands princes de la Germanie, dont elle estimait les éminentes qualités, et qu'elle aimait éperdûment. Pour appuyer ses prétentions, celui-ci se présenta à la tête d'une nombreuse armée ; fidèle à ses engagemens, Wanda va le combattre à la tête d'une partie de la nation, qui

la choisit pour chef. Ses charmes produisirent
bientôt un effet magique sur l'âme des Germains; ils la regardent, l'admirent, jettent
leurs armes, s'enfuient, et leur chef va cacher
son amour, sa honte et son désespoir dans les
vastes forêts qui couvrent ses États. La jeune
libératrice rentre victorieuse à Cracovie, rend
grâce aux Dieux d'avoir assuré l'indépendance
de son pays, et, le cœur déchiré d'avoir fait le
malheur d'un Prince qu'elle aimait plus que la
vie, du haut de son char triomphal elle se précipite dans les flots, en passant sur le pont de
la Vistule.

L'usage de perpétuer le souvenir de grandes
et d'utiles actions par des monumens qui ne
coûtent rien aux peuples, et qui dureront aussi
long-temps que le monde, existe encore en
Pologne. Sur la hauteur de Sainte-Bronislawa
à peu de distance de Cracovie, on élève en ce
moment une montagne à la mémoire de l'intrépide défenseur de la liberté polonaise,
l'ami des Washington, des La Fayette, à l'immortel Kosciuszko. Des citoyens de tous les
états, viennent de tous les points de cette an-

cienne république, travailler autant qu'il est en leur pouvoir à l'élévation du monument, et pour tout salaire emportent un reçu de la quantité de terre qu'ils y ont apportée, heureux d'avoir contribué à l'œuvre de la reconnaissance nationale. On y remarque même un nombre considérable d'étudians des universités d'Allemagne.

Quelque plaisir que j'éprouvasse dans mes promenades solitaires, je ne négligeai point mes préparatifs de départ. Je retournai chez le brave général Morand, qui m'aida de ses bons avis et me donna une lettre de recommandation pour un banquier de Hambourg, où nous devions nous embarquer. Les choses en étaient là quand mon frère arriva. Nouveaux projets, nouvelles espérances! selon lui on organisait un corps d'infanterie à l'européenne, en Moldavie; le général Savary devait le commander, nous étions certains d'y être employés; je le crus, et sans autre examen nous nous décidâmes à changer notre plan de campagne.

CHAPITRE XX.

De Cracovie à Jassy, par la Gallicie.

Quelque fois le hazard nous sert mieux que les plus adroites combinaisons. En voici la preuve : Deux jours avant notre départ de Cracovie, nous rencontrâmes, au jardin Krazinski, une dame française qui habitait la Pologne depuis 1793. — Mme la baronne D***, avec qui nous liâmes conversation, allait aussi en Moldavie. Cette respectable compatriote, qui aimait encore sa patrie après vingt-cinq ans d'émigration, nous proposa deux places dans une voiture qu'elle venait de louer; ce que nous acceptâmes avec plaisir; et le 8 juin 1817, la baronne, mon frère, le conducteur, un petit chien et moi, nous étions sur la route de Léopol.

Le trajet fut long et n'eut rien de remarquable, excepté les plaintes continuelles de notre compagne de voyage, et le service de femme-de-chambre, que nous faisions à tour de rôle mon frère et moi.

Traversant, pour la première fois depuis notre départ de France, une aussi vaste étendue de pays sans être inquiétés, nous pensions que la police avait enfin perdu la trace de nos pas, ou plutôt qu'elle était lasse de nous poursuivre; tant il est facile de se faire illusion! mais hélas! nous fûmes bientôt détrompés. En arrivant aux portes de la capitale de la Gallicie, nous sommes arrêtés; on nous fouille, on s'empare de tout ce que nous possédions, et on nous tient sous bonne escorte jusqu'à ce que le gouverneur ait décidé de notre sort.

Nous fûmes interrogés six jours de suite par une espèce d'inquisiteur, qui tantôt menaçait de nous faire mettre dans une prison d'État, tantôt de nous livrer aux autorités prussiennes pour être reconduits en France. Il m'est impossible de décrire tout ce que nous eûmes à souffrir pendant cette cruelle oppression. Il nous fut défendu de communiquer avec qui que ce fût, et nous avions dans notre chambre un espion qui parlait notre langue. Enfin, grâce à notre respectable baronne, qui, avec plusieurs lettres de recommandation, fit intéresser à notre sort les principaux habitans de la ville, la police nous relâcha après s'être emparée d'une partie de bijouterie que nous avions achetée à Cracovie, pour vendre à Jassy, dans l'espoir de gagner nos frais de voyage. On nous ordonna de sortir des états d'Autriche en six jours; ce que nous promîmes d'exécuter, après quoi nous nous trouvâmes heureux d'en être quitte pour la peur et la moitié de tout ce que nous possédions. Nous partîmes dès le même soir, et le sixième jour nous étions près de Czernowitz, ville frontière de la Russie, de l'Autriche et de la Turquie.

Comme c'était à mon frère d'être de garde aux équipages et de tenir compagnie à la baronne, je pris les devants pour faire le logement. Je me présentai chez le commandant autrichien pour le prier, vu l'extrême fatigue que nous éprouvions, de nous laisser passer la nuit dans la ville, lui promettant de nous soumettre aux ordres qu'il nous donnerait; que nous ne sortirions pas du logement qu'il aurait la bonté de nous assigner, et que la garde qu'il pourrait y mettre nous ferait partir aussi matin qu'il le jugerait convenable. Voyant qu'il paraissait ému, je le pressai davantage; j'étais prêt d'obtenir la haute faveur que je sollicitais avec tant d'instance, comme un courrier arrivant de Léopol, lui apporta l'ordre de ne pas nous laisser séjourner une heure sur le territoire autrichien. Le brave homme en parut fâché, mais il n'en fit pas moins exécuter les ordres de son chef. Alors il fallut me résigner à supporter ce nouveau genre d'infamie. Je fus à la rencontre de mon frère et de la baronne, qui n'arrivèrent qu'à la chûte du jour, et je laisse à penser dans quelle humeur; notre pauvre compatriote n'en pouvait plus; mais sa fortune étant liée à la nôtre, il fallait nous suivre.

Pour ne point nous perdre de vue, quatre hommes et un caporal vinrent nous prendre à la barrière, nous firent traverser la ville, et s'établirent à l'auberge où nous nous arrêtâmes sur la route de Jassy.

L'agent de police arriva bientôt, et nous annonça que par grâce spéciale, le gouverneur nous permettait de rester encore une heure à Czernowitz, mais qu'il serait forcé de nous mettre en prison si nous étions rebelles à ses ordres.

Entouré de presque toute la population accourue pour voir des Français, qui paraissaient d'autant plus à craindre qu'on prenait plus de précautions pour les empêcher de séjourner, je compris avec joie que le peuple ne partageait pas la haine que le pouvoir avait pour nous.

Après avoir fait avaler à notre courageux cognat une livre de pain de maïs trempé dans une bouteille de vin, guidés par un paysan que la police nous força de prendre en payant, nous partîmes à neuf heures du soir pour entrer en Moldavie.

Le temps était beau, mais la nuit était sombre et les chemins difficiles. Mon frère donna le bras à la baronne, marchant derrière la voiture; je

2ᵉ *édition.*

fis l'avant-garde, avec notre guide à qui je montrai mes pistolets, car j'avouerai que je croyais qu'on nous faisait partir de nuit pour nous dévaliser plus facilement sur la route.

Il y avait plusieurs heures que nous côtoyons le Pruth, lorsque, succombant à la fatigue, notre cheval s'abattit dans les sables; nous fîmes de vains efforts pour le relever, il mourut à l'instant. Je ne sache pas de ma vie m'être trouvé dans une position plus pénible: nous étions sur une route inconnue pendant la nuit la plus sombre, avec un guide qui ne pouvait nous comprendre; nos effets étaient culbutés avec notre voiture; notre conducteur pleurait son cheval, la baronne jetait les hauts cris, et mon frère, dans un moment d'indignation, poussait les plus violentes imprécations contre les autorités autrichiennes qui pouvaient encore nous entendre et nous faire traîner dans les cachots. Dans cette conjoncture, notre situation devint des plus effrayantes et pour surcroît de malheur notre guide disparut. Alors il fallut nous résoudre à bivouaquer en attendant le jour. Avec les coussins de paille qui garnissaient la voiture, une mauvaise couverture et un drap, nous formions un lit, pour mettre notre malheureuse compagne à l'abri des injures de l'air, quand nous entendîmes à quelque distance de nous, les pas de plusieurs chevaux et la voix de plusieurs hommes. «Antoine, dis-je à mon frère, prends les armes, nous allons être attaqués.» Le bruit s'étant très-rapproché, je criai d'une voix forte et impérieuse. « Halte-là, qui vive? » — « Un ami des Français, qui vient à votre secours. » En effet, c'était un jeune Boyard, parlant très-bien notre langue, que notre guide était allé prier de venir nous tirer de la cruelle position où nous nous trouvions. Ce généreux moldave fit mettre deux chevaux à notre voiture par les domestiques qui l'accompagnaient; nous conduisit dans sa maison située à quelque distance de la route, et chercha par tous les soins possibles à nous faire oublier les persécutions de la police autrichienne, et les fâcheuses impressions que devaient faire sur nous les événemens si désagréables sous les auspices desquels nous entrions dans les États du sultan.

CHAPITRE XXI.

Jassy.

Le noble Moldave qui vint si généreusement à notre secours et nous reçut chez lui avec tant de bonté, nous fit conduire jusqu'à Jassy, capitale de la Moldavie, où nous arrivâmes le 22 juin 1817.

Ne sachant à qui nous adresser, nous descendîmes à la première auberge qui s'offrit à nous, en attendant que le hasard vint nous aider à trouver des renseignemens sur l'objet de notre voyage. Notre souper fut aussi agréable que celui de la veille avait été pénible. La Baronne, enchantée d'être arrivée à sa destination, reçut avec bonté nos excuses pour tous les désagrémens que nous lui avions attirés en route. Cette aimable dame ne voulut accepter que nos remercîmens pour les fris de voiture qu'elle avait faits seule; elle nous permit seulement de donner à notre conducteur de quoi acheter un nouveau cheval, ce qui, fort heureusement, ne nous coûta pas cher.

Les doux rêves d'une espérance long-temps déçue, nous agitèrent agréablement toute la nuit; je me voyais déjà à la tête d'une compagnie de Grecs ou de Musulmans, que nous avions formés à la tactique européenne; les grades, l'argent, les honneurs, rien ne nous manquait; l'illusion était complète, quand je fus éveillé à la pointe du jour, par un officier du prince, qui nous donna ordre de le suivre chez le spadar, chef suprême de la police et de la force armée. Interrogés sur ce que nous voulions, nous eûmes bientôt la triste certitude que nous nous étions abusés : il n'était nullement question d'organisation militaire en Moldavie.

Victimes de notre crédulité, trahis dans nos espérances, nous résolûmes d'aller à Constantinople, pour y attendre un bâtiment qui nous conduirait en Amérique ; mais le sort qui n'était point las de nous poursuivre, en décida autrement.

Instruit de notre arrivée, le consul de France

voulut nous faire partir sur-le-champ; mais le prince, mieux inspiré, demanda l'avis du Gouvernement turc, et nous permit d'habiter la ville, en attendant qu'il fut statué sur notre sort. Le consul prévint aussi l'ambassadeur de France à Constantinople, pour qu'il pût intervenir, selon qu'il jugerait à propos, dans la décision que le divan allait prendre à notre égard. Deux mois s'écoulèrent sans réponse, ni du Grand-Seigneur, ni du marquis de Rivière.

Dans la cruelle alternative où nous nous trouvions, sans pouvoir nous occuper d'aucun travail qui assurât notre existence, n'ayant plus d'argent, et ne sachant où nous en procurer, nous vendîmes une partie de nos effets; et sans en demander la permission à la police, nous résolûmes de partir pour Constantinople.

A peine on nous vit sortir de la ville, qu'on nous arrêta par ordre du prince. On nous conduisit devant lui : *J'ai écrit au reis-effendi pour savoir ce qu'il voulait que je fisse de vous, nous dit-il; vous ne sortirez de Jassy* que quand j'aurai reçu une réponse. — Prince, si vous ne nous permettez pas de sortir de vos États, lui répondis-je, donnez-nous les moyens d'y vivre. — *C'est trop juste, répondit-il; demain vous aurez de mes nouvelles.* » En effet, le lendemain nous apprîmes qu'il avait donné l'ordre de nous compter à chacun cinquante francs par mois, et une ration de vivres.

Maintenant que nous sommes sûrs de ne pas mourir de faim, jetons un coup-d'œil sur le pays qui nous accorde l'hospitalité.

La Moldavie, située entre les monts Krapacks et la mer Noire, est enclavée dans les États d'Autriche et de Russie. Cette dernière puissance en possède déjà deux cinquièmes, qui lui furent cédés par le traité que la Porte eut le malheur de signer en 1812, au moment où les armées françaises portaient le coup de mort à l'empire des Czars.

La religion grecque est la seule du pays; il y a un patriache, un clergé nombreux, qui possèdent des biens d'une grande valeur; il y a aussi un grand nombre de couvents très-riches, que l'on rançonne souvent pour venir au secours de leurs frères de la Morée. Les boyards, ou seigneurs, forment dans la nation une classe très-nombreuse; ils possèdent les deux tiers des terres qu'ils afferment aux paysans, depuis que ceux-ci ne sont plus attachés à la glèbe.

Cette province, arrosée par le Danube, le Pruth, le Dniester, et une infinité d'autres rivières qui descendent des monts Krapack, est extrêmement fertile; car, quoiqu'elle ait été depuis plusieurs siècles le théâtre de la guerre entre les Osmanlis et les Chrétiens; quoique le Gouvernement despotique et son horible cortége, la cupidité, la fraude, la corruption, l'ignorance, le fanatisme, les confiscations règnent sur ce malheureux pays; l'exportation surpasse encore l'importation d'un quart.

Il n'existe en Moldavie aucune manufacture; et cependant le luxe des boyards est poussé aussi loin que possible; les femmes surtout sont d'une recherche excessive dans leur toilette: les cachemires de l'Inde et les soies de Lyon leur sont indispensables; les voitures sont aussi nécessaires : Vienne en expédie par le Danube, plus de huit cents chaque année; mais pour compenser tant de dépenses, la Moldavie fournit du vin aux Russes, des bestiaux aux Autrichiens, et aux Turcs de Constantinople et aux Grecs de la Morée, du sel, des cuirs, du miel, du bois et d'autres productions encore. Ainsi, malgré les désordres d'une détestable administration, ce pays est encore un des plus riches de l'Europe.

Jassy, la capitale, renferme environ quarante mille habitans, quantité d'églises remarquables, beaucoup de maisons en pierre, construites à l'italienne, et un nombre considérable de cabanes en terre. Les rues, pavées avec de longs madriers de chêne, sont d'une extrême malpropreté en hiver; mais les boyards ne vont jamais qu'en voiture.

Il n'existe point d'armée moldave; le prince a deux cents Arnautes pour ses gardes. Les boyards, suivant leur grade et leur rang, ont de deux jusqu'à vingt soldats de la même nation, qu'ils achètent pour leur servir de gardes domestiques. Ces durs esclaves d'Albanie, demeurent chez leur maître, et l'accompagnent partout; leur uniforme ressemble à celui de nos mamelucks; ils manœuvrent bien leurs chevaux, sont armés de pistolets et d'un grand bâton qui leur sert de lance.

Mais revenons un instant à ce qui nous est personnel : Après quatre mois d'attente à l'audience du prince Gallimachi, Son Altesse assise sur son trône, entourée des membres du divan, nous communiqua la lettre du Grand-Seigneur, qui portait : *Si ce sont de mauvais sujets, faites-les partir; si ce sont d'honnêtes gens, quelles que soient leurs opinions politiques, donnez-leur asile.* « N'ayant point de reproches à vous faire, nous dit ensuite le prince, vous êtes libres d'habiter cette partie de la Moldavie, aussi long-temps qu'il vous plaira. » Le spadar visa nos papiers, et dès ce moment nous fûmes libres dans une province du Grand-Turc.

Nous cherchâmes alors à nous occuper, en attendant des nouvelles de notre pauvre patrie, dont nous n'entendions plus parler, quoique les boyards parlassent presque tous français.

Mon frère, dont l'éducation avait été moins négligée que la mienne, donnait des leçons de mathématiques, tandis que je montrais à faire des armes.

Quelque temps après; je fis la connaissance d'un boyard, avec qui je signai la convention suivante :

Entre M. Jean Cananot, spatar de la Moldavie, et le capitaine Bacheville.

M. Bacheville entrera chez M. Cananot pour enseigner la langue française à son fils; il sera traité avec tous les égards que l'on doit à un véritable ami.

M. Cananot donnera à M. Bacheville, le logement, la table, le blanchissage, un domestique uniquement à son service, et douze cents piastres (*) *par an, payables d'avance par trimestre.*

Les parties se préviendront trois mois d'avance, etc., etc. Fait double, etc. Jassy, le 26 octobre 1817.

(*) La piastre turque vaut 1 fr. 42 c.

Allons, me dis-je, ne désespérons plus de rien; de mauvais écolier que j'étais sur les rives de la Saône, me voilà maître d'étude sur les bords du Danube; qui sait où cela peut me mener? J'épouserai peut-être une boyarde; la guerre de l'indépendance des Grecs peut commencer d'un moment à l'autre; je leur donnerai des leçons de tactique; je combattrai avec eux, nous triompherons ensemble, et les persécutions que j'aurai éprouvées en France, m'auront procuré l'honneur de mourir en Grèce pour la cause de la liberté.

J'étais ainsi dans le domaine des illusions, quand la voiture s'arrêta; nous arrivions au château de M. J. Cananot, à quinze lieues de Jassy.

La réception fut bienveillante; la maîtresse de la maison, qui savait assez de français pour se faire entendre, m'assura que j'aurais peu de chose à désirer.

Toutefois je ne pus me défendre d'un certain scrupule, en songeant que je me chargeais d'enseigner ce que je savais à peine, et avant de commencer mon métier de profes-

seur, je représentai encore une fois à M. Cananot, car je le lui avais déjà dit, que je ne
me sentais pas capable d'instruire convena-
blement son fils. *Donnez-lui l'éducation
d'un officier de la garde impériale*, me répondit-il, *et ne vous inquiétez-pas du reste,
il en saura toujours plus alors que tous les
boyards de la Valachie.* Cette réflexion qui
était vraie sous plus d'un rapport, vainquit
ma répugnance, et j'entrai en fonctions.

Mon élève montra d'abord de la bonne volonté, puis se relâcha, s'ennuya et m'envoya
promener. Son père était absent; j'attendis
son retour pour me plaindre, et nos études
reprirent leur cours, mais sans faire faire de
grands progrès au petit boyard.

Cependant, malgré tous les égards de M.
Cananot et de sa femme pour moi, j'eus quelques désagrémens dans les premiers jours de
mon arrivée, qui faillirent me faire quitter la
maison. Une querelle que j'eus avec les Arnautes qui leur servent de gardes, faillit me
coûter la vie. Une douzaine de ces barbares
allaient se jeter sur moi, le sabre à la main,

quand Mme Cananot vint calmer leur fureur, en me prenant sous sa protection spéciale.

J'eus aussi à me plaindre du maître-d'hôtel, et voici pourquoi :

Excepté dans les principales villes, il n'y a point d'auberges en Moldavie. Quand les boyards voyagent, ils font comme les curés de mon pays, qui descendent chez leurs confrères, de village en village. Jamais ils ne se font annoncer; il y a toujours dans les châteaux qui se trouvent sur la route, du pain, du vin et de la viande à discrétion. Ainsi que la noblesse française, le plus ridicule boyard moldave croit avoir le pas sur tous les nobles du monde; et à plus forte raison devaient-ils l'avoir sur moi, qui ne leur étais présenté que comme un maître de langue.

La première fois que je me trouvai à table avec plusieurs de ces hommes privilégiés, le maître-d'hôtel, suivant la méthode polonaise, présentait les mets à chaque convive; mais lorsqu'il était près de moi, il passait à un autre, ne m'offrant rien que quand il avait servi tout le monde. Dans toute autre circonstance, je me serais mis au-dessus d'une telle inconvenance, mais j'étais proscrit, et selon moi, les malheureux ont le droit d'être exigeans. Je m'en plaignis donc avec amertume à M. Cananot, qui dit en riant : » *Je vous donne carte blanche ; ils sont grossiers, tâchez de leur apprendre à vivre, vous leur rendrez service et vous m'obligerez.* » Je me promis d'user de la permission à la première rencontre.

L'occasion ne tarda pas à se présenter.

Une douzaine de boyards, à longue barbe, la tête couverte d'un lourd bonnet d'astracan, et le corps enveloppé d'une tunique de soie, attachée par une large ceinture de cachemire, vinrent se mettre à table, chacun avec un domestique derrière soi. Selon sa coutume, le maître-d'ôtel passait devant moi sans rien m'offrir ; je le pris par la barbe, et lui intimai l'ordre de me servir à mon tour, sous peine du bâton : je buvais du vin rouge, et j'avais un grand verre ; mon vin plut à un boyard, mon verre convint à un autre ; je ne comprenais pas ce qu'ils disaient, mais j'entendis qu'il s'agissait de moi, quand ils prononcèrent le mot *cas-*

calo (maître de langues). Je me mis sur la défensive; deux valets vinrent pour m'ôter, l'un mon verre, l'autre ma bouteille; j'avais à la main un couteau à long manche, je leur en donnai sur les doigts, et j'ai dans le poignet une vigueur qui ne permit pas à MM. les laquais d'oublier de sitôt la correction que je venais de leur administrer; aussi puis-je assurer qu'ils ne revinrent pas à la charge et n'en furent même pas tentés; loin de là, ils me témoignèrent à l'avenir beaucoup de respect. Avec la force physique, on inspire la considération aux barbares; mais ce n'est qu'avec la force morale qu'on obtient l'obéissance et l'estime des hommes civilisés. Cela soit dit en passant.

Quelques jours après cette aventure je reçus de Jassy la nouvelle de la mort du respectable M. Maurojini, chez qui mon frère se trouvait depuis peu. Les soins assidus qu'Antoine donna à ce généreux boyard pendant sa maladie, et la douleur que lui causa une mort si prompte, firent tant d'impression sur les parens et les amis du défunt, que tous jurèrent de lui faire oublier la perte qu'il venait de faire. M. le hettman D...., gendre du prince Gallimachi, le pria d'accepter un logement dans son palais, le présenta à la cour, et prévint M. Négri, consul de France, que désormais nous porterions nos décorations.

Quant à moi, je jouai le rôle d'instituteur, tant bien que mal, jusqu'au printemps, heureux de vivre ignoré dans une campagne où je serais peut-être encore, si les mauvaises affaires de mon patron ne l'avaient contraint de vendre sa terre et de me congédier.

De retour à Jassy, j'y trouvai une lettre de ma bonne sœur, et cinquante napoléons que mon frère avait reçus d'elle par l'entremise de N. Dantz, banquier à Constantinople.

«Barthélemy, me dit alors mon frère, tu es mal ici, j'y suis bien, mais ça peut ne pas durer. Prenons un parti : va chercher à Constantinople un bâtiment pour nous transporter en Amérique, ou une caravane pour aller en Perse: nous sommes sûrs d'être employés utilement dans l'un ou l'autre pays; pars, tu as de l'argent pour ton voyage; j'attendrai de tes nouvelles ici; et aussitôt que tu auras pris la résolution d'aller, n'importe en quel climat, j'abandonne tout pour te suivre. — Cher Antoine! ne nous séparons jamais, lui dis-je.— Ah! si tu ne sais pas prendre une courageuse résolution, me répondit-il, nous tomberons un jour dans la disgrâce des Grecs, ou sous les sabres turcs. »

J'insistai auprès de mon frère, quoique je susse qu'il n'était pas facile de changer le cours de ses idées. Je le pressai de ne plus me conseiller un départ que j'envisageais avec effroi, et le conjurai de s'armer de patience en attendant qu'un meilleur ordre de chose vint à luire sur la France, ce qui ne pouvait tarder long-temps, d'après les nouvelles que nous avions reçues. Mes objections n'aboutirent qu'à le rendre plus inébranlable dans sa résolution. Nous ne devons pas, s'écria-t-il, nous vouer ainsi à l'inertie, dans l'espérance d'un avenir trop incertain! Persécutés pour la liberté, allons combattre pour elle en Amérique; ou si ce bonheur nous est refusé, passons chez les Persans où nous ferons du moins aux Anglais des ennemis plus habiles. De façon ou d'autre enfin, trouvons un moyen d'utiliser notre vie. Si tu ne veux pas aller reconnaître la route, prends ma place ici, et je partirai, c'est un point résolu.

—Eh bien ! partons ensemble. —Non, l'état de notre bourse ne le permet pas ; va, te dis-je, ou j'irai moi-même.

Ses raisons étaient bonnes, il fallut céder, et mon départ pour Constantinople fut fixé au 18 avril.

CHAPITRE XXII.

Séparation.

Le jour indiqué pour mon départ, mon frère vint à moi de très-bonne heure. Il affectait un air gai, mais il était facile de s'apercevoir que ce sentiment était loin de son cœur. « Voilà, me dit-il, quelques lettres de recommandation pour Constantinople, et des journaux allemands qui annoncent les progrès de l'armée de l'indépendance dans l'Amérique du sud; nous irons chez Bolivar.—Nous irons où tu voudras, pourvu que tu viennes me rejoindre aussitôt que je te l'écrirai.—En peux-tu douter? me dit-il en me serrant la main; et malgré lui, et malgré moi, nos yeux se mouillèrent de larmes. « Tiens, lui dis-je, mon frère, je ne dois point te le cacher, cette séparation m'est cruelle; j'ai l'affreux pressentiment que nous

*...se précipite dans mes bras, ses larmes se
...fondent... et le pénible aveu est prononcé.*

ne nous reverrons plus..... » Deux de nos amis entrent, et mettent fin à cette scène, dont je ne perdrai jamais le souvenir.

Pendant que j'assistai à un déjeûner où personne ne voulut manger, mon frère fit transporter mes effets sur la voiture qui était à ma porte, et vint me dire qu'il avait donné l'ordre au conducteur d'aller nous attendre à une demi-lieue de la ville, sur la route de Bukarest.

Nous partîmes l'instant d'après : mon frère me donna le bras, et nos amis nous accompagnèrent. C'était un véritable enterrement; j'avais le cœur tellement serré, que je ne pouvais dire un mot.

Arrivés sur la hauteur où le voiturier nous attendait, je brusquai le mouvement. «Adieu, mes bons amis, dis-je aux généreux Moldaves qui venaient me conduire, je n'oublierai jamais les bontés que vous avez eues pour moi; conservez votre amitié à mon frère!....» Antoine se précipite dans mes bras; nos larmes se confondent, et le pénible adieu est prononcé. Je monte en voiture, et mon conducteur, témoin de cette scène déchirante, fait partir ses quatre chevaux avec la rapidité de l'éclair.

A peine avions-nous parcouru un rayon d'environ deux cents toises, qu'une violente secousse occasionnée par la chute d'une roue de notre charriot, me jeta à dix pas sur le sable; mon frère qui me suivait encore de l'œil du haut de la colline où je venais de le quitter, pousse un cri d'effroi, et vole à mon secours. Il était déjà près de moi, quand je me relevai tout étourdi de cette brusque manière de descendre. « Tu n'es pas blessé, me cria-t-il ?—Non, non, lui dis-je, en relevant la roue de notre voiture, ce n'est rien.—N'importe, ajouta ce pauvre Antoine, ton voyage commence sous de trop funestes auspices; si tu veux me croire, tu reviendras à Jassy.—Impossible, ma résolution est prise; rien ne peut m'empêcher de partir.—Reste avec moi, dit-il; nous nous arrangerons pour partir ensemble plus tard; songe, Barthélemy que le plus grand malheur qui puisse m'arriver, c'est de te perdre. N'ai-je pas tout quitté pour t'accompagner dans l'exil? Demeure, je t'en conjure au nom de notre amitié; il y a souvent plus d'imprudence que de sagesse à mépriser les pressentimens.— Nous avons pesé, lui répondis-je, les raisons qui me déterminent à ce voyage, et il ne sera pas dit qu'une roue brisée nous fera abandonner un projet adopté après de mûres réflexions. Mon frère ne me répondait point, mais ses bras me serraient d'autant plus étroitement que je semblais plus résolu à partir. Enfin, il s'écria, pars puisque c'est moi qui l'ai voulu; mais s'il t'arrive quelque malheur, songe bien que je ne me le pardonnerai jamais. Comme il achevait ces mots, je l'embrassai encore, et me précipitant dans la voiture, j'ordonnai au postillon de marcher, et la rapidité de notre course eut bientôt mis une distance de plusieurs lieues entre lui et moi.

Par suite du chagrin que j'éprouvais d'avoir quitté mon frère et des douleurs causées par la chute que j'avais faite la veille, j'arrivai malade à Bukarest, quatre jours après mon départ de Jassy. Une fièvre ardente et un crachement de sang me retinrent au lit toute la journée. Ne pouvant aller porter moi-même une lettre que j'avais pour un officier de la maison du prince Caradjia (*), je l'envoyai à son adresse, avec prière de m'excuser. Ce brave valaque vint me voir, m'envoya son médecin qui me saigna sur-le-champ ; et, grâce à la médecine et à mon tempérament de fer, j'étais rétabli au bout de huit jours.

Mon brave protecteur, à qui j'avais été recommandé de la part de M. le hettman, gendre du prince de Moldavie, me présenta peu de jours après, au fils du prince de la Valachie, qui me reçut avec une extrême bonté. Son Altesse m'engagea à rester à Bukarest, en m'assurant que je n'y manquerais de rien. Me voyant décidé à suivre irrévocablement le parti que j'avais pris, Son Altesse me fit présent de plusieurs objets estimés à plus de vingt-cinq louis, et donna l'ordre de me laisser continuer mon voyage.

Je restai encore quelques jours pour visiter

(*) Le prince de Cardajia, gouvernant la Valachie en 1817, est le même que les Grecs indépendans viennent de nommer à la présidence des États du Péloponnèse.

la ville et ses environs, qui n'offrent rien de bien remarquable. Les mœurs et les usages des Valaques se rapprochent tellement de ceux des Moldaves, que je craindrais de me répéter si j'en parlais. Même gouvernement, même noblesse, même clergé: les charges, les impôts, les injustices sont les mêmes. La Valachie renferme environ un million d'habitans, divisés en trois classes: la noblesse, le clergé, et le tiers-état, qui se présente bien loin en arrière des deux autres. Cependant il est encore une classe plus basse, mais elle est tellement avilie, dégradée et méprisable, qu'on ne la compte pas même dans le dénombrement des habitans de la principauté. Ces misérables, dont le nombre passe quatre-vingt mille, se nomment Zingaris, ce que nous appelons Bohémiens en France. Ils sont dans l'état de servitude le plus dégradant qui fût jamais; ils appartiennent aux boyards, qui ont droit de vie et de mort sur eux; ils n'ont droit à rien, et souffrent tout : ils ne peuvent jamais coucher dans un lieu habité par des chrétiens, excepté ceux qui servent en qualité de domestiques près des boyards à qui ils appartiennent.

La plus forte partie de cette nation sans culte, sans lois, sans chef, et sans bien, se subdivise à l'infini; puis avec la permission du *seigneur*, dont ils sont la propriété, ils vont par bandes de dix à vingt familles, emmenant leurs femmes et leurs enfans, s'établir dans une plaine non cultivée aux environs des villages, y dressent des tentes, et y exercent presque tous les métiers, toutes les professions. Les paysans leur donnent la préférence sur les autres artisans du pays, parce qu'ils travaillent à meilleur compte. Cependant ces malheureux sont forcés, sous peine de mort en cas de contravention, de remettre à leurs *bons seigneurs* la moitié de ce qu'ils gagnent. Mais ils vivent de racines et d'un peu de maïs, bivouaquent toute l'année, l'été sous des tentes mal-saines, l'hiver, dans des barraques qu'ils font sous terre; aussi ne vivent-ils jamais vieux. Qu'il faudra de temps pour amener cette classe abrutie par la plus dégradante servitude, à l'état de civilisation où se trouve la France!

Le 18 mai 1818 je partis pour Constantinople, où j'arrivai sans aucun événement qui mérite d'être rapporté.

CHAPITRE XXIII.

Constantinople.

Constantinople est, comme l'ancienne Rome, bâtie sur sept collines; elle a la forme d'un triangle dont deux côtés regardent la mer, et le troisième la terre ferme. La mer de Marmara et l'Hellespont la baignent au midi; à l'orient est l'embouchure de la mer Noire, et au septentrion s'étend un port vaste et commode, où les plus gros vaisseaux trouvent un abri contre la tempête. Ajoutez que, située sur un promontoire, cette capitale s'offre de loin à la vue sous l'aspect le plus pittoresque, et vous hésiterez un moment à blâmer Constantin d'avoir transporté le siége de l'empire romain en Orient.

Je restai pendant près d'une heure en extase devant cet admirable spectacle, mais tout-à-coup repliant ma pensée dans mon cœur, j'éprouvai un sentiment de tristesse qui naissait de l'admiration que j'avais sentie. Quoi! me disais-je, c'est dans ce lieu, que la nature s'est plue à embellir de tous ses attraits, que l'homme, ce fils du ciel, est réduit à la pire des conditions! esclavage, ignorance, superstition, terreur, voilà donc l'asile où vous triomphez! Terre, hommes, dans ce pays tout est soumis à un despote qui passe sa vie à trembler et à faire trembler! En effet, quel est le sort du sultan? il flatte ou il égorge ses janissaires, corps indomptable, dont les têtes abattues renaissent comme celles de l'hydre; et *le roi des rois, la source des lumières, l'empereur victorieux,* tombe victime d'une soldatesque effrénée, le jour que l'or ou les bourreaux lui manquent pour se faire obéir.

Quelle destinée! quel règne! Louis XIV les enviait; moi, je ne les souhaiterais pas au plus cruel de mes ennemis. Le pouvoir absolu, tant recherché, tant désiré par les hommmes qui sont appelés au commandement, est plus terrible peut-être à ceux qui l'exercent qu'à ceux qui le doivent supporter. Si quelqu'un en doute encore, qu'il aille vivre en Turquie, non pas sous le privilège accordé aux ambassadeurs des Francs, mais sous cette loi absurde et tyrannique qui régit tout un peuple, dont l'abrutissement égale seul la férocité; il aura bientôt senti ce que l'arbitraire a d'affreux pour ceux qui l'éprouvent, et il ne tardera pas à voir ce qu'il a de périlleux pour ses ministres, à qui le cordon fatal arrive au gré du caprice d'un maître qui condamne souvent sur une plainte anonyme, pressé qu'il est de s'emparer de richesses acquises par des injustices qu'il punit, sans s'occuper de les empêcher de renaître.

Pendant que je me livrais à ces réflexions, fondées sur la connaissance que j'avais obtenue, à mes dépens, de la marche et des bienfaits du Gouvernement turc, la nuit arriva; je m'acheminai vers le faubourg de Péra, où demeurait le respectable négociant auquel j'étais recommandé, et, après tant de courses pénibles, j'eus le plaisir d'embrasser un compatriote.

M..... m'accueillit avec une bonté touchante, et me parla long-temps de mes malheurs, me présentant ainsi l'occasion de soulager mes chagrins en les versant dans le sein d'un ami; attention délicate qu'on ne peut apprécier à sa juste valeur, que lorsqu'on a souffert soi-même. Il m'offrit un appartement chez lui; et après un souper où il fit servir tout ce qui pouvait me rappeler la France, me conduisit dans sa propre chambre, en me priant d'y rester sans me laisser voir personne, jusqu'à ce que nous eussions eu ensemble une explication indispensable.

Ce mot seul fut pour moi un trait de lumière; je fus certain du sort qui m'attendait à Constantinople, comme s'il m'avait été expliqué avec les plus grands détails. Je compris que de police en police, la nouvelle de mon arrivée était parvenue à l'ambassadeur de France, qui devait avoir donné des ordres pour m'arrêter aussitôt que je paraîtrais; et que, par égard pour mes infortunes, M....... m'avait caché cette triste nouvelle pour me laisser au moins une nuit de repos, entre les vexations que j'avais essuyées et celles qui m'attendaient encore. Ainsi ma funeste prévoyance détruisit tout l'effet de la précaution qu'avait prise mon protecteur ; et ce ne fut, qu'accablé par la fatigue, que je pus trouver ce sommeil lourd qui brise les membres au lieu de leur rendre la force.

Je n'ai pas besoin de dire que j'avais deviné juste. Mon hôte vint dès le matin me déclarer que M. le marquis de Rivière menaçait de me faire conduire en France les fers aux pieds et aux mains, si je tombais en son pouvoir. Je reçus cet avis en homme qui y était préparé. Mon ami, charmé de ma résignation, me conseilla de me rendre à Smyrne par le premier bâtiment qui ferait voile de ce côté, et il fut arrêté que jusqu'à mon départ, je resterais soigneusement caché.

Les occasions de s'embarquer pour Smyrne n'étaient pas rares, il ne s'agissait que de passer quelques jours dans ma chambre, ce repos même ne pouvait que m'être nécessaire, après un voyage fatigant; mais on trouve à s'exposer un plaisir que je ne puis pas bien m'expliquer; d'ailleurs c'est une espèce de consolation dans le malheur, que de braver ceux qu'on regarde comme ses ennemis, et je me hasardai à sortir, malgré les avis de mon hôte.

Un pantalon très-large, un gilet bariolé, et

par-dessus une redingotte à l'européenne, c'était
là mon costume. Heureusement pour moi, c'est
aussi celui de presque tous les négocians francs
et de beaucoup de marchands turcs, qui, grâce
aux lumières qu'ils doivent à leurs relations avec
les chrétiens, commencent à se *désabrutir.* On
ne me remarqua donc pas, et, me enhardissant
de jour en jour, j'osai traverser le port et entrer
dans Constantinople.

Le despotisme gâte, abime, détruit tout. Les
campagnes de la Turquie sont incultes et désertes, en dépit de la fertilité du sol. Constantinople, que sa situation rend si belle et pourrait
rendre si florissante, fait pitié à voir, quand on
l'examine au-dedans. Cette capitale d'un vaste
empire n'a que des rues étroites, mal percées,
des maisons irrégulières, mesquines, construites
en bois et en terre. La malpropreté règne partout. Le sérail n'est qu'un assemblage de bâti-
mens placés sans ordre les uns à côté des autres,
et qui prouvent la barbarie autant que l'orgueil
des sultans. Enfin, si l'on en excepte la mos-
quée de Sainte-Sophie et quelques aqueducs
bâtis par les Romains, il n'y a rien de remar-

quable dans cette ville, qui serait la première du monde si elle appartenait aux Français.

Ma curiosité satisfaite me faisant trouver ma réclusion plus supportable, je ne m'éloignai plus de mon hôte qu'une seule fois, de nuit, et pour aller visiter M..... de Marseille, qui a une maison de commerce au faubourg de Péra.

Nous parlâmes des mœurs turques; il me dit les coutumes du sérail, où vieillissent cinq ou six cents beautés, parmi lesquelles à peine une vingtaine ont, une fois en leur vie, l'honneur d'entrer dans le lit de leur maître. Il m'apprit aussi que les femmes en ce pays ne sont pas si esclaves qu'on se l'imagine parmi nous, et que, par exemple, un Turc qui parlerait d'économie à sa femme, passerait pour un fou. Ce propos ramena la conversation sur la France; des épigrammes un peu usées sur le beau sexe, nous passâmes au plus grave sujet, et nous déplorâmes ensemble l'état dans lequel notre patrie était tombée à l'égard des puissances étrangères qui reçurent d'elle si long-temps la loi, et qui la devraient recevoir toujours, si c'est au plus habile, au plus civilisé, au plus brave à exercer l'empire.

M..... me parla de ces temps si peu éloignés et pourtant si différens d'aujourd'hui, où la grande nation, réprésentée par l'honorable général Sébastiani, avait pris sur le divan une influence qui, sans l'assasinat de Sélim, eût amené les Turcs à un ordre de choses plus en rapport avec le mouvement social de l'Europe, et par conséquent opposé à la Russie une barrière insurmontable du côté du nord-est, comme il est indispensable de lui en élever une au nord, par le rétablissement du royaume de Pologne. J'appris avec un sentiment bien vif d'amour-propre national, que les connaissances et la fermeté de M. Sébastiani avaient produits sur les Turcs une impression que le temps n'avait point effacée. Les talens, le courage et l'énergie qu'il déploya lorsque la marine anglaise reçut un affront solennel dans la rade de Constantinople, sont encore présens à la mémoire des habitans de cette grande cité. Si je ne me trompe, il fut aussi question d'une carte que cet ambassadeur avait levée de Constantinople et de ses environs, où sont indiquées toutes les sources qui fournissent l'eau de la ville; secret ignoré de tous les étrangers, que les chefs seuls du divan connaissent, et qui rend la prise de Constantinople infaillible. Enfin, ceux qui ont bien servi la France furent loués sur les bords de l'Hellespont, tandis qu'ils étaient insultés sur les bords de la Seine; et je rentrai chez moi fier de mes malheurs et résolu de les supporter avec un courage qui fatiguerait l'obstination du sort.

Mon projet d'aller tenter la fortune chez les Persans, n'eut, comme on voit, aucune suite; et après une halte de sept jours à Constantinople, pendant laquelle j'écrivis deux longues lettres à mon frère pour l'instruire de mon désappointement et l'inviter à attendre des nouvelles plus heureuses, je m'embarquai pour Smyrne, craignant que ma présence ne finît par compromettre l'ami qui me donnait asile. Je ne cherche point à peindre ma reconnaissance de l'accueil et des soins que j'avais reçus dans sa famille; je me contenterai de dire que je le quittai avec autant de regret que si je l'eusse connu depuis vingt ans.

CHAPITRE XXIV.

Smyrne.

CETTE ville que les Turcs appellent, je crois, Ismir, est une des plus belles et des plus commerçantes de la Turquie d'Asie ; une foule de marchands de toutes les nations y arrivent soit par mer soit par caravane. Pour faire sentir d'un mot les avantages de sa position, il me suffira de dire que, ruinée huit fois par des tremblemens de terre, elle a toujours été promptement rebâtie. Il est vrai qu'il n'est pas fort difficile d'élever des maisons à la manière de celles de Smyrne, faites de bois et de boue ; il ne faut pas non plus une grande habileté pour tracer des rues comme celles qu'on voit dans certains quartiers, où les toits se touchent et forment une voûte obscure qui menace d'écraser les passans ; mais enfin les Turcs ne savent pas mieux faire ; et d'ailleurs ils sont assez bien logés pour recevoir la peste, qui laisse rarement passer une année sans leur faire une visite plus ou moins longue.

Lorsque j'arrivai à Smyrne, elle y exerçait d'affreux ravages; cela me donna, comme on pense, peu d'envie d'y faire un long séjour. Mais où aller? la terre paraissait trop petite à Alexandre, parce qu'il craignait de l'avoir trop-tôt conquise; elle ne me semblait aussi plus assez grande, puisqu'un malheureux n'y pouvait trouver un asile. Et comment me réunirai-je désormais à mon frère? je n'avais pu l'attendre à Constantinople, la peste me forçait à quitter Smyrne. Où me rejoindrait-il? A deux, le plaisir se double, la peine est plus légère de moitié : qu'allais-je devenir sans mon cher Antoine? une pensée pourtant me consola de cette séparation cruelle : c'est pour ne pas m'abandonner, me disais-je, que mon frère s'obstine à ne pas aller purger sa contumace; une fois qu'il lui sera devenu impossible de me suivre, il rentrera en France, il sera libre, et moi je serai moins malheureux, en apprenant qu'il ne souffre plus pour moi. Je lui écrivis donc en conséquence, et je l'engageai vivement à rentrer dans notre patrie, le sacrifice qu'il voulait faire pour moi étant désormais sans but, et pour ne lui laisser pas même un prétexte pour prolonger son généreux exil, je l'avertis que je partais pour la Grèce, avant même de savoir si c'était de ce côté là que je tournerais mes pas.

Le général Savary, que j'avais espéré trouver à Smyrne, était alors à Trieste; il n'y avait point de flotte américaine dans la Méditerranée, qui pût me recueillir et me porter au Champ-d'Asile; je n'avais donc rien de mieux à faire que de quitter promptement une ville empestée.

Lorsque je voulais acheter quelques alimens on me les montrait de loin, en me disant le prix; je déposais mon argent dans un tronc plein de vinaigre, et quand le marchand s'était assuré que la somme était complète, il me jettait, à travers les barreaux de sa boutique, mon pain et ma viande, que j'attrapais à la volée ou que je ramassais à terre comme font les chiens de basse-cour. On se servait du même procédé pour la vente et l'achat de tous les autres objets. Mais ce n'était pas là les seuls plaisirs de ma vie à

Smyrne : les habitans sortent armés de longs bâtons pour se préserver du contact des pestiférés, et à chaque pas que je faisais dans la rue, je me sentais poussé à droite et à gauche par des gens que pourtant je n'avais nul dessein d'aborder ; un saut et un petit cri dont ils accompagnaient ce geste avaient réellement quelque chose de plaisant ; toutefois je n'y trouvais pas assez d'agrément pour attendre parmi eux que la fièvre jaune vînt me saisir.

J'avais quelqu'argent ; on me dit qu'en me rendant à Naxos, je pourrais trouver facilement à faire des bénéfices qui me suffiraient pour vivre ; voici comment : on achète, m'assurait-on, une ou deux petites barques, des filets, et l'on s'associe avec des habitans qui, pour le loyer de vos instrumens de pêche, partagent avec vous le poisson qu'il prennent, et que l'on vend fort bien après l'avoir fait saler. L'idée de me faire pêcheur me sourit, j'avais pris goût à la mer dans mes différentes traversée, et je m'embarquai pour Naxos. Au reste si je ne réussissais pas dans ma spéculation, il me restait une dernière ressource : le chargé d'affaires d'Ali-

Pacha m'avait affirmé que son maître était jaloux d'avoir un corps discipliné à l'européenne ; que déjà plusieurs officiers italiens étaient près de lui, et que, si je voulais y aller, j'y trouverais de grands avantages. Je pensai donc que, dans tous tous les cas, je pourrais me rendre à Janina par Athènes que je brûlais de voir, et je fis voile pour Naxos, sur un vaisseau marchand, qui ne me demanda qu'une faible rétribution pour mon passage et ma nourriture.

CHAPITRE XXV.

Naxos.

Je savais en arrivant dans cette île qu'elle est la plus fertile, la plus agréable des îles de l'Archipel ; je savais que la mer qui l'entoure abonde en poissons qu'on prend avec facilité, et qu'on vend avec d'assez grands bénéfices ; je savais aussi qu'elle compte à-peu-près cinquante villages et seulement une ville, défendue par un château, situé sur un rocher qui s'avance dans les flots comme une espèce de tête de pont ; mais j'ignorais que ce fût sur ce rocher que le volage Thésée abandonna la trop confiante Ariane ; j'avoue même que je pris les ruines d'un temple autrefois consacré à Bacchus pour les débris de quelque église grecque ou catholique, ruinée par les Turcs dans un de leurs accès de rage contre les chrétiens ; et, comme je veux dire toute la vérité, je déclare enfin que si le hasard ne m'eût fait rencontrer un Grec nommé Souzo, qui parlait fort bien l'italien, je serais parti de Naxos sans connaître les traditions mythologiques dont elle est peuplée, et dont je pourrais au besoin remplir mes pages, si je n'aimais mieux dire à mes lecteurs ce qui se passe certainement aujourd'hui à Naxos, que ce que les poètes en racontent et qui n'est sans doute jamais arrivé.

Naxos, comme Scyros, Paros et Antiparos, dépend du capitan-pacha. Elle est soumise à un gouverneur qui la mène à la turque, c'est tout dire. Cependant le sol est si généreux, que la tyrannie ne peut l'empêcher de produire, presque sans culture, des vins exquis et des grains excellens, dont la vente assure à l'île une espèce de prospérité, qui se changerait bientôt en une véritable richessse sous l'empire d'un gouvernement raisonnable. Les Naxiens, au reste, prennent fort bien leur malheur en patience. Le jour ils dorment, parce qu'il fait chaud; et, la nuit, pour jouir du frais, il s'asseyent en rond, et chantent en battant la mesure sur leurs genoux, sans oublier d'arroser leurs couplets de copieuses et fréquentes libations. Quant au travail, c'est une débauche; ils s'en abstiennent le plus possible; et moi, pour ne pas troubler leur amour pour la *farniente*, je me gardai bien de leur offrir mon argent pour acheter des bateaux, que certes je n'eusse pas voulu laisser inactif dans le port. Le dirai-je? cette insouciance de l'avenir, cette ardeur pour la joie, que je remarquais partout, contrastait trop ouvertement avec l'état de mon cœur; je pris Naxos dans une sorte de haîne; et je résolus de me rendre à Athènes, par la première occasion.

Elle se faisait attendre; et je maudissais de bon cœur le sort qui n'envoyait dans la rade aucun vaisseaux qui fît voile du côté où je voulais aller; mais cette fois le sort avait raison, et l'on va voir que tout n'est pas malheur, même dans la vie d'un exilé.

Nous étions au mois de mai; il avait fait toute la journée une chaleur étouffante; je sortis pour respirer l'air du soir, à l'instant où le soleil allait se cacher sous l'horizon. Une brise légère, qui venait du large, m'apportait une fraîcheur délicieuse; pour en jouir, je m'adossai contre un rocher, le visage tourné du côté de la mer. J'étais dans une douce rêverie, qu'augmentait de moment en moment le murmure des flots qui se rapprochaient du rivage et s'en éloignaient d'une course toujours égale et mesurée. Tout-à-coup mon attention est appelée par le bruit des pas de quelqu'un qui s'arrête au-dessus de moi. Je prête l'oreille, et j'entends une voix douce et plaintive. C'était celle d'une femme; elle chantait avec une expression indéfinissable d'amertume et de résignation, cette romance que, sur une traduction italienne que j'ai conservée, un de mes amis a imitée avec assez de bonheur, du moins quant aux pensées (*).

<blockquote>
Illusions d'un jeune cœur,
Tendresse, amitié, sympathie,
Fidèle amour, rêve enchanteur,
Votre ombre s'est évanouie.
Espérance d'un meilleur sort
Toujours renaissante et trahie,
Voilà l'histoire de la vie :
Il n'est rien de vrai que la mort.
</blockquote>

(*) Notre célèbre *Tulou* a mis cette romance en musique. Elle se trouve chez moi, et chez tous les marchands de musique. (*Note du capitaine Bacheville.*)

A ce nom pourquoi frissonner ?
C'est celui d'un ami sévère,
De qui la main vient terminer
Et mes erreurs et ma misère.
Il sait contraindre le plus fort
A reconnaître enfin un juge,
Et du faible il est le refuge :
Non, rien n'est juste que la mort.

Si, comme toi, volage époux,
Le trépas n'a point un air tendre,
Du moins au jour du rendez-vous
Il ne se fait jamais attendre.
Avec lui quand on est d'accord,
D'un baiser l'éternelle étreinte
Ote tout prétexte à la plainte :
Rien n'est fidèle que la mort.

Ulisse, à notre beau pays
Je lègue mes droits sur ton âme ;
Ulisse, en vain tu me trahis,
Non, je ne puis te croire infâme.
Adieu, c'est le dernier effort
D'un cœur qui malgré lui s'abuse.
Mais je vis, c'est là mon excuse :
On se trompe jusqu'à la mort.

Je devinais plutôt que je comprenais le sens de ce chant de mort, mais il ne tarda pas à m'être expliqué avec une effrayante clarté. Du haut du rocher au pied duquel j'étais assis, une femme vêtue d'une tunique blanche, s'élança dans la mer !!!

Je l'avais arrachée aux flots et placée sur le rivage, avant d'avoir eu le temps de me rendre compte de ma propre action ; je ne réfléchis à ce qui venait de se passer qu'en voyant mes efforts inutiles pour rappeler au sentiment l'infortunée que j'avais sauvée par un de ces élans auxquels il est impossible de résister.

J'étais dans une anxiété difficile à peindre; les habitations étaient éloignées; mes vêtemens chargés d'eau, et une femme évanouie n'est pas d'un poids léger. Fallait-il la quitter pour aller lui chercher du secours ? fallait-il essayer de la transporter pendant une distance de près d'un quart de lieue ?

Elle poussa un faible soupir; je ne m'informai plus alors si j'avais assez de force, je la pris dans mes bras, et je courus ainsi deux ou trois cents pas. Là, je fus arrêté par un cri terrible que jeta un vieillard que je rencontrai... C'était son père!... Il m'aida à porter mon précieux fardeau, et bientôt nous le déposâmes dans sa maison, où les soins les plus tendres rendirent à la vie cette intéressante victime d'une passion malheureuse.

Le vieillard était Grec, il s'appelait Souzo; sa fille avait nom Méloé. Un jeune homme de Corinthe, à qui elle avait été fiancée, l'avait abandonnée à la veille des noces. Souzo, pour distraire le chagrin de sa fille, l'avait fait voyager pendant plusieurs années, en Allemagne et en Italie, et l'avait enfin amenée à Naxos, dont le climat lui semblait favorable à sa chère Méloé. Elle ne se plaignait plus; son père la croyait consolée, et déjà même il avait parlé de lui choisir un mari. Cette nouvelle avait décidé du sort de Méloé; elle ne se fiait plus qu'à la mort, et lui avait demandé le repos qu'elle cherchait en vain dans la vie.

Souzo, de qui j'ai appris ces détails, finit son récit, en me disant : « La nature a voulu que nous ne fussions pas la plus forte affection de de nos enfans, sans cela il serait trop doux d'être père! Voyez donc, mon ami, s'il vous serait possible de prendre quelque empire sur l'âme de ma fille; faites-lui comprendre qu'en mourant, ce n'est pas elle seule qu'elle tue : vous lui avez conservé la vie, rendez-lui la raison nécessaire pour en supporter les maux : achevez l'action généreuse que vous avez commencée; ce vous sera une consolation que de penser à nous; nos propres malheurs s'allègent au souvenir de ceux que nous avons consolés. »

C'était en italien que Souzo me parlait : il s'exprimait avec facilité dans cette langue, que sa fille avait étudiée avec succès dans le cours de ses voyages. Il savait aussi un peu d'allemand; et ses connaissances en histoire, en littérature étaient d'une grande étendue, autant qu'il m'est permis d'en juger; je m'instruisais à sa conversation. Nous nous entretenions souvent de Rome, de ce qu'elle a été, de ce qu'elle est, de ce qu'elle sera dans l'avenir. Souzo aimait passionnément ce beau pays, et les vœux qu'il ne cessait de faire pour sa prospérité, s'adressant aussi à la France, dont l'intérêt est inséparable de celui de l'Italie, la conformité de nos opinions et de nos désirs me faisait illusion jusqu'à croire quelquefois que j'avais retrouvé un compatriote.

Souzo était habile dans la médecine et la botanique; c'est lui seul qui soigna sa fille pendant sa maladie. J'avais remarqué que pour ranimer ses sens, lorsqu'elle était évanouie, il s'était servi d'une liqueur rouge enfermée dans un flacon de cristal; j'observai, un instant après, qu'il appliquait cette eau sur une contusion que la pression de ma main avait faite au bras droit de Méloé; je le vis lui-même, enfin, s'en laver la bouche, et s'en parfumer les cheveux et la barbe. Ma curiosité était piquée, et dès le lendemain je priai Souzo de me dire qu'elle était cette liqueur, qui réunissait ainsi l'utile à l'agréable.

« C'est l'eau des Odalisques, me répondit-il; moi seul, je la sais composer; vous êtes voyageur, ce secret vous sera plus utile dans l'Orient que de l'or que les brigands pourraient vous enlever. Je vais donc vous l'apprendre, vous promettant que si vous vous établissez un jour à Constantinople, vous trouverez dans ce spécifique des moyens d'existence et peut-être même de fortune, que je néglige parce que je possède assez de biens pour satisfaire mes modestes désirs.

En effet, Souzo m'enseigna à composer l'eau des Odalisques, et cette industrie à laquelle ma pauvreté m'a empêché de donner les développemens dont elle est susceptible, m'a pourtant seule fait subsister depuis mon retour en France, où j'ai attendu pendant trois ans une retraite de 440 francs, qui est ma seule richesse aujourd'hui.

Mais il ne faut pas croire que pour parler de mes intérêts; j'aie oublié Méloé. J'ai dit les choses dans l'ordre où elles sont arrivées, et maintenant que la fièvre de ma belle obligée à lâché prise et me permet de la voir, je m'empresse d'aller lui témoigner combien je suis heureux d'avoir pu la sauver d'un désespoir qui n'est pas fait pour une femme de vingt ans, riche d'attraits et d'avenir.

Méloé était à moitié couchée sur une ottomane; elle se leva quand j'entrai, fit deux pas vers moi et me prit la main. Je redoutais de recevoir en face des éloges de mon de courage, de mon humanité; mais les lèvres de Méloé restèrent silencieuses, un de ses regards avait tout dit. Je me rassurai donc peu à peu, car j'avoue que j'étais tremblant, et je trouvai quelques phrases pour engager la conversation, dont au reste Souzo fit bientôt seul tous les honneurs; j'étais trop occupé à regarder Méloé, pour donner beaucoup de suite à mes discours.

Méloé est d'une petite taille, mais parfaitement dessinée, son pied est souple et gracieux, sa main blanche et effilée serait admirable si elle était un peu plus potelée; ses traits sont d'une finesse et d'une régularité charmantes; sa bouche, trop petite peut-être, livre passage à la plus douce de toutes les voix; ses cheveux d'un brun-clair se dorent par le jeu de la lumière; enfin ses yeux bleus (chose rare pour une grecque) jettent une flamme dont la vivacité tempérée par un nuage de mélancolie, répand un charme inexprimable sur toute sa personne.

La contemplation était dangereuse, je le sentis et j'abrégeai ma visite. Mais le lendemain j'étais destiné à une autre épreuve: Souzo me laissa seul avec Méloé.

Accoutumé à repousser la force par la force, mais à protéger la faiblesse; entouré de périls qu'il ne doit regarder qu'à travers le prisme de la gloire, un militaire a, dans l'imagination, un élan qui le rend plus que tout autre capable de tendresse, et malgré l'apparence contraire, c'est de la sensibilité que naît le véritable courage.

Je faisais ces réflexions, assis aux côtés de Méloé, à qui j'allais conseiller de se réfugier dans le calme de l'indifférence, et je puis dire que jamais orateur ne fut moins pénétré de son sujet.

Méloé devina mon embarras, qu'elle n'attribua pas, je l'espère, à sa véritable cause, et se tournant vers moi, elle me dit: «C'est un devoir pour une fille de ne pas abandonner son père, je ne l'oublierai plus. Je conviens qu'en voulant mourir j'avais trop pensé à moi; je me résigne; je verrai sans amour et sans espérance mes jours s'enchaîner les uns aux autres, je vivrai enfin, quisqu'on appelle cela vivre. Allez je vous prie, dire à mon père qu'il bannisse sa frayeur, je ne tenterai plus de le quitter, je le jure; mais que je n'entende jamais parler d'hymen. » A ces mots, elle se leva; je la quittai sans lui répondre une syllabe, tant le cœur est bête, et je me hâtai de rejoindre Souzo, qui était impatient d'apprendre le résultat de notre conversation.

Quant à moi, je compris sans effort qu'il fallait partir bientôt, ou ne partir jamais peut-être. J'allai au port; un vaisseau venait d'y arriver qui faisait voile pour Athènes; je m'y embarquai le jour même, après avoir écrit un billet d'adieu à Souzo, et je ne revis plus Méloé. Me croirait-on, si je disais que je n'ai plus pensé à elle?

CHAPITRE XXVI.

Athènes.

Quelques heures après, nous relâchâmes à Scyros, île célèbre, où le bouillant Achille passa sa première jeunesse sous les habits d'une fille timide. Ce fut là qu'il eut de Déidamie ce fils qui, dans la suite, épousa la veuve de ce même Hector que son père avait outrageusement traîné après son char : actions qui toutes deux sembleraient peu convenables parmi nous, barbares de la civilisation, comme nous appelle fort ingénieusement l'explorateur des choniques gauloises. Scyros n'a plus rien de remarquable, si ce n'est qu'elle est la plus catholique des îles de l'Archipel.

De son port, nous fîmes voile pour Athènes, où tout mes vœux aspiraient. Cet élan de curiosité qu'allume dans nos cœurs, aux jours du collége le récit des grandes actions des anciens grecs, s'était réveillé en moi avec plus de force que jamais : j'allais voir Athènes! j'étais en un mot dans une fièvre d'impatience difficile à décrire; et ma pensée, accusant la lenteur des vents qui cependant nous poussaient avec rapidité, s'élançait vers l'antique institutrice du monde. Debout, appuyé contre le mât du navire, l'œil fixé sur cette ligne légère qui sépare le ciel et l'onde, je la cherchais déjà, bien loin encore du rivage. Mon esprit était tellement absorbé dans le même désir, que bientôt une douce illusion s'empara de moi : j'oublie le vaisseau, la mer; l'espace disparaît à mes yeux, ou plutôt se remplit de l'image vivante d'Athènes, non telle qu'elle est aujourd'hui, mais parée de toutes ses anciennes merveilles : sa rade est remplie de navires nombreux ; son port chargé d'une foule de citoyens de tout âge, de tout sexe, dont l'air heureux semble dire: nous sommes libres ! Dracon impose ses lois sévères; Solon dicte un code plus doux et plus sage; Périclès fait régner les beaux-arts; à l'académie, Socrate enseigne sa sainte doctrine; à la tribune, Démosthènes inspire la haine de la tyrannie; au cirque, Eschyle et Sophocle se disputent le prix du génie; aux combats enfin, Thémistocle fait triompher les armes de sa patrie : succès, honneurs, liberté, rien ne manquait à sa gloire, quand le cri de *terre ! terre !* vint m'arracher à ma rêverie; j'ouvris les yeux, et je me vis dans le Pyrée. Quel fut mon désenchantement ! point de vaisseaux dans la rade, point de curieux sur le port ; tout est triste, tout est désert, et le tombeau de Thémistocle que le rivage présente à mes regards, n'est plus visité que par les vagues!

Nous débarquons aussitôt. Le triste aspect que m'offrait le Pyrée avait jeté un froid mortel dans mon cœur; et la tête baissée, je pris lentement la route qui conduit à Athènes, que deux petites lieues seulement séparent de la mer. A moitié chemin, je rencontrai les débris des deux longues murailles qui réunissaient autrefois la ville à son port. Bientôt après je commence à découvrir l'antique cité, je presse le pas, j'arrive.... Mais mon œil étonné cherche en vain les faîtes majestueux des temples qu'habitèrent les Dieux, il ne voit que des ruines abandonnées qui semblent lui dire : les Turcs sont là!

J'espérais trouver l'intérieur de la ville un peu mieux conservé; je croyais que toute espèce de civilisation n'était pas bannie de son enceinte, et qu'un reste de gloire vivifiait encore ses vieilles murailles; vaine erreur! un horrible incendie a plané sur ces contrées : Athènes n'est plus que dans l'histoire.

Des temples détruits; des églises pauvres et mal entretenues; des chaumières de bois et de boue, asile de l'esclavage; des maisons ou plutôt des monceaux de pierres irréguliers, demeures des tyrans, voilà quelle est aujourd'hui Athènes.

» Est-ce bien toi, m'écriai-je, berceau des sciences et des arts? Que sont devenus ta splendeur, tes richesses, tes chefs-d'œuvre ? malheureuse cité, dis-moi quelle est la cause de ton avilissement? Les cris d'un grec expirant sous le baton d'un turc, furent la réponse. » N'en doutons point, ajouté-je, l'esclavage est la ruine du monde. »

La nuit approchait, il fallut songer à se procurer un logement. Ne sachant pas un mot de grec, j'eus beaucoup de peine à me faire comprendre; enfin, à force de signes, je parvins à faire deviner à un pauvre homme que je voulais un lit et à souper; je lui montrai quelques pièces d'argent, et dès-lors tout fut à mon service dans la maison, bâtie sur les décombres d'un vieux monument.

Le lendemain, je sortis de bonne heure pour satisfaire ma curiosité. Le premier objet qui frappa ma vue, fut le temple de Thésée. J'avoue que je fus étonné de le voir encore de bout; il méritait cependant bien l'animadversion des Turcs: il était consacré à la bienfaisance, et servait de refuge aux esclaves maltraités par leurs maîtres. Du reste, je parcourais les rues sans savoir où j'allais, regardant tous ces antiques édifices sans trop pouvoir me rendre compte de ce qu'ils avaient été. Cependant je reconnus les ruines du Parthenon et la tour de l'Acropolis. Les Propylées, vestibules immenses qui conduisaient à cette citadelle étaient encore presque entiers en 1687; mais bien peu de colonnes ont survécu aux boulets rouges dont

Venise les accabla à cette époque. A côté de leurs débris, on a bâti une grande tour, mais pour servir d'instrument à la tyrannie des Osmanlis : ils en ont fait une prison.

J'explorai ensuite la colline du Musée, dont le flanc est percé de trois ouvertures taillées dans le roc; elles servaient de cachots à l'aréopage : Socrate et Phocion y burent la ciguë. L'injustice est l'histoire des hommes.

Ce qui ôtait un grand charme à mes excursions, c'était la privation d'un guide qui m'expliquât ce que je voyais. Mais, du reste, tout en regrettant de ne pas savoir la langue du pays, j'étais persuadé, tant les habitans d'Athènes ont l'air insouciant, qu'il n'y avait pas, dans l'ancienne patrie de toutes les connaissances humaines, un homme capable de me donner le moindre renseignement sur les ruines de sa vieille gloire. Les Athéniens ne sont plus qu'un troupeau de trois ou quatre mille serfs abrutis: servir et trembler, voilà leur vie; être égorgés, leur avenir.

Je rentrai le soir très-fatigué, et avec le projet d'aller le lendemain à Salamine. Dès le jour, j'étais sur une barque, et quelques heures après, au but de ma traversée.

J'avais vu Athènes avec dégoût; trop d'objets de douleurs nuisaient au tableau; mais à Salamine, les souvenirs reprirent toute leur magie, et je contemplai avec transport cette mer où la liberté avait écrasé le despotisme, cent fois plus nombreux qu'elle. « Oui, là, m'écriai-je, triompha le grand Thémistocle!.... A ce nom, le souvenir d'une trop fatale confiance vint me déchirer l'âme. Comme lui, vainqueur et malheureux, je me rappelai Napoléon se livrant, comme lui aussi, aux mains de ses ennemis les plus cruels; et je comparai la conduite d'un roi barbare envers le héros grec, avec celle d'un gouvernement qui se dit civilisé, envers le grand homme français. Un marin de l'île de Scio vint interrompre ma réflexion.

« N'êtes vous pas allé à Gênes? me demanda-t-il, en italien. » — « Une fois, et il m'en souvient, par une affreuse tempête. » — « Je vous y ai vu. Vous êtes un des officiers de l'île d'Elbe? » — « C'est vrai. » — « Je suis prêt à tout faire pour un brave tel que vous. Venez dans ma demeure;

vous y verrez que l'antique hospitalité n'est pas entièrement bannie de la Grèce.» — «La Grèce! elle a tout perdu avec sa liberté.» — « Non, le feu sacré n'est pas mort dans le Péloponèse. Un grand incendie se prépare dans ces contrées ; tous les Hellènes n'aspirent qu'aux jours de l'indépendance ; et pour la recouvrer, ils sont prêts à tout entreprendre.» — «Comment vous croire? je n'ai vu partout qu'indolence et servitude.» — « C'est l'inaction de la poudre : que l'étincelle brille et rien ne résistera à son explosion. Réfléchissez un moment avec moi, et vous verrez sur quoi se fondent nos espérances. Quatre siècles d'esclavage ont fatigué les Grecs ; l'influence que le Gouvernement de votre Napoléon avait pris sur le divan, a soulevé quelque temps nos chaînes ; sa chûte les a fait retomber plus pesantes ; n'importe, le coup est porté. Ce rayon de liberté n'a pas lui en vain ; il échauffe, enflamme, exaspère tous les cœurs ; nous sommes aussi nombreux que nos ennemis ; notre marine est incomparablement meilleure que celle des Turcs, et nous avons d'ailleurs pour nous les armes du désespoir et la protection de la Russie ;

doutez-vous à présent que la régénération des Grecs tarde à s'opérer ? » — « Oui ; je ne croirai jamais qu'un peuple quatre cents ans esclave, ne le reste pas toujours. » — « Mais, Français, qui parlez de nous avec tant de hauteur, vous l'avez bien été seize siècles. Subjugués par les Sicambres, muselés par les Clovis, tyrannisés par les Charlemagne, écrasés ensuite par la féodalité, vous n'êtes arrivés à la régénération qu'en 1789; et vous n'avez encore, malgré toute votre gloire, que donné la promesse d'être un jour ce que nous étions il y a deux mille ans. »

Je voulais répondre, mais l'air dont il prononça ces dernières paroles, la vérité frappante de son objection, me fermèrent la bouche ; je ne pus que lui tendre la main et l'embrasser, en lui disant : « Vous êtes un brave homme. »

Nous parcourûmes ensemble le rivage. Il me montra la montagne où Xerxès était assis pendant la bataille de Salamine; et l'île Psythalie, d'où Aristide décida en partie la victoire.

Le soir venu, je le quittai en l'assurant que tous mes vœux étaient pour la délivrance de sa patrie ; et je regagnai Athènes, où je restai encore une dixaine de jours. Une chose qui m'étonna, c'est que j'y vivais tranquille, exempt de toute vexation; j'en appris bientôt la cause; tous les agens de France étaient absens.

J'employai le reste de mon séjour à revoir la ville plus en détail. Je fus visiter les jardins de la sultane Validé, ainsi que le Pnyx, que j'avais oublié dans ma première course. De quelle foule de pensées je fus assailli quand je me vis sur cette place où jadis s'assemblait le peuple pour entendre les orateurs! Contemplant d'un œil morne cette tribune, veuve maintenant de ces belles harangues que le monde admire, je m'assis en face d'elle sur des ruines; et là, j'écoutai Démosthènes; j'entendis sa voix tonner contre les intrigues de l'étranger; je vis, à ses patriotiques accens, le peuple courir aux armes. A ce noble élan, mes idées retombèrent sur la France, qui l'imita si glorieusement à l'aurore de la révolution. Allons, me dis-je, ma patrie est l'écho de tout ce qu'on a fait de sublime: Phydias, Socrate, Xénophon, Miltiade ont rencontré parmi nous des imitateurs, des émules; et Mirabeau peut aussi disputer le prix à Démosthènes : comme lui, plein d'éloquence et d'énergie, il a montré la vérité au peuple et allumé dans tous les cœurs ce feu divin qui, plus tard, nous fit triompher des Philippe modernes, conjurés contre nous.

A ces pensées, un mouvement d'amour propre national s'empara de moi; je replaçai ma croix sur ma poitrine, et dis, avec fierté : « Oui, sans les profaner, un Français peut s'asseoir sur les ruines d'Athènes ! »

Enfin, je rencontrai de nouveau un chargé d'affaires d'Ali-Pacha, qui me renouvela la proposition qu'on m'avait faite à Smyrne, d'aller auprès de son maître. J'éprouvais toujours quelque répugnance ; une réflexion me décida : si Ali n'était pas encore l'allié des Grecs, par la force des choses, il allait le devenir; du reste, il était l'ennemi des Turcs, bourreaux des Grecs, et cette considération fut pour moi une raison déterminante. D'ailleurs, une caravane était prête; elle allait à Janina; nul espoir d'en trouver de sitôt une pour me conduire d'un autre côté; ma bourse était épuisée, je partis donc pour la capitale de l'Albanie, après avoir de nouveau

2ᵉ *édition.*

écrit à mon frère, pour le presser de rentrer en France, la possibilité de notre réunion devenant tous les jours plus douteuse. Pourquoi son ardente amitié refusa-t-elle de me croire?...

CHAPITRE XXVII.

D'Athènes à Janina.

Je n'entreprendrai point la description de cette partie de la Grèce que j'ai traversée à la course, cette tâche est trop au-dessus de mes forces. Tant d'illustres écrivains ont exploré la terre classique des beaux-arts, qu'il y aurait de l'imprudence de ma part de l'essayer après eux. D'ailleurs, lors même que je serais assez téméraire pour vouloir risquer un pareil parallèle, les notes que j'ai prises ne m'en laisseraient pas les moyens. Je n'ai pu admirer la Grèce qu'en courant, et si c'est ainsi que triomphait son Achille, ce n'est point ainsi que décrivaient ses auteurs. Je me bornerai donc à jalonner la route que j'ai parcourue, par une seule indication des points principaux.

La caravane avec laquelle je partis d'Athènes, dans la première quinzaine de juin, se composait de cinquante-deux hommes, trente chevaux et vingt chameaux. M. T......, négociant de l'île d'Ydra, qui en avait la direction, me témoigna dès le premier jour le plaisir qu'il éprouvait à voyager avec un officier français, parce que, disait-il en mauvais italien, si le malheur veut que nous soyons attaqués par des brigands, vous nous commanderez, et nous passerons partout. Comme ce brave négociant savait beaucoup, et qu'il avait fait plusieurs fois le voyage d'Athènes à Janina, en passant par Perlépé, il me fit connaître, autant qu'il lui fut possible, les divers tableaux qui frappaient mes regards, et les révolutions éprouvées par cette belle partie du globe qui, du faîte de la gloire, est tombée dans la plus abjecte servitude.

« Ne crois pas, me dit-il, un jour que nous gémissions ensemble sur les malheurs de la Grèce, ne crois pas que les descendans des belliqueux Hellènes aient perdu le souvenir des immortels exploits de leurs aïeux ! L'art d'écrire, que la tyrannie ne saurait étouffer, et les débris de cent monumens que dix siècles de barbarie n'ont pu faire disparaître, parlent avec trop de force pour n'être pas entendus! Vois-tu ces ruines majestueuses? Là, florissait cette digne rivales d'Athènes, Thèbes, qui donna le jour au premier des capitaines grecs. Qu'il renaisse un Epaminondas, et ma patrie est libre? — Ah! j'en doute, lui répondis-je avec un profond soupir; car, excepté un marin que j'ai rencontré sur le rivage de Salamine, et vous, tous vos compatriotes me semblent plongés dans la plus honteuse résignation. — Oui, ajouta-t-il, nous supportons avec une rare patience les maux que nos barbares ennemis nous imposent, la plupart de nos frères tendent paisiblement la gorge au fer des Musulmans; mais c'est parce qu'ils croient que le seul moyen de sortir d'esclavage, c'est d'endormir la vigilance de nos bourreaux; qu'un cri de guerre s'élève du sein des mers ou descende du haut des montagnes; que le drapeau de l'indépendance flotte sur un seul point de la Grèce, l'heure de la vengeance aura sonné. Hommes, femmes, enfans, vieillards, tout se réunira pour briser nos fers, et restituer à notre malheureuse patrie cette liberté qui la rendit si fameuse parmi tous les peuples de la terre.

« Nous ne nous dissimulons pas toutefois les sacrifices qu'il nous faudra faire, les fatigues que nous aurons à supporter, les dangers que nous devrons surmonter; mais la France qui nous sert d'exemple, ne nous abandonnera pas: ses intérêts, sa gloire, sont intimement liés à notre affranchissement. Et quand même, par une politique mal entendue, elle resterait spectatrice de la lutte qui se prépare, nous aurons pour nous les armes du désespoir, la sainteté de notre cause et la justice de Dieu. Les Grecs sont nombreux, spirituels, courageux, sobres et persévérans; notre marine est animée du feu sacré : avec d'aussi bons motifs et d'aussi grands moyens, ne désespérons plus de revoir la Grèce libre un jour. »

Poursuivant notre route sur le revers oriental de l'Hélicon, que les Muses ont abandonné depuis plusieurs siècles, nous trouvâmes la plaine de Chéronnée, où le père d'Alexandre vit fuir Démosthènes à la tête des Athéniens. Il ne reste de la victoire du roi de Macédoine que le souvenir d'un grand attentat, tandis qu'après avoir triomphé de la rouille de vingt siècles, les harangues patriotiques de l'orateur grec brillent encore du plus noble éclat.

Les forêts séculaires qui couvrent la haute montagne où le trépied sacré de Delphes rendait ses oracles, se perdaient à peine dans les nues en arrière de notre gauche, quand le chef de la caravane nous prévint que nous allions entrer dans les Thermopyles, et qu'il fallait préaprer nos armes pour combattre les brigands qui pourraient nous y attendre.

A ces mots de Thermopyles, d'armes, de combat, je sentis, pour ainsi dire, mon sang bouillonner; un rayon de gloire vint m'éblouir; je me crus destiné à détruire les brigands qui ensanglantent les bords du Sperchius, et à préserver le tombeau des braves de la souillure des assassins! Un jour, me disais-je, en disposant ma troupe pour le combat, un jour un soldat, plus heureux que moi, protégera peut-être aussi les cendres de nos guerriers éparses sur les bords de la Sambre.

Après être descendus dans le lit du Boagrius, que nous passâmes à sec, nous nous dirigeâmes au nord, où l'espace compris entre les rochers et la mer est d'une vingtaine de toises. Quelques tas de pierres jetées çà et là, doivent être, selon la tradition vulgaire, le tombeau des Spartiates. Je voulus m'arrêter pour y méditer ou plutôt pour attendre ceux qui osent le profaner, quand M. T..... me dit qu'il y aurait de l'imprudence à ne point sortir du defilé; il était chef de la caravane, je dus lui obéir, mais ce fut à regret.

Nous traversâmes plusieurs rivières célèbres dans l'histoire, sans nous douter de leur existence, et sans apercevoir d'êtres vivans que quelques chèvres suspendues aux rochers dont les hautes sommités nous menaçaient à gauche, et une nuée d'oiseaux de mer qui couvraient les marais et le rivage de l'Aulide, à droite.

Une heure après, nous traversâmes sur un vieux pont de pierres, le Sperchius, qui coulait à pleins bords entre deux lignes de lauriers-roses, et nous quittâmes le défilé des Thermopyles, à la grande satisfaction de mes compagnons de voyage, qui tous m'avaient cependant montré la ferme résolution de combattre jusqu'à la mort.

A peine a-t-on franchi les roches trachyniennes, qu'une nouvelle nature s'offre à l'œil de l'observateur. Les vastes plaines de la Thessalie, malgré la fureur des Osmanlis, sont encore aussi belles qu'elles l'étaient autrefois; le pays qui vit naître le premier cheval, et les hommes qui les premier soumirent ce fier animal à la docilité du frein; les rivages où l'on construisit le premier vaisseau avec lequel l'homme osa braver la fureur des flots; la patrie d'Achille, enfin, est toujours digne de l'admiration du voyageur philosophe. Cette terre délicieuse est abritée à l'est par les hautes sommités du Pinde, au nord par l'Olympe; et les brises salutaires du levant lui viennent encore par le vallon de Tempé et les champs Mélybéens..... Mais j'oubliais que j'avais promis d'être bref : avançons.

La première nuit que nous passâmes en Thessalie, nous dressâmes nos tentes sur le champ de bataille où César et Pompée se disputèrent l'empire du monde. Cette plaine, où dorment tant de braves, fit naître en moi les plus tristes réflexions. Pourquoi, me disais-je, de tous temps les hommes se sont-ils égorgés pour tel ou tel homme sans s'informer pourquoi? Pauvres peuples! serez-vous toujours la proie de quelques ambitieux? Cependant, tout en déplorant les maux que la bataille de Pharsale attira sur le monde, je ne pus me défendre d'une secrète joie en me rappelant que l'armée de César était toute composé de plébéiens, tandis que celle de son grand adversaire, quatre fois plus nombreuse, comptait dans ses rangs tout ce que la noblesse de la capitale du monde avait de jeune et d'illustre.

Le lendemain, nous vînmes coucher dans un *Kan* à dix lieues de Pharsale, au-dessus de Larisse, sur les bords du Pénée. Le jour d'après, suivant le revers des monticules qui forment le riant vallon de Tempé, autrefois l'asile des Muses et maintenant le domaine des pasteurs bulgares qui conduisent en troupeaux les cavales de la Thessalie, nous gagnâmes l'entrée des gorges du mont Olympe, où nous bivouaquâmes en attendant le jour.

J'ignore si les descendans des anciens Spartiates ont conservé l'habitude de regarder le vol comme une action louable, quand il est fait avec secret, avec adresse, mais comme il me manquait plusieurs objets que je croyais n'avoir oublié nulle part, je résolus d'en découvrir la cause. Je manœuvrai de la manière suivante : j'attachai un bout de ficelle à la détente de l'un de mes pistolets que je plaçai entre quatre pierres, à deux pas de l'endroit où je reposais, et je nouai l'autre bout à une petite bourse dans laquelle je mis quelques monnaies de cuivre, ayant eu soin de masquer le point de communication du pistolet à la bourse, que je laissai exposée à l'avidité du premier venu; puis je fis semblant de dormir.

Hommes et chevaux, tout, à l'exception du chameau ruminant, paraissait plongé dans un sommeil profond; le vent seul agitait par intervalle le sommet des oliviers sous lesquels nous étions campés, quand j'entendis marcher légèrement autour de moi : écoutons. Un jeune homme s'étant approché pour s'assurer si je dormais, et me trouvant immobile et l'œil fermé, prend vivement la bourse qui communiquait à la détente du pistolet..... le coup part;

et s'éveillant en sursaut, tout le monde se lève en criant aux armes! mon voleur surpris sans être déconcerté, disparaît dans la foule ; et soit que ses camarades fussent dupes ou complices, toujours est-il vrai que je n'ai pu le découvrir.

Malgré le regret que j'éprouvais de n'avoir pu me saisir du coupable, je fus enchanté de la promptitude avec laquelle chacun courut aux armes. Un bataillon de notre Vieille-Garde n'eût pas été plus alerte; tant la crainte du péril rend l'homme attentif au moindre bruit !

Mais dix heures plus tard nous nous trouvâmes dans une position réellement critique. Nous marchions un à un dans la partie la plus resserrée du défilé du Mont-Olympe, quand nous fûmes assaillis par une bande de brigands qui ravagent la contrée. Un grand nombre, embusqué sur les rochers, commence à faire feu sur la caravane, tandis qu'une masse de près de cinquante hommes nous barre le passage ; il n'y avait pas à délibérer. Je pris le commandement de notre petite troupe. J'ordonnai, par l'entremise d'un italien qui parlait la langue du pays, de marcher serré et vivement. Dix hommes déterminés soutinrent notre gauche; le centre se composait de vingt-deux conducteurs de chameaux ripostant sans s'arrêter, à la fusillade que les brigands faisaient sur nous du haut des rochers; et moi je pris la droite du convoi avec vingt hommes, afin de brusquer la sortie pour ne point laisser à l'ennemi le temps de s'apercevoir de notre faiblesse.

Les brigands étonnés de la résistance que nous leur opposions, se jetèrent sur nous en poussant des cris affreux. Nous les attendîmes à dix pas sans tirer, et les plus hardis tombèrent sous le feu de notre première décharge. Cependant ne voulant pas abandonner sa proie, le chef des Turcs rallia sa bande et vint fondre sur nous avec toute la fureur du désespoir; je commendai de suivre la même manœuvre qui venait de nous réussir et de ne tirer qu'à bout portant, mais ce fut en vain; ils nous joignirent corps à corps. Le chef, sur qui j'avais fait feu de très-près sans l'atteindre, vint à moi, écumant de rage, et me porta un coup de sabre que j'eus le bonheur de parer avec mon pistolet, dont il reçut en échange un coup de crosse si violent à la tempe, qu'il tomba roide mort sur la place. Un jeune Grec, qui combattait à côté de moi, se jeta sur le brigand et lui trancha la tête.

Alors notre position changea tout-à-coup : d'attaqués nous devînmes attaquans; l'ennemi abondonna le champ de bataille et une dixaine des siens tués ou grièvement blessés. On coupa la tête aux Turcs et nous pansâmes nos blessés. C'était à qui, des Grecs, viendrait me remercier et me faire compliment; à les entendre, j'avais tout fait : je n'avais que donné de l'ensemble à leur manœuvre.

Notre troupe victorieuse s'achemina lentement et en bon ordre vers les plaines de l'ancienne Macédoine.

Enfin, nous trouvant hors d'embarras, nous fîmes halte à une lieue de là dans la plaine, près d'une maison construite au bord d'un ruisseau où nous espérions trouver à loger nos blessés. La porte en était fermée; nous frappons à plusieurs reprises et personne ne répond. Ayant aperçu un paysan qui piochait la terre à quelques pas plus loin, nous allâmes le chercher;

il vint sans témoigner ni crainte ni regret. Sa figure, qui paraissait plus flétrie par le malheur que par les années, annonçait ce dernier degré d'insensibilité auquel l'homme n'arrive qu'après avoir éprouvé des maux irréparables. On lui fit plusieurs questions auxquelles il dédaigna de répondre. Enfin, arrivé près de la maison, il en ouvrit la porte, et sans éprouver la moindre émotion, retourna machinalement à son travail.

Mais nous, grand Dieu! quel horrible saisissement n'éprouvâmes-nous pas à la vue de dix-sept cadavres mutilés par le fer, le feu et baignés dans leur sang! ah! ma plume se refuse à tracer cet épouvantable tableau! le père, la mère, les enfans et les domestiques tout est confondu dans cet horrible abattoir!!! Le sang qui s'était caillé contre le bas de la porte, prit son cours dès qu'elle fut ouverte, et l'eau du ruisseau en fut teinte plusieurs heures.

J'ai assisté à près de vingt batailles et à plus de cents combats, j'ai été témoin des désastres de Moscou, et des ravages de la peste, jamais rien ne fit sur moi une impression si forte.

« Voilà donc, m'écriai-je, le sort réservé aux

descendans des Miltiades et des Epaminondas !
on les insulte, on les pille, on les bat, on les dé-
grade au milieu des villes, sous les yeux d'un
pacha; dans les campagnes on les égorge!!. O
jours de deuil et d'infamie, quand finirez-vous?»
— « Bientôt, s'écrièrent tous les Grecs qui m'en-
touraient! nous jurons par le sang de nos frères
de les venger ou de mourir! Et tous spontané-
ment prirent leurs mouchoirs qu'ils trempèrent
dans le sang des nouveaux martyrs!...

Nous rencontrâmes pendant plus de vingt
lieues des traces non moins équivoques du passage de cette bande d'assassins que nous avions
mise en fuite avec tant de bonheur; et ce ne fut
qu'après un voyage de près de vingt jours, que
nous vînmes coucher à Perlépé, où nous entrâmes à quatre heures du soir, en temps de
foire, aux acclamations de tout un peuple ac-
couru pour voir la tête d'un chef de brigands
que portait au bout d'une pique l'homme qui
montait le premier chameau de notre caravane.

Dans cette réunion de tant de peuples, de
mœurs, de religion et de langage différens,
mon premier soin fut de chercher des Mol-

daves; je fus assez heureux pour rencontrer un juif qui se rappela m'avoir vu à Jassy, me donna des nouvelles de mon frère, qu'il avait rencontré bien portant quelques jours avant son départ, et se chargea d'une lettre que je lui donnai pour remettre, à son retour à mon cher Antoine.

D'après la réputation que m'avait faite l'issue de notre combat du mont Olympe, je reçus la visite d'un agent du fameux Ali Pacha, qui m'engagea de passer promptement en Albanie, où son maître serait enchanté de me prendre à son service; et moi, n'ayant rien de mieux à faire, je partis avec la première caravane pour Janina, où j'arrivai le 1ᵉʳ juillet 1818.

Ce chef-lieu de la satrapie qu'Ali Pacha tyrannisa près de 40 ans, est situé au bord du lac Achérusie, dans une pleine si belle et si fertile, sous un ciel si calme et si pur, que les brillantes fictions de la mytologie en firent le séjour des âmes vertueuses. Les rapports sont même tellement exacts entre cette riante contrée et tout ce que l'imagination peut créer de parfait en ce genre, qu'elle porte encore de nos jours le nom de *Champs-Elysées*, quoique les peuples qui l'habitent n'aient rien de commun avec les bienheureux. Mais je pense que mes lecteurs sont plus empressés d'avoir quelques détails sur Ali Pacha, que de parcourir avec moi des lieux tant de fois décrits par les poëtes. Je vais donc tâcher, dans le chapitre suivant, de satisfaire une curiosité si naturelle.

CHAPITRE XXVIII.

Ali Pacha.

Si, pour bien juger un homme, il suffisait de le voir souvent et de très-près, je pourrais plus qu'un autre prétendre à faire connaître quel fut Ali ; j'ai vécu trois mois à la cour de ce célèbre pacha ; je l'approchais avec une facilité qu'avaient à peine ses ministres ; j'ai appris plusieurs de ses projets de sa propre bouche ; j'ai vu ses cruautés ; je sais ses triomphes, ses revers, ses perfidies. Toutefois, cette longue liste de forfaits, que je puis dresser, fera frissonner mes lecteurs sans les instruire, si je ne leur dévoile la pensée qui les a dictés. C'est ici que je sens plus que jamais mon insuffisance : il aurait fallu les yeux de Tacite pour percer à jour le cœur de ce monstre ; et, pour le peindre, il faudrait son burin. Mais une espérance m'élève au-dessus des craintes de la critique, au-dessus de toute autre considération; je veux dire que je compte, malgré la faiblesse de mes crayons, saisir la ressemblance de quelques-uns des traits d'Ali, qui serviront à rendre la tyrannie plus haïssable; la tyrannie, fléau cent fois pire que la peste, la famine et la guerre.

Deux jours après mon arrivée à Janina, je fus présenté au pacha avec un appareil dont le luxe avait été calculé sur l'orgueil asiatique, et non sur les honneurs qu'on voulait me faire. Un interprète et deux officiers des gardes vinrent me chercher dans mon modeste asile, pour me conduire au palais. Ils m'introduisirent d'abord dans une salle remplie de courtisans, dont la parure consistait principalement en sabres, poignards et pistolets d'un grand prix. Lorsqu'on m'eut laissé le temps de tout examiner, on me fit entrer dans une seconde salle. Les hommes que j'y vis étaient plus élevés en dignités, plus parés et plus vils. Je ne reçus et ne provoquai aucun salut. Enfin, la porte de l'appartement d'Ali s'ouvrit devant nous. Mes introducteurs firent trois pas, presque à genoux, et se collèrent la face contre terre. Moi, j'entrai d'une marche vive et sans m'incliner, portant la main renversée à ma coiffure, selon l'habitude des militaires français quand ils paraissent devant leurs chefs. Le pacha resta plusieurs minutes à me regarder sans me parler; et de mon côté, j'employai à l'observer, ce moment d'un morne silence.

Ali était à demi-couché sur de riches coussins de soie, tenant une longue pipe qu'un esclave, prosterné devant lui, était prêt à rallumer au besoin, un turban étincelant de pierreries ceignait son front étroit et pâle, son corps gros et court était enveloppé d'une robe rouge, fixée par une ceinture de diamans; deux superbes poignards à lame recourbée se croisaient sur sa poitrine; une barbe blanche qui lui descendait presqu'aux genoux, dans la position raccourcie où il se trouvait; un air calme et serein, ce respect qu'inspire toujours un grand âge, lui donnaient un aspect vénérable qui attirait mon cœur vers lui. Mais en examinant plus attentivement la contraction de ses lèvres plates et livides, et l'expression de ses yeux grisâtres, fourbes, insultans, une secrète horreur s'empara de moi; je me souvins que j'étais en présence du tigre.

Ali m'adressa la parole en mauvais italien mêlé d'esclavon, dont j'avais appris quelques mots durant la caravane qui m'avait amené à Janina. «On dit que tu es persécuté, proscrit, que tu ne peux rentrer dans ton pays sans y trouver la mort; est-il vrai?—C'est la vérité. —On dit que tu sors de la Garde de Napoléon, et que tu l'as suivi à l'île d'Elbe, quand il fut trahi; est-il vrai ?—C'est encore la vérité.— Eh bien! moi, que tu vois aujourd'hui si puissant, j'ai été aussi proscrit et fugitif; tu pourras te venger un jour de tes ennemis, comme j'ai fait; je t'en donnerai les moyens si tu veux me servir.—Je n'aspire point à la vengeance. Mais que voulez-vous de moi, pacha?—Que tu apprennes à mes soldats l'art de la guerre. —Je sais les manœuvres de l'infanterie; quant au reste du grand art de vaincre, je n'en ai que des notions trop insuffisantes pour l'enseigner.—Alors tu m'as menti, tu n'as pas été l'un des officiers de Napoléon ; je suis sûr qu'ils savent tout.—Ce qu'on vous a dit de tous est vrai pour quelques-uns ; mais moi je ne suis pas un Antoine Drouot.—Quel est celui-là? —Le premier général de la première artillerie du monde; un homme qui à lui seul vaut vingt mille hommes, comme il l'a prouvé à Leipsick, à Craonne, à Fleurus, en cent endroits enfin.—Et que fait-il?—Il vit pauvre et retiré chez son frère, en attendant que la France l'appelle à de nouveau combats.—Ainsi, il ne peut rien pour toi?—Rien maintenant.—Reste donc avec moi, tu montreras à mes soldats ce que tu sais ; je te donne cinq cents piastres par mois, une maison, deux chevaux et deux femmes : tu reviendras me parler demain, aujourd'hui j'ai affaire. Va-t-en. »

Je sortis du palais avec le même cérémonial qui m'avait accompagné à mon entrée ; à cette différence près, que les courtisans s'inclinèrent profondément devant moi. Ils sont à Janina comme à Paris, à Paris comme à Janina, comme partout; bien simple qui s'étonne encore de leur insolence, ou de leur bassesse!

Le lendemain je vis Ali. J'avais passé la nuit à faire, tant bien que mal, de petits soldats en plomb; je lui expliquai avec cet aide, comment nous passions de l'ordre en colonne à l'ordre de bataille, et de l'ordre de bataille à l'ordre en colonne. Il me comprit avec une facilité qui m'étonna; mais ses officiers étaient de véritables brutes; ils ne furent pas plus avancés après qu'avant ma leçon; et je vis, au début, que je ne parviendrais à rien de bon, à moins qu'on ne me permit d'enseigner directement les soldats. Cependant, j'ajournai la proposition qu'à cet égard je voulais faire au Pacha, pour me donner le temps de détourner sa colère, qui ne pouvait manquer d'éclater contre des hommes dont l'intelligence se refusait à une instruction qu'il leur avait ordonné de recevoir. Avec Ali, ne pas pouvoir ou ne pas vouloir, c'était également un crime.

Quelques jours s'étant écoulés, je résolus de prier le Pacha de me permettre de choisir une centaine d'hommes pour former une compagnie-modèle; lui donnant pour raison, non l'incapacité de ses officiers, mais la nécessité d'accélérer l'instruction en menant de front celle des chefs et des soldats.

Je m'étais, selon la volonté d'Ali, fait faire un uniforme le plus semblable possible à celui de l'ancienne Garde; j'avais mis cette croix d'or que je portais à Waterloo, et qui maintenant reste suspendue à côté de mon sabre ; je me présentai enfin dans une tenue militaire leste et sévère, que le Pacha n'avait jamais vue. Il parut charmé, me sourit, me tendit la main : « Il ne manque, me dit-il, à cet équipage guerrier, qu'un de ces excellens sabres qui font voler une tête d'un seul coup; prends celui-ci, Français, si tu frappes juste, la lame ne trahira pas ta main. » A ces mots il me donna un sabre (*), commun en apparence, mais d'une trempe extrêmement fine, et il sourit encore en me le voyant placer à mon côté à la manière orientale. Je crus le moment favorable, et j'allais risquer ma demande, bien

(*) Ce sabre dont Ali s'est servi long-temps à la guerre, est encore chez moi, où plusieurs amateurs l'ont vu, ainsi que deux pipes que j'ai également reçues du fameux Pacha.

qu'elle fut contraire au Koran, qui défend que les Chrétiens commandent les Musulmans, lorsqu'Ali me dit : « Suis-moi, tu verras comment je punis les voleurs. » Je marchai immédiatement derrière lui, et il se retourna plusieurs fois pour me parler.

En attendant le moment de la justice, Ali passa la revue d'une troupe qui était en bataille sur la place devant son palais. Il regardait attentivement un soldat; il le reconnut enfin, le tira lui-même hors des rangs, fit un geste, et l'on attacha ce malheureux à la gueule d'un canon auquel on le força de mettre le feu. « Quoi ! dis-je au Pacha, sans l'interroger, sans lui permettre de dire un mot pour sa défense! Que vous avait-il donc fait? — Il m'a déplu, il le savait, et a osé se présenter devant moi; c'est un fou, il a mérité son sort. » J'étais pâle d'indignation et de colère; Ali s'en aperçut et haussa les épaules en riant.

Sur ces entrefaites, les voleurs arrivèrent. Le premier, voyant un cadavre, pensa qu'il s'agissait de mourir, et se mit de lui-même à genoux tendant la tête au cimeterre. « Ce n'est pas cela, lui dit-on, en le relevant avec une gourmade, et les bourreaux se saisirent de lui et de ses deux compagnons. » *Touke, touke* (regarde, regarde) me dit Ali. » Mais que vis-je? grand Dieu! On coupait, avec d'énormes ciseaux, le bout du nez, des oreilles et des doigts à ces misérables......; on mit ces débris sanglans dans un vase avec du sel et du vinaigre, et on les força de manger cette horrible salade.... Je crois maintenant aux festins de Tantale et d'Atré! Non, l'imagination n'a rien inventé d'atroce dont ne soit capable l'homme abandonné à la férocité qu'inspire l'ignorance!

Ali qui remarquait l'impression que ce spectacle produisait sur moi, me dit : « Il faut cela pour l'exemple. » A peine achevait-il ces paroles, qu'on lui amena un voleur pris en flagrant délit, sur le place même, pendant l'exécution.

« Eh bien! répondis-je, voilà de quoi sert l'exemple que vous me vantez. — C'est égal, reprit Ali; je les tuerai tous, s'il le faut, mais ils ne voleront pas, parce que je ne le veux pas. »

A ces mots, le tyran m'ordonne de le suivre dans son palais. J'aurais vainement essayé de résister; je le suivis. Dès que nous fûmes seuls, je lui déclarai que je ne pouvais rester plus long-temps dans un pays où tout révoltait mon cœur et mes idées, et je lui demandai la permission de partir. Un signe négatif fut toute sa réponse. « Mais vos officiers sont des imbécilles, qui n'apprendront rien, et votre loi me défend de commander à vos soldats; ainsi, je resterai à Janina sans aucune utilité pour vous. —N'importe, tu demeureras, je le veux. —Alors faites-moi tuer à l'instant, puisque c'est par-là que vous devez finir.... » Ali m'interrompit en me présentant sa pipe : j'en aspirai quelques gorgées; il la reprit ensuite, fuma à son tour, et me dit: « Maintenant j'espère que tu es tranquille pour ta vie? —A moins que ma mort ne vous soit utile. — Certainement; mais tu sais bien que tu n'as pas le pouvoir de nuire à ma politique. Retourne à présent dans ta maison, et calme-toi. »

Pendant plus d'une semaine j'évitais, par différens prétextes, de me rendre chez le Pacha, mais je ne pouvais toujours refuser d'obéir à ses ordres. Je pris le parti d'aller au palais comme par le passé, et de dissimuler mon horreur, afin de me ménager une occasion de m'enfuir de Janina, dont je n'aurais pas accepté le séjour, pour tous les trésors d'Ali.

Un jour Ali était à causer de l'insurrection projetée des Grecs, dont il disait vouloir se faire le chef, lorsque son visir entra. « Pacha, lui dit-il, que mérite un homme qui t'a trompé? — La mort. — Fais donc mourir le chimiste italien, il t'a promis de te trouver des mines d'argent, voilà trois mois que je lui fournis de l'or et des ouvriers, et il n'a rien trouvé. — Je donnerai mes ordres. » Le visir se retira, et l'on apprit le surlendemain que le chimiste avait été enterré vivant dans une mine qu'il faisait creuser!

A cette époque, Ali maria son fils Mustapha. Les fêtes durèrent trois jours. Ceux qui prétendent juger de l'affection du peuple pour ses princes par l'empressement avec lequel il se porte aux réjouissances publiques, auraient assuré, d'après le spectacle qu'offrait alors Janina, que le Pacha était adoré, qu'il méritait de l'être ; qu'enfin, tout ce qu'on débitait contre lui n'était que pure calomnie. Lorsqu'ils auraient vu des hommes sauter du faîte des maisons dans la rue en disant : » Notre vie est toute à Ali Pacha ! » ces connaisseurs n'eussent pas manqué de s'écrier : « Il est impossible de peindre le dévouement qu'inspire l'auguste famille; on se dispute l'honneur de se sacrifier pour elle, avec autant d'ardeur que s'il s'agissait d'obtenir la couronne du martyre ! »

Et voilà justement comme on écrit l'histoire !

Mais moi qui connais assez le pays pour ne pas m'en tenir à l'apparence, j'affirme que la crainte d'Ali poursuivait ses sujets jusque dans leurs plaisirs, et qu'ils ne se faisaient si joyeux, que parce qu'il fallait s'amuser *sous peine de mort.*

Mais voici un fait où éclate tout entier le caractère d'Ali. Mécontent de l'empire que son fils laissait prendre à une maîtresse charmante, le Pacha résolut de la perdre. Il donna d'abord à Mustapha l'ordre de partir pour l'armée : aussitôt après, il fit venir la belle Odalisque et la combla de protestations d'amitié, l'invitant à rester dans son palais jusqu'au retour du prince. Ali voulait toutefois ne pas irriter son fils, dont il pouvait avoir besoin. Il s'y prit donc de manière à faire approuver sa vengeance par celui-là même dont elle brisait la plus chère affection.

La favorite demeurait au palais, dans le même harem que les femmes d'Ali; il prétendit que des désordres affreux, impies y avaient eu lieu; que lui et son fils étaient également outragés, et pour venger à la fois sa famille et sa religion, il ordonna que cette nuit même la maîtresse de Mustapha et trente femmes qui logeaient près d'elle fussent mises dans des sacs de cuir et précipitées dans le lac!

Une jeune et jolie musulmane de Janina fut aussi la victime du zèle prétendu d'Ali pour la loi de Mahomet, qu'il enfreignait à tout moment et sans le moindre scrupule. Un ingénieur italien avait, dit-on, séduit cette malheureuse; ils niaient tous deux avoir commis *ce crime*; et rien en effet n'était moins prouvé;

mais Ali voulait faire un exemple public, afin que son fils, apprenant avec qu'elle rigueur il maintenait la religion de l'état, ne fût point tenté d'attribuer à une autre cause la punition de sa bien-aimée. Séduite ou non, la pauvre musulmane fut donc enterrée vivante jusqu'au cou, et son visage enduit de miel, resta livré à la fureur des insectes. Tout ce qu'on put obtenir pour cette infortunée, après quarante heures des douleurs les plus atroces, ce fut de lui donner le coup de grâce. Et ne croyez pas qu'on chargea le bourreau de cette office ; les jeunes filles de la ville furent contraintes de rendre elles-mêmes à leur amie ce triste et dernier service. Elles vinrent sur la place armée chacune d'une grosse pierre, et défilant processionnellement devant la victime, elles lui écrasèrent la tête..... A ce souvenir je tremble encore d'horreur !

L'ingénieur devait subir le même supplice; mais le Pacha avait besoin de lui pour construire un fort du côté de Prévéza; il en fut quitte pour une détention de quelques mois. Mais, s'il est sage, il s'arrangera pour fuir avant d'avoir cessé d'être utile au perfide Ali, qui sera pour lui d'autant plus cruel, qu'il aura été forcé d'ajourner sa vengeance.

On m'a raconté que quelque temps avant mon arrivée, le pacha, pour une faute aussi légère, fit attacher un de ses sujets à une broche, et le fit ainsi rôtir sur la place publique, devant un feu que ses parens étaient condamnés à attiser eux-mêmes.... Enfin, j'ai vu le mari et la femme enfermés dans la même cage avec un tigre qu'on aiguillounait pour l'exciter à les dévorer. Mais l'animal, qu'on avait pourtant affamé pendant trois jours, refusait de manger sa proie. Alors Ali transporté de colère, fit avancer un canon chargé d'un boulet et d'un paquet de mitraille, et pulvérisa tout, cage, homme, femme et tigre, disant avec un sourire infernal: puisqu'ils sont si bien d'accord ensemble, c'eût été dommage de les séparer!

Je sais aussi qu'ils faisait bouillir des criminels dans des chaudières, forçant les familles à lui fournir l'huile et le bois ; enfin, on m'a assuré, qu'il y a une vingtaine d'années, voulant se faire passer pour mort, il attira par

2e *édition.*

toute sorte de caresses un vieillard grec qui avait avec lui assez de ressemblance, et lui fit trancher la tête, qu'il envoya comme la sienne propre à ses ennemis, qu'il attaqua avec succès, au milieu des réjouissances auxquelles ils se livraient pour célébrer sa défaite.

Cet homme orgueilleux et féroce aurait voulu commander à la nature comme il commandait à ses esclaves. Il me dit un jour : « Il y a, m'a-t-on assuré, un moyen pour avoir *de l'amour;* si tu le sais, apprends-le-moi.—Faites couper la tête à la première de vos femmes qui ne vous inspirera pas de tendresse, cela rendra les autres plus aimables.—Pourquoi ne le ferais-je pas si cela était nécessaire? est-ce que je ne suis pas le maître? est-ce que Dieu ne m'a pas confié le pouvoir pour que je fasse tout ce qui me plairait? Mais cesse de plaisanter, et apprends-moi le secret d'*aimer;* il y en a un, et tu ne peux l'ignorer.—Il y en a même plusieurs, mais ils font mourir.—En ce cas, tu fais bien de n'en vouloir pas user envers moi, car si je n'étais plus, mes officiers, qui te détestent parce que je te favorise, te tueraient sur-le-champ; au reste, cette haine me fait plaisir, je ne veux pas que ceux qui me servent soient unis entr'eux, ils pourraient apprendre à se passer de moi. »

Ce fut là ma dernière conversation avec Ali; mais avant de passer aux détails de ma fuite, je dois dire à mes lecteurs qu'ils se tromperaient fort, s'ils pensaient que le Pacha de Janina n'avait rien de remarquable que sa cruauté. Ali possédait plusieurs des facultés qui font les grands hommes : coup-d'œil rapide, volonté ferme, prudence, audace, frugalité, persévérance, il avait tout ce qui constitue un caractère propre au commandement. Il ne haïssait pas la justice, ou du moins ce qu'il croyait être la justice, et la rendait souvent contre lui-même. Ce qui fit de lui un monstre abominable, ce fut cette persuasion où il vécut, que ceux qui arrivent au pouvoir suprême, y étant appelés par le ciel, tout leur est permis pour s'y maintenir; qu'ainsi, la vie des individus n'est rien quand il s'agit du salut général, et que Dieu n'étant le maître que parce qu'il est le plus fort, ceux qui gouvernent en son nom doivent s'attacher avant tout à être forts et redoutés.

CHAPITRE XXIX.

Fuite de Janina.

Enfin je crus le moment venu de mettre à exécution le dessein que j'avais formé depuis long-temps, de sortir du gouffre d'iniquités où j'étais tombé. Un Sicilien, qui habitait Janina depuis près de deux ans, à qui je confiai mes projets de fuite, m'approuva et voulut courir les mêmes chances. « Je connais le sort qui nous est réservé si nous sommes repris, me dit-il, mais c'est souffrir mille morts que de vivre avec un pareil monstre, — fuyons. » L'occasion favorable ne tarda pas à s'offrir. Un jour que nous nous promenions tristement sur le chemin qui conduit à Delvino, nous rencontrâmes un Turc qui laissait paître quatre chevaux dont les harnais étaient à terre. Le Silicien, qui savait assez de turc pour se faire comprendre, lui demanda où il allait.

» — A Prévéza. » — « Veux-tu nous y conduire ! » — « Combien me donnez-vous ? ». — « Quarante piastres. » — Le marché ainsi fait, il fut convenu qu'il resterait au même endroit pour nous attendre jusqu'à la nuit close, et je rentrai chez moi pour fermer mon porte-manteau; mon camarade alla de son côté faire ses préparatifs de départ.

Il était dix heures, et la nuit sombre nous favorisait; nous sortîmes furtivement de chez nous, emportant nous-mêmes nos effets sur nos épaules. Je crus que nous n'arriverions jamais au rendez-vous; nous avions évité de passer devant les gardes d'Ali, mais les chiens qui s'acharnent à tout ce qui ne porte pas l'habit oriental, nous poursuivaient sans relâche. Nous étions obligés, à chaque pas, de déposer nos fardeaux pour les forcer à la retraite, puis, cinq minutes après, ils revenaient à la charge. Quelques coups de pistolets pouvaient nous en délivrer, mais alors le bruit eut donné l'alerte dans la ville, et nous étions perdus, car le Pacha tient toujours sur pied bon nombre de satellites pour se saisir au moment où son caprice l'ordonne, des malheureux sur qui doit tomber sa vengeance, qui ne dort jamais, non plus que sa tyrannie.

Je ne suis pas plus poltron qu'un autre, cependant j'étais mal à mon aise : il me semblait à chaque instant entendre les farouches tartares du Pacha galoper derrière nous et voir briller le fatal cimeterre sur nos têtes. Mais enfin après deux heures de marche et d'anxiété, couverts de sueur et de poussière, nous rendîmes grâce au ciel en arrivant auprès de notre conducteur, qui nous attendait à l'endroit convenu.

Chacun attacha son paquet sur le cheval qu'il devait monter; la plus grande célérité, comme on pense, fut mise en usage, et nous partîmes dix minutes après. Nos chevaux bien reposés allaient un train d'enfer, sans pourtant toutefois courir assez vîte au gré de nos désirs. Cependant, à la pointe du jour, nous avions déjà laissé Dervigniana à une lieue en arrière : nous étions à sept heures de Janina.

Nous fîmes rafraichir nos chevaux dans une petite bourgade qui se trouvait sur le chemin

Notre Turc et son domestique paraissaient seconder nos vues, et partager l'envie que nous avions de nous éloigner avec toute la rapidité possible. Nous continuâmes ainsi notre route une grande partie de la journée dans les défilés des montagnes de Souli, si connues dans l'ancienne Grèce sous le nom des montagnes Cassioppiennes, et non moins célèbres de nos jours par les peuples indépendans qu'elles protégeaient et qu'Ali Pacha soumit pourtant à son joug de fer. Nous étions déjà sur leur revers occidental, à quelques lieues de Prévéza, quand la fatigue de nos chevaux et la chûte du jour nous avertirent qu'il fallait nous arrêter.

Nous engageâmes notre conducteur, qui jusques-là s'était montré fort complaisant, à nous conduire dans un petit village que nous apercevions sur notre route à une demi-lieue de nous : il s'y refusa obstinément, et dit que nous camperions dans un petit bois à l'entrée des gorges de la montagne où nous nous trouvions; et sans égard pour nos prières, et sans crainte de nos menaces, il mit pied à terre avec son domestique.

Le Sicilien qui se rappelait que ce maudit Turc avait parlé en particulier à deux hommes d'assez mauvaise mine, une heure auparavant, comprit qu'il avait l'intention de nous assassiner, pour s'emparer de nos effets. Il descendit donc de cheval pour contraindre le Turc à avancer, mais ce misérable lui donna au même instant un coup si violent d'une chaîne de fer qui servait de licol à son cheval, qu'il en tomba par terre sans connaissance. A cette vue, emporté, hors de moi, je me jetai sur le brigand qui venait de frapper mon ami : une pierre lancée d'une main ferme m'effleure la joue : ma colère n'a plus de bornes, je prends un de mes pistolets, le coup part.... et l'assassin, blessé à l'épaule, roule dans la poussière.

Le domestique, à genoux, demande et obtient sa grâce en révélant l'affreux projet que son maître avait formé de nous égorger lorsque nous serions endormis. Le temps était précieux, je m'empressai donc de relever le Sicilien, qui n'avait été qu'étourdi du coup, et nous vînmes, avec le domestique et les chevaux, prendre gîte au village, qui se trouvait à peu de distance du théâtre de cette scène déplorable, laissant aux complices de notre conducteur le soin de le panser ou de l'enterrer quand ils arriveraient au rendez-vous.

Nous n'avions pas besoin de cette terrible catastrophe pour avoir de l'inquiétude. La crainte de tomber entre les mains d'Ali, qui devait être furieux de notre départ, nous faisait frissonner au moindre bruit que nous entendions. Non contens de menacer le domestique du sort de son maître, s'il osait dire un mot sur notre aventure, nous allâmes avec lui donner à manger à nos chevaux dans un angard où nous les mîmes sous clef, et nous poussâmes la précaution jusqu'à le faire coucher dans notre chambre, dont la porte fut barricadée en dedans.

Il était près de minuit, je m'en souviendrai toujours, et le sommeil commençait à nous gagner sur la paille où nous nous étions jetés tout habillés, quand tout-à-coup un bruit s'élève, le trot des chevaux retentit, plusieurs voix aigres se font entendre.... Nous sommes perdus, ce sont les tartares d'Ali-Pacha!...

Connaissant toute la férocité de ces ministres du tyran, et le genre de mission dont on les charge; je ne doutai plus que ma dernière heure ne fût sonnée. « Camarade, dis-je, au Sicilien, du courage! vendons chèrement notre vie. » Nous renforçons nos barricades avec tout ce qui nous tombe sous la main, les chaises, les bancs, les tables, tout est utilisé. Mon compagnon désespéré tire son sabre; le domestique se cache comme il peut, tandis que j'arme mes pistolets, avec la ferme résolution de les bien employer.

L'ennemi était venu deux fois attaquer la porte; mais la vue du canon de mes pistolets chargés jusqu'à la gueule, et que j'avais passés à travers les ais mal joints qui nous défendaient, avaient fait deux fois reculer les assaillans. Alors un tartare proposa de mettre le feu à la maison. J'allais lui répondre avec une balle, quand le Sicilien m'arrêta la main. Je ne sais quel pressentiment l'avait porté à en agir ainsi; quoiqu'il en soit, ce fut dans ce moment désespéré, qu'à notre grand étonnement, le chef des satellites nous proposa de nous rendre, promettant de nous respecter si nous voulions les suivre à Janina.

Je refusai d'abord de capituler, en disant que j'aimais mieux mourir en combattant que d'être égorgé après avoir déposé les armes. Mais le Sicilien mieux inspiré, entra en pourparler, demandant des garanties, que le chef tartare lui accorda en jurant par Mahomet qu'aucun mal ne nous serait fait. Alors, à mon grand regret, la barricade tomba, la porte s'ouvrit, et dix tartares, écumans de rage, se jetèrent sur nous pour nous désarmer. Je n'entreprendrai point de rendre compte de ce que j'éprouvai dans cette cruelle conjoncture; il me semblait à chaque instant sentir glisser le tranchant du glaive sur mon cou. Cependant leur fureur se calma dès qu'ils se furent emparés de nos armes, et ils se contentèrent de nous répéter : allons, marchons à Janina auprès d'Ali Pacha.

C'était justement ce qu'il importait d'éviter, et j'avisai aux moyens aussitôt que je fus un peu remis de mon trouble.

Il y avait du vin dans la maison; nous fîmes

boire les tartares; quand ils eurent bien bu, ils devinrent doux, même obligeans. Mon camarade, profitant de ce moment favorable, les pria de nous conduire à Erseh, petite ville à une lieue de là, du côté de Prévéza, où nous avions à régler une affaire de la plus haute importance. Ils s'y refusèrent d'abord, mais la promesse que nous n'y resterions pas plus d'une heure, et surtout dix sequins que nous leur donnâmes, les décidèrent à nous conduire à la ville indiquée. Pour ne point perdre un temps précieux et surtout pour ne point nous exposer à voir nos gardiens farouches changer de résolution, nous partîmes avant le jour. Une heure après nous étions sous la protection du consul anglais, à qui j'avais montré un passe-port que l'ambassadeur britannique m'avait fait délivrer à Constantinople, par l'entremise d'un négociant suisse.

Je n'ai pas une très-grande prédilection pour les Anglais; l'Angleterre a fait trop de mal à la France, son gouvernement s'est conduit d'une manière trop infâme envers le grand homme dont je pleure encore la mort, pour me faire éprouver autre chose que de la haine. Cependant il est des Anglais dont l'âme généreuse ne peut supporter la présence d'un malheureux sans chercher à adoucir les rigueurs de son sort. Ceux qui ont préparé l'évasion de plusieurs prisonniers français des pontons d'Angleterre, ceux qui ont soustrait Lavalette à la hache de 1815, et celui qui m'arracha des mains forcenées des bourreaux d'Ali, sont au nombre de ces hommes qui, sans oublier ce qu'ils doivent à leur patrie, se souviennent que la justice et l'humanité sont de tous les pays. Pourquoi de tels sentimens sont-ils dans tant de bouches et dans si peu de cœurs? Au reste, j'aime à pouvoir louer nos ennemis, c'est une preuve qu'ils sont dignes de nous.

Les tartares insistaient pour que nous les suivissions à Janina, priant et menaçant tour-à-tour; le consul leur accorda une déclaration pour mettre leur tête à l'abri de la colère du pacha, mais il refusa de nous laisser partir, nous fit restituer nos armes et notre argent, et nous expédia sur-le-champ pour

Prévéza, sous la conduite des arnautes qui lui servent de garde.

Le fourbe Ali, dissimulant la rage que lui causait notre fuite, me fit écrire pour m'offrir une somme considérable, si je voulais retourner à Janina. Il employa la prière, les protestations, tous les moyens enfin que lui suggera son astuce, pour m'attirer dans le piège; je n'y donnai pas, et me contentai de répondre qu'il y a des choses qu'il ne faut pas voir deux fois, et que le sublime Ali était au nombre de ces belles choses-là.

CHAPITRE XXX.

Passage par l'île St.-Maur, Courfou, Cataro et Raguse.

Le lendemain nous fîmes voile pour l'île Saint-Maur, où nous débarquâmes dix heures après. J'étais heureux, je respirais, je croyais être libre, quand on me consigna pour faire quarantaine. Certes, je n'écrirai point contre les mesures sanitaires, la nécessité en est trop évidente pour oser y porter atteinte; mais qu'on permette au moins au malheureux qui en est l'objet, de ne point trouver agréables les quarante jours qu'il est obligé de passer dans un état de séquestre absolu. J'avais beau chercher des distractions autour de moi, les rochers avaient chaque jour la même aridité, la mer tantôt calme, tantôt mugissante, me ramenait constamment sa désespérante uniformité. Si je rentrais en moi-même pour y chercher des consolations, quoique mon âme fût exempte ne reproches, le passé ne m'offrait que des regrets amers, le présent qu'une situation pénible, et l'avenir n'apparaissait à ma pensée qu'enveloppé des plus sombres nuages. Enfin, comme tout fini dans ce monde, le terme de ma quarantaine arriva.

J'avais encore trente louis pour toute fortune, quand je résolus de quitter l'île de Saint-Maur, où je ne trouvais rien à faire, pour me rendre à Corfou, où j'avais espoir de travailler pour gagner de quoi vivre.

Après une traversée des plus pénibles, ayant mis à la voile par un temps affreux, j'entrai dans le port de Corfou, dont les fortifications porteront long-temps encore l'empreinte du génie français.

Dans l'auberge où je descendis, j'eus le malheur de rencontrer un certain M. Constantin de Venise, soi-disant ex-officier des vélites italiens. J'avais besoin d'épancher mon cœur; je lui confiai mes chagrins, mes craintes, mes espérances. Il parut compâtir à mes maux. J'allai avec lui dans une maison de campagne, qu'il me dit lui appartenir; j'étais sans méfiance. Pouvais-je croire en effet qu'un homme fût assez misérable pour voler un malheureux, pour ôter à un pauvre proscrit ses derniers moyens d'existence? Il me demanda dix-huit louis; je les lui prêtai; et, malgré tout ce que j'ai pu faire depuis, le scélérat ne me les a point rendus.

Me rappelant que j'avais une cousine mariée à M. de Gozzé, demeurant à Raguse, je m'embarquai sur le premier bâtiment qui fit voile pour les Bouches du Cataro. Après dix-huit jours de traversée, qui n'eurent rien de remarquable que les vents contraires, nous débarquâmes près de Cataro, où il me fallut faire une nouvelle quarantaine de quarante-sept jours, dans un mauvais bâtiment sur le bord de la mer, où, quelques années auparavant, avaient caserné les troupes russes. Ce nouveau séquestre levé, je passai quatre jours en ville, en attendant un navire qui me conduirait à Raguse. Je ne fus point tourmenté pendant mon séjour dans ce pays, que la France a gouverné quelque temps.

Les habitans de Cataro, excepté un très-petit nombre, nés de parens Grecs ou Monténégrins, avec lesquels ils fraternisent, ont le caractère et l'aménité des Vénitiens, qui les ont long-temps gouvernés. Au costume oriental, à de longues moustaches, à la trivialité de leurs entretiens, on distingue facilement des gens du pays, les Grecs et les Monténégrins. La raison du plus fort y est assez généralement la meilleure, quoique leur juge soit prince, et qu'il se transporte avec un bâton blanc, signe de son autorité, partout où sa présence est nécessaire. Il parvient quelquefois à mettre les parties d'accord; alors ses émolumens sont largement acquittés par un verre d'eau-de-vie, payé par les deux adversaires, qui s'embrassent, tout en se promettant de rompre au besoin, suivant leurs intérêts.

Tous les villages situés sur le bord du canal qui aboutit à Cataro, sont peuplés et civilisés. Les seuls habitans de Dobrota se font remarquer par l'austérité de leurs mœurs et leur extrême sobriété. Les femmes n'y sont jamais présentées aux étrangers. Ce village est catholique-romain; et, suivant les droits acquis, qui que ce soit d'une autre religion ne peut s'y établir. Les hommes sont extrêmement jaloux, et capables de se porter aux plus grands excès, pour venger leur honneur outragé. La population de Cataro est d'environ trois mille âmes.

Arrivé à Raguse, il me fallut encore faire une quarantaine de quatorze jours. « Ça ne finira donc pas, me disais-je avec douleur, je ne serai donc jamais désempesté! »

M. de Gozzé vint me voir au lazareth, aussitôt qu'il apprit mon arrivée. Enfin, je débarquai. Mais, hélas! à peine eus-je le temps d'embrasser ma cousine, et de passer deux jours au sein de sa famille! Le malheur attaché à ma poursuite me rendit suspect. Condamné à mort en France, je devais être un homme dangereux; arrivant de chez Ali Pacha, je pouvais être un agent secret; enfin on alla jusqu'à croire que je venais à Raguse pour insurger les Monténégrins en faveur du pacha de Janina! et que nous machinions une vaste conspiration, M. de Gozzé et moi!

J'ignore d'où partit le coup, mais quoique je n'aie jamais eu à me louer des agens français dans les divers pays que je fus contraint de visiter, je dois dire avec justice que les consuls de France et d'Angleterre intervinrent en ma faveur auprès du Gouvernement, qui resta inexorable, et m'ordonna de partir sous vingt-quatre heures. Je quittai donc Raguse à regret; les habitans m'y parurent civilisés, hospitaliers, et d'une instruction rare. Parmi les hommes d'un mérite transcendant, on distingue le célèbre abbé Zamagna, connu dans la république des lettres par une traduction d'Homère. La ville compte six mille habitans.

Le 18 octobre 1818, six mois, jour pour jour, après mon départ de Jassy, où j'avais laissé mon frère, je fis voile pour Trieste, d'où j'espérais lui donner de mes nouvelles par les États autrichiens. Ce fut cette raison qui me détermina à choisir cette ville plutôt que toute autre; je comptais aussi pouvoir y attendre des lettres et de l'argent de ma famille, par le premier navire qui ferait voile pour l'Amérique du sud.

CHAPITRE XXXI.

Trieste.

A notre arrivée à Trieste, le bâtiment sur lequel j'étais monté fut mis en quarantaine, tandis que les personnes parties et arrivées en même temps que moi, mais qui avaient suivi la route d'Illyrie, jouissaient en paix de leur pleine et entière liberté. Il m'était et il m'est encore impossible de comprendre pourquoi on craignait davantage de prendre la peste par les communications difficiles de la mer, que par les communications faciles de terre. Du reste, dans le golfe adriatique, excepté pourtant dans les ports principaux, la surveillance sanitaire est absolument illusoire, et certainement ce ne seront pas les précautions toujours absurdes et mal entendues de cette vaine surveillance, qui empêcheront la peste d'y aller exercer ses ravages.

Tandis que j'étais en quarantaine, j'appris que M. Pons, ancien administrateur-général des mines de l'île d'Elbe, et préfet du département du Rhône pendant les cents jours, que je croyais sévèrement retenu à Fiume, lieu de sa résidence prescrite par l'Autriche, se trouvait alors à Trieste, auprès du duc de Bassano. Je me hatai d'aller le voir aussitôt qu'il me fut permis de débarquer.

M. Pons a compté dans les rangs des braves; tous les braves lui sont donc chers, et plus particulièrement ceux qui suivirent Napoléon à l'île d'Elbe, où l'Empereur l'entourait d'estime et de considération; son affection ne se démentit jamais pour les officiers de la Garde Impériale, et sa maison leur fut toujours ouverte. Il me reçut avec un sentiment expansif de bienveillance et d'amitié; il écouta avec le plus tendre intérêt le récit de mes malheurs, et me présenta sur le moment à M. le duc de Bassano, chez qui il était logé, et avec qui il me parut intimement lié.

M. le duc de Bassano ajouta encore à l'accueil que M. Pons m'avait fait. Jamais la bonté ne se montra sous des formes plus séduisantes ; aurait dit que M. le Duc avait lui même éprouvé mes peines et mes chagrins : l'expression de sa sensibilité était extrême ; et dans cet état d'émotion, il me semblait que la bonté de son cœur retrempait la force de mon âme. Il m'amena avec beaucoup de délicatesse à lui faire connaître ma situation ; et il m'offrit des secours avec le même langage dont il se serait sans doute servi s'il avait été lui-même dans le cas de recourir à ma bienfaisance. J'acceptai ses offres généreuses, et je fixai moi-même des bornes à son obligeance.

Mais le directeur de la police, M. Catanes, italien renégat, instruit que j'avais visité M. le duc de Bassano et M. Pons, me manda chez lui, et après un fort long interrogatoire, il m'ordonna de partir de Trieste sous vingt-quatre heures, avec injonction de ne plus revenir dans les États autrichiens. C'était, disait-il, la teneur des instructions qu'il avait reçues de Vienne.

Ne sachant que devenir, et ne voulant pas retourner auprès du cruel Ali, je me retrouvais de nouveau dans la plus pénible position.

M. le duc de Bassano et M. Pons, instruits de cette nouvelle vexation, accoururent auprès de M. Catanes, afin de l'engager à adoucir la mesure de rigueur qu'il venait de prendre; mais il n'en purent rien obtenir, et me conseillèrent de me rendre dans les États du Pape.

Je pris passage sur un caboteur qui allait à Ancône. J'avais une lettre de recommandation pour le Consul français de cette place; mais au moment de partir, les agens de la police vinrent me visiter avec une sévérité tout à la fois ridicule et scandaleuse, et ils me prirent cette lettre.

Enfin, nous mîmes à la voile, et je m'éloignai de cette terre inhospitalière, gémissant d'y laisser deux de nos plus dignes compatriotes, mes compagnons d'infortune, dont j'avais tant à me louer, et auxquels je me plais à rendre cet hommage public de ma gratitude.

La princesse Elisa et le duc de Padoue étaient aussi à Trieste. Je ne les vis point,

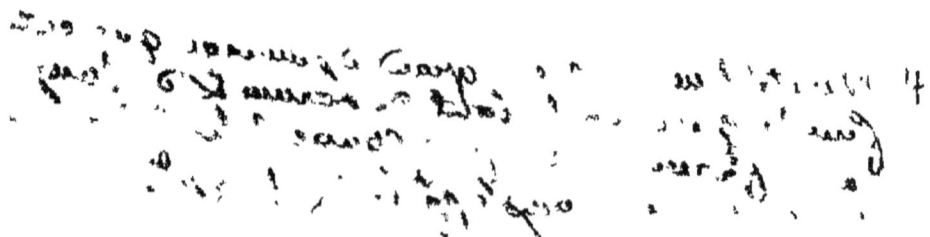

CHAPITRE XXXII.

Débarquement à Ancône ; passage à Rome.

J'ÉPROUVAI la plus vive émotion en touchant au sol Italique; il me sembla que le terme de mes malheurs était arrivé. J'entendais parler une langue qui ne m'est point inconnue. A chaque pas je rencontrais des traces de la gloire française! mais hélas! mon illusion fut de courte durée, je m'aperçus bientôt que je m'étais trompé. Les troupes du pape avaient remplacé les nôtres.

Je passai une seule nuit à Ancône, et suivant le conseil de M. le duc de Basano, je me rendis à Rome, où se trouvait alors une partie de la famille Napoléon.

A mon arrivée dans cette antique capitale du monde, qui fut quelque temps la seconde ville de France, j'eus le bonheur de rencontrer deux de mes anciens amis, deux de mes chefs à l'île d'Elbe, les colonels Raoul et Laborde. Qu'on se peigne le plaisir que j'éprouvai en revoyant des Français qui avaient partagés mes périls, et qui, comme moi, se trouvaient jetés sur une terre étrangère. Depuis le jour où j'eus le malheur de quitter mon frère, je n'avais trouvé personne à qui je pusse confier en toute sécurité ma douloureuse position; un amour-propre national m'avait toujours fait taire aux étrangers une partie des maux que je ne devais qu'au Gouvernement de mon pays; cette rencontre fut donc, pour moi, et j'ose le dire pour eux, un véritable jour de fête. Ils m'apprirent les divers changemens arrivés en France depuis mon départ; nos regrets, nos peines, nos espérances se confondirent, nos vœux se tournèrent vers un même objet; et tous trois, nous versâmes des larmes amères au récit des cruelles persécutions qu'éprouvait, sur le rocher de Sainte-Hélène, le grand homme qui nous conduisit tant de fois à la victoire.

Le lendemain de mon arrivée à Rome, le colonel Laborde me présenta à Madame-Mère, près de qui il remplissait les fonctions de gentilhomme d'honneur. Cette vénérable dame me reçut avec une bonté, une douceur, dont le souvenir est à jamais gravé dans mon cœur. «Vous avez été fidèle à mon fils au jour de l'infortune, me dit-elle, avec une douce émotion.—Je n'ai qu'un regret, lui répondis-je, c'est de n'avoir pu le suivre à Sainte-Hélène comme je l'accompagnai à l'île d'Elbe.... Madame Mère parut touchée de cette expression de mon dévouement, et après m'avoir témoigné, par la protestation du plus vif intérêt, combien elle souffrait de ne pouvoir changer ma triste situation, elle me congédia, en m'engageant d'aller voir ses autres enfans, Lucien, Louis et Pauline; et le soir même elle me fit remettre une somme de deux cents francs, en me priant de l'excuser sur la modicité du secours qu'elle m'offrait, en attendant qu'elle pût faire plus.

Suivant le conseil de Madame-Mère, j'écrivis au prince de Canino, au comte de Saint-Leu et à la princesse Borghèse, en les priant de me fixer le jour où ils pourraient me recevoir; j'eus le soir même une réponse du comte de Saint-Leu, qui me dit de venir le voir le lendemain. Je me rendis donc auprès de l'ancien Roi que la Hollande regrette peut-être encore. Point de faste, point d'étiquette, point de cérémonie; un seul domestique m'introduisit dans le salon, où le prince vint me trouver dès qu'il sut que j'y étais. Après avoir écouté avec une rare complaisance le récit d'une partie de mes malheurs :Qu'espérez-vous faire, me dit-il, mon brave Bacheville.—Ne pouvant rentrer dans ma patrie, et ne trouvant aucun asile assuré en Europe, j'ai l'intention d'aller en Amérique.—Refléchissez-y bien, avant de partir; souffrant comme vous êtes, la traversée peut être longue, et le climat de l'Amérique du sud....—Mon prince, je vais me rendre à Livourne, afin de profiter du premier bâtiment qui fera voile pour les États-Unis, c'est un parti pris. Alors me dit le prince : Asseyez-vous, je vais vous recommander à mon frère Joseph; et il se mit à écrire la lettre suivante:

Rome, le 28 décembre 1818.

« Mon très-cher frère,

« Je profite de toutes les occasions qui s'offrent pour vous écrire; malheureusement elles sont trop rares; celle d'aujourd'hui me présente le moyen d'être utile à un de nos malheureux compatriotes, et je la saisis avec un double empressement. Le porteur est un officier de la vieille armée et de la vieille Garde; je n'ai pas besoin de rien ajouter, je suis sûr que vous ferez tout ce qu'il vous sera possible de faire pour lui être utile.

» La dernière lettre que j'ai reçue de vous est datée du 29 septembre; elle me parvint au bout de six semaines: elle est bien courte, bien peu détaillée; mais elle m'a appris enfin que vous avez reçu l'une de mes lettres.

« Le congrès d'Aix-la-Chapelle est terminé, l'on en ignore encore les résultats, que, du reste, l'on annonce devoir être d'une grande importance pour la stabilité de la paix et de l'ordre. L'on a dit que les souverains alliés s'étaient occupés du sort de l'Empereur, et avaient résolu de le faire changer de prison; d'autres prétendent qu'ils se sont bornés à lui faire accorder tous les adoucissemens possibles. J'espère beaucoup, quoiqu'il en soit, de la réunion des plus grands souverains de l'Europe pour le sort de celui qu'ils appelèrent leur frère, qui laissa la Prusse à son Monarque après l'avoir détrôné par le sort des armes; qui replaça, pour ainsi dire, son beau-père trois fois sur le trône, qui a payé si cher ses torts envers Alexandre, et qui, enfin, a témoigné une estime assez grande et assez généreuse envers l'Angleterre, pour se jeter dans ses bras, en la déclarant alors même son plus implacable ennemi! Pour moi, mon cher frère, une seule chose me console, c'est ce qui m'a soutenu durant mes longs travaux, ce qui m'a guidé durant ma prétendue prospérité, et qui adoucit ma profonde affliction à la vue des malheurs et des revers de cette belle France! c'est la pensée que nous ne sommes que les instrumens de la Providence, quelque génie et quelque prétention que nous ayons; que sa volonté soit donc faite en toutes choses. C'est ma prière et ma chanson de tous les matins, de tous les soirs et de tous les instans de ma vie.

» Ma mère, le cardinal et mon fils se portent bien; Pauline est bien malade; cependant elle court, veille, reçoit; je désire très-vivement qu'elle puisse affermir sa santé. Julie est toujours à Francfort. Je sais que vos filles se portent bien; ne doutez pas, si elles viennent ici, que je ne les reçoive à bras ouverts.

» Adieu, mon cher frère, l'Océan nous sépare, je prévois que c'est pour toujours, à moins que vous ne revinssiez en Europe; car je ne pense pas que ma santé me permette jamais de faire le voyage d'Amérique.

» Recevez, en cette occasion, la nouvelle assurance de mon inviolable amitié.

» *Signé* Louis.

Après m'avoir remis cette lettre, qui le fera mieux connaître que tout ce que je pourrais en dire, le comte de St.-Leu me donna un rouleau de trente napoléons d'or, me serra la main, et me dit de ne jamais oublier que j'étais Français, et que j'avais appartenu à la vieille armée.

Quelques jours après, je reçus aussi une lettre du prince de Canino, pour la même destination; quant à la princesse Borghèse, je ne fus pas assez heureux pour en recevoir une réponse; quoique j'aie eu l'honneur de la voir plusieurs fois à l'île d'Elbe, et même de danser avec elle.

On comprend facilement qu'encouragé par l'accueil plein de bontés que je recevais de la famille de mon ancien souverain, j'aurais désiré rester assez long-temps à Rome pour obtenir des nouvelles de mon frère, soit directement, soit par ma famille que je croyais instruite de son sort. Etàit-il en France ? toutes les probabilités me portaient à le penser; un doute pénible me faisait pourtant rejeter cette espérance. Etait-il allé en Perse, comme il l'avait d'abord projeté ? Je ne sais quoi me disait, malgré l'apparence contraire, qu'il avait pris ce parti dangereux. Je le répéte, j'aurais vivement souhaité séjourner assez de temps à Rome pour obtenir les renseignemens dont j'avais besoin.

La protection du roi Louis et du cardinal Fesch pouvait m'être d'une grande utilité, car, l'un par ses éminentes vertus, et l'autre par son caractère sacré, avaient toujours de l'influence chez l'étranger. Je comptais aussi sur les bons offices du colonel Raoul, et sur l'active amitié du colonel Laborde, à qui je saisis cette occasion d'adresser mes remercîmens de toutes les démarches qu'il a faites pour moi, en bon et affectionné camarade. Mais bien que l'ambassade française ne m'eût point inquiété ouvertement, elle me donnait des craintes que mes amis partageaient. Je m'étais logé dans un quartier fort retiré, je ne sortais qu'avec de grandes précautions; cette gêne contrariait les démarches que j'avais besoin de faire, et j'y renonçai pour ne point être obligé de quitter Rome en fuyant, et plus encore pour éviter aux illustres personnes qui m'honoraient de leur bienveillance, le désagrément de me voir poursuivre sous leurs yeux sans pouvoir me défendre.

Le premier janvier 1819, je partis donc pour Florence, mieux équipé, plus content que je ne l'avais été depuis ma séparation d'avec mon bien aimé frère, mais regrettant toujours vivement de ne pas connaître le destin où l'avait

2ᵉ *édition.*

entraîné sa tendresse pour moi. Je n'ai pas besoin de dire qu'avant de quitter Rome, je fis agréer mes actions de grâces à Madame-Mère, au roi Louis, à M. Lucien. On sait que le défaut des soldats français n'est pas de se montrer ingrats envers leurs chefs et leurs bienfaiteurs.

CHAPITRE XXXIII.

Séjour à Livourne.

Le hasard me servit encore cette fois; à peine arrivé à Florence, je rencontrai M. B...c de Lyon, qui me donna des nouvelles de ma famille, et des preuves de sa bienveillante amitié; et le lendemain, nous partîmes ensemble pour Livourne, où il n'a cessé de faire tout ce qui fut en son pouvoir pour m'être utile. Ses conseils, qui eurent tant d'influence sur mon sort, étaient chaque jour: « Bacheville, renonce à la nouvelle course que tu veux faire; un régime plus doux va gouverner la France: attends paisiblement à Livourne. Quand le moment sera venu, quand tes parens et nos amis te diront que tu peux te présenter pour purger ta contumace, nous retournerons ensemble à Lyon. » Sans me décider à suivre les avis de ce brave compatriote, que je vois encore tous les jours, et que je ne nomme point par crainte de blesser sa modestie, je me décidai, toutefois, à attendre le printemps et des lettres de ma famille, sous la protection des lois du grand-duché de Toscane.

S'il faut absolument, comme le dit un auteur, être dupe ou fripon, quelques désagrémens qu'il y ait dans la duperie, je la préférerai toujours. A Livourne, comme dans toutes les grandes villes, et sur-tout les ports de mer, il y a des gens qui pensent différemment. Chacun a sa manière de voir ; je ne le conteste pas, et veux seulement rapporter une aventure qui m'est arrivée avec un de ses hommes qui ont pris leurs arrangemens pour être autre chose que dupe.

Comme je cherchais à utiliser six cents francs que je possédais pour tout bien, un marchand vint me proposer de les mettre dans son commerce, pour le temps qui me ferait plaisir; me promettant une part proportionnée à ma mise de fonds dans les bénéfices. Pouvais-je douter de la pureté de ses intentions? Le brave homme m'offrit en nantissement une partie de ses marchandises; j'acceptai donc avec reconnaissance une offre qui devait me faire gagner quelque chose...; je donnai mes vingt-cinq louis !.. Peu de jours après, le marchand avait disparu. Je fis estimer les étoffes qu'il m'avait laissées; j'en avais pour le tiers de mon argent.

Qu'on juge de mon désespoir; je venais de perdre en un jour ce qui pouvait me faire vivre six mois !... Mon ami B...c, témoin de cette mésaventure, remplaça la perte que je venais de faire, en me priant d'accepter de la part d'une société de laquelle il faisait partie, une somme de quatre cents francs, destinée d'abord à une partie de plaisir, et mieux employée, me dit-il, à secourir un malheureux proscrit, que la friponnerie la plus odieuse venait encore de dévaliser.

Ce fut à cette époque que je reçus la première lettre de France depuis mon départ de Jassy; mon beau-frère m'annonçait avoir reçu toutes celles que je lui avais adressées depuis ma séparation d'avec mon frère, et me disait avoir répondu à la plupart. Après quelques détails sur la santé de mon pauvre père et de ma bonne sœur, il me donnait aussi des nouvelles d'Antoine, à qui j'avais écrit vingt fois, sans avoir de réponse. Cette lettre me fit verser des larmes de plaisir, en faisant naître en mon cœur l'espoir d'embrasser un jour tout ce que j'avais de plus cher au monde. Dans cette douce espérance, je fis une pétition à la Chambre des Députés, que j'expédiai à ma famille par le premier courrier, avec prière de la remettre à M. de La Fayette. qui avait eu la bonté de m'envoyer plusieurs lettres de recommandation dans le cas où je serais décidé à partir pour l'Amérique; mais qui, me voyant prêt à rentrer en France, s'empresserait sans doute avec tous les membres du côté gauche, d'appuyer ma juste réclamation. Rêvant au bonheur de revoir bientôt ma patrie, j'oubliai dès-lors tous mes projets de voyage.

En attendant, il fallait vivre; ma famille s'était épuisée pour moi et mon frère, je ne pouvais rien lui demander; il y aurait eu plus que de l'indiscrétion de frapper de nouveau à la porte de mes amis; j'avais cinq cents francs qu'il fallait faire fructifier, et ne plus me laisser voler...

Que faire? Une heureuse inspiration me vint; je me rappelai le vieillard de l'île de Naxos, non pas sans penser à Méloé, et je me mis à fabriquer de l'*eau des Odalisques*.

Je fis venir des plantes aromatiques qui croissent sur les Alpes; j'achetai les essences indispensables pour ma composition; j'étudiai quelque peu la chimie, et je me mis en devoir de fabriquer cette eau bienfaisante qui pouvait être aussi nécessaire aux belles d'Italie, qu'elle était indispensable aux voluptueuses Géorgiennes.

J'étais donc tout entier à ma nouvelle profession, quand je reçus la lettre suivante, qui vint encore confirmer l'excellence du parti que j'avais pris, d'attendre à Livourne l'époque à laquelle je pourrais rentrer en France.

Paris, 4 mai 1819.

«Nous avons reçu hier, mon cher ami, ta lettre du 22 du mois dernier, qui nous annonce que celle que je t'avais écrite le 6, t'est parvenue: tu aurais également reçu toutes celles que nous t'avons écrites, et elles sont en grand nombre, si tu eusses pu attendre dans les endroits indiqués pour t'adresser notre réponse. Mais tes lettres mettaient souvent un mois à nous parvenir, les nôtres n'avaient pas une marche plus rapide; et parfois tu ne pouvais rester vingt-quatre heures dans le même endroit.

» Je crois t'avoir annoncé par ma précédente, que nous avions reçu ta pétition à la Chambre des Députés, mais ce que j'ai oublié de te dire, c'est que bien avant que tu n'y aies pensé, j'en avais rédigé une pour le ministre de la guerre, et une pour le maréchal Marmont, qui vient de se conduire avec une rare impartialité dans sa mission de Lyon. Le ministre s'occupe aujourd'hui de cette affaire aussi malheureuse qu'injuste; et demain on lui remet une copie de ce jugement inique, qui vous tient expatriés toi et ton frère, depuis trois ans. C'est le ministre qui a envoyé demander cette copie, et nous espérons de sa justice, l'anéantissement d'une condamnation qui a plongé ta famille dans la plus profonde affliction.

» Une autre pétition est également entre les mains d'un des membres de la Chambre des Députés, connu par l'excellence de ses principes constitutionnels et par son éloquence; mais il y a de plus, une discussion judiciaire sur le crime qu'on t'a imputé pour te rendre coupable et motiver ta condamnation et celle de ton frère.

» Cette réclamation authentique va donc être présentée à son tour à la Chambre des Députés ; mais tout cela exige du temps et de la prudence !.. Conséquemment, mon bon ami, de la patience de ta part; il faut t'en rapporter à notre tendresse pour toi ; crois que nous sommes aussi impatiens que tu peux l'être. Mais je ne saurais trop te le répéter, point d'imprudence, et c'en serait une très-grande de mettre le pied en France avant que nous n'ayons la certitude qu'il ne peut plus t'y arriver rien de fâcheux; reste donc où tu es; j'espère que le consul de France t'y laissera attendre paisiblement la fin de tes peines, de celles de tous tes parens sans exception. Nous touchons au dénoûment, nous croyons qu'il sera heureux, c'est-à-dire juste, mais ne gâtons rien par trop de précipitation. C'est l'amitié qui dicte les conseils que je te donne ; suis-les de point en point, mon bon ami ; je pense que tu t'en trouveras beaucoup mieux que de te livrer aux mouvemens de l'impatience qui, toute naturelle qu'elle soit dans ta position, n'en serait pas moins dangereuse et très-nuisible aux démarches que nous faisons maintenant pour toi. »

Adieu, je t'embrasse de cœur et d'âme.

Ton oncle,

Signé, Labarched.

A la réception de cette lettre d'un des principaux membres de ma famille, je demeurai plus que jamais dans la ferme résolution d'attendre les événemens à Livourne. Mais vainement je me tenais tranquille dans l'intimité de quelques amis, vainement j'occupai tous les instans du jour à la confection de mon eau des Odalisques, sans m'occuper ensuite d'autre chose que de ma prochaine rentrée dans ma patrie ; le 10 juin 1819, je fus appelé à la police avec le colonel Raoul, qu'on avait déjà injustement détenu peu de temps auparavant, et qu'on emprisonna de nouveau à Gênes, peu de temps après, et je reçu l'ordre de quitter Livourne dans les vingt-quatre heures (*).

D'après cet ordre cruel, qui m'exposait de nouveau à des courses que ma santé ne me permettait plus de faire, je demandai instamment au consul de France d'intervenir en ma faveur. Il avait, à ma prière, quelque temps avant, sollicité du ministère un sauf-conduit pour me rendre à Lyon, afin d'y purger ma contumace, et en attendant une réponse de Paris, il promit de faire tout ce qu'il pourrait. Mais soit que ses lettres ne fussent point assez

(*) L'ordre qui me force de sortir est trop original pour ne pas le donner en entier à mes lecteurs.

« Le très-honoré Monsieur le Commissaire de la ville et du port de Livourne, par suite de l'ordre contenu dans la lettre du très-honoré Monsieur l'auditeur du bon Gouvernement de Florence, commande et ordonne à Barthélemy Bacheville, français, de partir, au plus tard, dans le délai d'un jour, des très-heureux Etats de Toscane, et de n'y pas rentrer sans en avoir obtenu la permission du département du bon Gouvernement, sous peine, s'il contrevient au présent, d'être arrêté et incarcéré, sans autre avis.

pressantes, ou soit plutôt que le gouvernement français ne fût pas assez fort pour forcer le grand-duc de Toscane de respecter la liberté d'un français à Livourne ; toujours est-il vrai que je fus contraint de quitter la ville le lendemain, abandonnant un établissement qui m'avait coûté tout l'argent que je possédais alors, et laissant quelques braves compatriotes, indignés comme moi, d'un pareil outrage fait à la dignité française, par le rejet de la demande du Consul.

CHAPITRE XXXIV.

Séjour aux bains de Lucques; passage à Gêne et à Turin.

En quittant Livourne, je me rendis dans la principauté de Lucques. Les banqueroutiers, les voleurs et les assassins de tous les pays y trouvent un refuge, il m'était donc permis de croire que l'on ne regarderait pas mon arrivée en ce lieu, comme dangereuse, car, à tout prendre, je valais encore un peu mieux que ces messieurs. Je me trompais cependant. Les amis de la liberté, sont bien autrement redoutables que les bandits, ils portent avec eux une contagion que les peuples, aveuglés sans doute, se viennent innoculer en foule quand on n'y met bon ordre. Je fus donc poliment invité à quitter la ville. Cependant j'éludai cette mesure en me rendant aux bains qui sont situés à quelques lieues seulement de Lucques. Là, pour être moins en vue et vivre à meilleur compte, je me réfugiai dans une cabane des environs, tenant constamment ma jambe gauche enveloppée, pour donner à croire à la police que je n'y séjournais que pour ma santé.

Dans cet état pénible, attendant des nouvelles de France, avec une impatience égale au désir que j'avais de revoir ma patrie, j'eus le bonheur de faire la connaissance d'une dame de Bologne qui était sincèrement attachée aux Français. Ce fut dans l'intimité de cette aimable italienne, que je goûtai les seuls momens agréables de ma proscription. Soins délicats, aménité, raisons consolantes, tout ce que purent lui suggérer la bonté de son cœur et les charmes de son esprit, elle l'employa pour me faire oublier de longs malheurs et rendre l'espérance à mon âme abîmée. Mais il n'était point dans ma destinée de vivre longtemps auprès d'elle. Il ne devait y avoir que peu de compensation à mes maux. La saison des bains terminée, elle retourna dans son pays sans qu'il me fût permis de l'y suivre! depuis cette cruelle séparation, je n'ai pas eu le bonheur de la revoir ni d'apprendre ce qu'elle est devenue, quoique je me sois hasardé plusieurs fois à lui écrire.

Les peines du cœur sont peut-être les seules contre lesquelles le courage vient échouer. J'avais beaucoup souffert!.... et je n'avais jamais éprouvé un tel dégoût de la vie. Abreuvé d'ennuis, je me promenais tristement tout le jour, et le soir je rentrais fatigué, épuisé, sans pouvoir manger ni dormir. Cet état pénible ne pouvait durer : j'en serais mort. Un mois d'absence et une lettre de ma famille m'arrachèrent enfin à cette mélancolie : l'espoir d'embrasser bientôt mes parens, mes amis, fit taire mes douleurs, et je quittai les bains pour me rendre à Gênes, en passant par Viaregio.

A mon arrivé dans cette dernière ville, je fus reconnu par le commandant de place qui m'avait vu à l'île d'Elbe, et par deux gendarmes qui avaient servi avec moi. Ces anciens camarades eussent bien désiré m'être utiles, mais la crainte de perdre leur place les contraignit à faire semblant de ne me pas connaître. Ce n'était pas tout encore, que la douleur de me voir reconnu et évité par mes vieux frères d'armes, la seule nuit que je passai à Viaregio, faillit me devenir funeste. Cette fois je ne fus pas tourmenté par les suppôts de la police, mais par un énorme scorpion qui fort heureusement ne me piqua pas. J'écrasai l'insecte venimeux, et sans attendre le jour, je me mis en route pour Gênes, où j'arrivai peu de temps après, non sans avoir essuyé une violente tempête, selon la promesse que Neptune semble avoir faite à mes ennemis de me poursuivre, comme le furent jadis les débris de Troye par l'inplacable Junon.

Je ne devais pas être plus heureux à Gênes qu'à Dresde, ni plus malheureux qu'à Breslau Aussitôt mon arrivée, M. le consul de France me fit venir et me dit que je ne pouvais séjourner dans une ville où j'étais venu cinq ans auparavant en qualité d'officier de Napoléon à l'île d'Elbe; que ma présence pourrait y faire naître des troubles que le Gouvernement avait intérêt d'éviter; du reste, continua le consul avec une bienveillance à laquelle je n'étais plus habitué, allez a Turin, auprès de M. le duc de Dalberg, ambassadeur de France près la cour de

Sardaigne; doux, humain, sage et sincèrement attaché au régime constitutionnel, M. le duc s'empressera de solliciter auprès de son ministère un sauf-conduit pour vous rendre à Lyon, où vous pourrez en toute sûreté purger votre contumace, la France de 1819 n'ayant rien de commun avec la France de 1815.

J'allai à Turin sans avoir l'avantage d'y rencontrer M. le duc de Dalberg, qui était aux bains d'Aix en Savoie; je courus à Aix sans être plus heureux, son Excellence en était partie la veille; je pris donc le parti de lui écrire, en le priant de me répondre à Chambéry, où je me rendais; j'y arrivai le 28 août 1819, un peu fatigué, mais plein d'espérance.

CHAPITRE XXXV.

Rentrée en France.

Enfin, je suis à Chambéry! enfin après trois ans et demi d'exil, je revois la France! chère et cruelle erreur! Chambéry n'est plus français! mais au reste, qu'importe la ligne de séparation que la politique a tracée? coutumes, esprit, langage, à Chambéry, tout est français, et rien ne peut faire que ses bons habitans ne soient plus nos compatriotes!

L'allemand, le turc, le moldave ne viennent plus choquer mon oreille: j'entends la douce langue de mon pays. Au sein d'une ville empestée, un marchand ne me jette plus ma nourriture à travers les barreaux de sa boutique : dans une auberge agréable, de jeunes filles me présentent avec propreté des mets appétissans : les plus riants tableaux ont succédés aux horreurs de l'exil; je suis heureux, mais malgré moi au fond de mon âme, habite encore un reste de terreur.

Cependant la cour prévôtale a disparu; le fatal tombereau n'épouvante plus les rives du Rhône et de la Saône; les La Fayette, les Benjamin Constant, les Manuel, les Camille Jordan brillent à la tribune nationale; le ministère y proclame les intentions les plus rassurantes: que de garanties ! mais il est bien difficile à l'homme qui s'est vu condamner à mort pour être allé dîner chez son oncle, de ne pas se défier pendant long-temps de tout ce qui porte le nom d'autorité.

Cette sentence planait toujours sur ma tête, et la crainte de courir au-devant du coup, me troublait sans cesse. Toute fois, les discours de mes amis, les lettres de ma famille, finirent par me tranquilliser. Un avenir plus doux s'ouvrait devant la France; nous allons être heureux et libres, m'écrivait-on ! je le crus, et de si consolantes pensées m'eurent bientôt rendu la confiance.

J'avais d'ailleurs été accueillis à Chambéry

avec un intérêt digne de la plus vive reconnaissance, par M. Eustache et sa sœur, madame Vaillant, tous les deux proches parens de mon ami Dumas; la police, que j'étais accoutumé à voir sans cesse sur mes traces, ne m'inquiétait pas depuis mon arrivée; je comptais aussi dans ce cas, sur le noble caractère du duc Dalberg, pour me protéger; on voit donc que ma position était plus favorable qu'elle ne l'avait encore été depuis mon exil. Cependant j'attendais avec impatience une réponse à la pétition que j'avais adressée, de Livourne, à la Chambre des Députés, car il n'est doux traitement ni bonne amitié qui puisse consoler des regrets du sol qui nous vit naître. Enfin, le 5 septembre 1819, jour où j'étais allé dîner à une petite distance de la ville, chez un compatriote (je donnerai toujours ce nom aux Savoyards), un de mes cousins, arrivant de Trévoux, vient m'embrasser. Je ne dirai point tout le plaisir que cette vue me causa : quiconque possède un cœur, me devinera.

« Je viens te chercher, me dit-il, pour te ramener à Lyon ; tout y présage que ton jugement sera cassé ; M. Ségaud (*) s'occupe déjà de ton affaire. » J'acceptai facilement cet espoir ; j'avais tant besoin de revoir mon pays ! et sans plus songer si je m'exposais ou non, le 8, nous prîmes la route de France : quelques heures après j'avais revu le sol natal ! je ne saurais rendre l'effet que ce moment produisit en moi. Un enfant égaré qui retrouve sa mère, voilà quel j'étais. Des larmes s'échappent de mes yeux, et je m'écrie en saluant ma patrie : « O France, r'ouvre-moi ton sein ; je te rends un fils que des méchans ont proscrit, mais dont le cœur n'a jamais cessé de te chérir et de faire des vœux pour ton bonheur ! » Je me tais, une triste pensée interrompt soudain l'élan de ma joie, Antoine n'est pas là ! et seul je revois cette terre qu'il a quitté pour me suivre à travers les fatigues et les persécutions. « O mon frère,

---

(*) Une mort prématurée vient d'enlever au barreau de Lyon cet avocat si jeune et déjà si célèbre. La France perd en lui un excellent citoyen, la liberté un éloquent défenseur, et moi un ami généreux. Qu'il me soit permis de déposer ce trop faible hommage sur sa tombe, à peine encore fermée !

que n'es-tu près de moi ! » — « Allons, me dit mon cousin, ne sois plus triste, tout s'arrangera : nous enverrons de l'argent à Antoine, et dans peu il sera parmi nous. » — « Puisses-tu ne me pas flatter d'une trop vaine espérance, » lui répondis-je ; et nous nous embrassâmes avec la plus vive émotion.

Le 9, nous arrivâmes à Lyon. Si je ne craignais de fatiguer le lecteur, que j'aimerais à dire tout ce que j'éprouvai en approchant de ce beau pays ; mais chaque pas m'offrant un sujet de joie et de reconnaissance, je ne pourrais que me répéter longuement ; qu'il me suffise donc d'assurer que j'entrai dans cette ville avec le souvenir de tout ce qu'elle avait fait pour moi.

Me rappelant que prudence est mère de sûreté, je me tins caché chez un ami, pendant que M. Ségaud se préparait à faire purger ma contumace. Malgré cette précaution, j'appris bientôt que la police était instruite de mon arrivée à Lyon, et connaissait parfaitement mon asile : la tranquillité dans laquelle on me laissait cependant, m'inspira la plus grande con=

fiance, et me fit voir que l'espoir de me faire absoudre n'avait rien de téméraire.

Je consacrai ce moment de repos à mon cher Antoine. Depuis mon départ de Jassy, je lui avais écrit plus de trente fois, mais toujours chassé de pays en pays, je n'avais pu nulle part attendre une réponse. L'idée de l'avoir laissé heureux et bien placé, m'avait jusqu'alors tranquillisé; et de retour au sein de ma patrie, je venais d'y trouver une lettre de lui, dans laquelle il demandait ce que j'étais devenu. J'appris bientôt qu'un négociant de Lyon avait reçu de mon frère, pour le transmettre à la famille, l'avis de son prochain embarquement sur le navire sarde *la Constance*, en charge à Contantinople pour Marseille. Ce bâtiment doit arriver le 21, me dit-on, et mon cœur se livre à l'espoir de bientôt embrasser mon compagnon d'infortune. Inutile attente! au jour dit, *la Constance* est arrivée, mais point de frère : cette lettre seule m'en apporte des nouvelles.

Marseille, le 23 septembre 1819.

«Je vous ai écrit que le navire qui devait

amener M. Bacheville était à Marseille, et que je m'informerais si cet officier était à son bord. Le capitaine m'a dit, qu'en effet, M. Bacheville avait arrêté passage avec lui, mais qu'au moment de s'embarquer, effrayé des notes que M. le marquis de Rivière avait fait mettre sur son passe-port, dont le but était d'engager les autorités de Marseille à le faire arrêter et conduire de brigade en brigade, il avait pris le parti de voyager en Égypte, en attendant une époque plus favorable pour rentrer en France.

» *Signé* N.......»

« Eh! qu'importent les notes de M. Rivière, m'écriai-je? il fallait revenir! Antoine n'a plus rien à craindre, le Gouvernement a retiré la main qui dicta sa sentence. »

Ce départ fut pour moi un coup de foudre; apprendre qu'il s'est éloigné encore davantage, au moment où je comptais le presser dans mes bras: il y a la quelque chose de plus cruel cent fois que tout ce que j'éprouvai jamais.

Il faut bien souffrir ce qu'on ne peut empêcher; j'avais d'ailleurs l'habitude du malheur, et je me soumis à ce nouveau coup du sort qui retardait notre réunion. Mais que j'étais loin de prévoir alors le malheur qui m'attendait! mon frère n'est plus.... la peste l'a moissonné sur les sables de l'Asie!

Ma retraite m'ennuya bientôt. J'avais un trop vif désir d'embrasser ma famille pour y résister long-temps, et une lettre de ce même cousin qui était venu me chercher à Chambéry, me décida à partir pour Trévoux. Il m'écrivait que le procureur du Roi lui avait affirmé qu'il m'y laisserait en repos, sans me donner d'autre prison que la ville, jusqu'au moment où la Cour reprendrait ses assises. Sur la foi d'une telle promesse, je partis donc par la diligence d'eau, sans autre précaution que celle de débarquer à un quart de lieu de la ville, dans un endroit nommé la maison Bernalin, où deux camarades m'attendaient. De là, nous allâmes chez un ami, où s'étaient réunies une quinzaine de personnes pour fêter mon retour et m'offrir leurs services pour terminer heureusement mon affaire.

J'avoue que si j'étais touché et peu surpris de l'intérêt que me témoignaient mes concitoyens, j'étais très-étonné du changement de l'autorité à mon égard. C'étaient toujours les mêmes hommes, et moi j'étais toujours le même. Comment se faisait-il donc que tout-à-coup j'eusse cessé de leur paraître dangereux? comment leur semblais-je, aujourd'hui, digne d'égards et de bienveillance? La mairie était encore confiée à ce même M. Raffin qui avait refusé à nos parens un certificat de notre moralité, qui, certes, dans tous les temps, a bien valu la sienne, et sans lui faire injure. J'étais au milieu de cette ville que l'on avait cru intéressée à me voir livrer à la Cour prévôtale, et l'on ne songeait plus à épier ni à faire suivre ceux qui avaient, ou qui étaient supposés avoir des relations avec moi, comme on l'avait fait pour mon cousin Capitan, lorsqu'il alla chercher, chez notre oncle, nos brevets et nos états de services, pour nous faire reconnaître à l'étranger. Je le répète, comment *cette révolution* s'était-elle opérée? C'est qu'en ce moment le gouvernement essayait de venir à un système national, et que loin de poursuivre les vrais serviteurs de la patrie, il était obligé de les appeler pour s'appuyer sur eux. Que n'a-t-il suivi constamment cette marche, si favorable à sa sûreté et à notre bonheur !

Mais revenons à notre récit.

Le lendemain de mon arrivée le procureur du roi me fait appeler, et me déclare qu'il a reçu un ordre de m'arrêter; mais il me parle avec une politesse qui semblait expier la rigueur inouie de 1816. Il me conduisit ensuite à la prison où il me fait écrouer, mais sans m'ôter ma liberté, et bientôt il me fait mener, ou plutôt accompagner à Lyon par deux gendarmes, habillés en bourgeois : attention bien étrange envers un homme qu'on avait tout récemment traité comme un malfaiteur, mais qui s'explique, comme je l'ai dit, par ce qui régnait alors entre le ministère et le côté gauche et le rejet de la proposition de M. Barthélemy. Du reste, à la manière dont on agissait avec moi, je compris alors que je ne pouvais plus douter de l'issue de mon procès.

Rendu à Lyon, je ne me présentai pas le soir même à l'autorité; mais le lendemain, j'étais à Roanne, prison horrible dont M. de Corcelles vient de tracer la mortelle insalubrité, sans pourtant rien obtenir de ce qu'il sollicitait au nom de l'humanité, car un coupable n'a pas cessé d'être homme, et un prévenu est toujours réputé innocent.

Si le plaisir d'être plaint et aimé pouvait faire oublier qu'on est sous les verroux, jamais personne n'aurait eu moins que moi à souffrir de sa captivité. Ma prison ne désemplissait pas d'amis généreux qui venaient partager avec moi ce que leur office et leur cave avaient de meilleur; rien en un mot, de ce qui peut charmer la solitude, ne me manquait; la tendre amitié des Lyonnais savait tout prodiguer, et je n'avais de souhaits à former que pour ma liberté. Le geolier lui-même fut plein d'égards pour moi; il me força d'accepter sa chambre. Enfin, mes bons compatriotes ne sachant plus comment me prouver l'intérêt qu'ils prenaient à mes malheurs, ouvrirent une souscription, que j'acceptai avec d'autant plus de plaisir, que cette offrande généreuse favorisait ma plus chère envie : je destinais cet argent au retour de mon frère.

Après 40 jours de détention, ma cause fut appelée à huis-clos, devant la chambre d'instruction. C'est ici que brille une preuve bien éclatante de l'injustice et de l'aveuglement des factions.

Sur les mêmes faits, sur les mêmes déclarations, sans qu'un défenseur prononçât un seul mot pour ma justification, la Cour royale, après une instruction sévère, mais impartiale, déclare qu'il n'y avait pas *même lieu à accusation* contre moi, dont la cour prévôtale avait prononcé la sentence de mort ! Et la raison en est toute simple : mes nouveaux juges avaient, de bonne foi, cherché la vérité ; et quand un témoin ne m'accusait pas, le cachot ne s'ouvrait plus pour lui.

Le jour où ma cause triompha, où je fus rendu à la liberté, fut un jour de réjouissance, j'oserai dire, publique. La sensation fut générale ; c'était à qui me fêterait, me complimenterait, et ma joie égalait seule celle des bons Lyonnais.

Enfin, je ne suis plus sous le poids d'une sentence de mort; je reprends mes droits de citoyen français, et je me flatte de bientôt recevoir, comme mes anciens frères d'armes, la demi-solde ou plutôt la retraite à laquelle de longs services me donnaient des droits incontestables, et qui désormais était mon unique fortune, mes lointains voyages ayant épuisé mes autres ressources. On verra plus tard combien il m'a fallu de démarches pour obtenir cette justice si simple, et qu'on n'avait aucune raison de me refuser.

Je ne suis donc plus obligé à me cacher! Je puis donc en liberté remercier mes bienfaiteurs de toute leur sollicitude; je vais revoir les lieux qui m'ont vu naître, sans que la mort plane sur ma tête!

Plein de cette idée, j'allais me mettre en route pour Trévoux Une voiture s'arrête à ma porte, deux de mes amis en descendent et m'annoncent qu'ils viennent me chercher au nom de ma famille. Nous partons aussitôt. Une demie-heure avant d'arriver je trouvai sur le chemin plusieurs personnes venues à ma rencontre, et c'est au milieu d'elles que j'entrai dans Trévoux. Je veux aussitôt courir embrasser mon oncle; mes amis me retiennent ; j'insiste : enfin ils m'entraînent en me disant qu'ils vont me faire voir toute ma famille réunie; je les suis sans me douter de rien, et bientôt je me trouve dans une salle immense, appelée Vauxhall : deux cents couverts y sont préparés; on me guide à la place d'honneur, et la table se garnit de joyeux convives. Le repas fut digne du bon cœur de ceux qui me l'offraient Je ne dirai point toutes les saillies que la gaîté y inspira, mais je ne puis taire ces quatre vers d'une chanson patriotique composée pour mon retour :

> Lorsque la France, notre mère,
> Pleurait l'absence de ses lois,
> Tu résistas à l'arbitraire :
> C'est le plus beau de tes exploits.

Ils excitèrent une espèce de transport : tout le monde se leva pour les mieux applaudir. Des chansons, on passa aux toasts; le pauvre Antoine n'y fut point oublié, et le bonheur de la patrie eut bientôt son tour. Un bal suivit le repas; troits cents personnes s'y livrèrent jusqu'au matin à la joie la plus vive. Enfin la fête dura trois jours: et les personnes que leur âge ou leurs affaires avaient empêchées d'y prendre part, m'invitèrent ensuite au sein de leur famille.

Accueil généreux! que tu fus délicieux pour moi! Si j'avais horriblement souffert, que de consolations tu versa dans mon cœur! Mais le bonheur passe vite; le malheur seul est long et réel; et ces jours d'allégresses firent place à des jours moins brillans.

Depuis l'arrêt qui cassa mon jugement, je vivais à Trévoux, aimé, chéri, exempt de toute vexation, mais je ne touchais point de demi-solde, et ma fortune épuisée me força bientôt de réclamer ce patrimoine de mes services. J'écrivis à M. de Corcelles; je lui rappelai mes malheurs; je lui peignis ma situation: il en fut touché; et la France apprit de sa bouche à quelles injustices nous avions été en butte, mon frère et moi. Un vain éclat fut tout le fruit de ma démarche. On n'obtint rien du ministère.

C'est alors que je me décidai à venir à Paris, où j'arrivai vers la fin de décembre 1819, plein d'espoir et de confiance. Mon premier soin fut d'adresser une pétition à la Chambre, pour qu'elle fît demander à tous les consuls de France dans le Levant, des renseignemens sur mon frère; je sollicitai en même temps de M. de Serre un sauf-conduit pour lui. Une année se passa en vaines démarches, et le 16 décembre 1820, je reçus cette lettre désespérante.

Constantinople, le 10 novembre 1820.

«Vous aurez appris, par notre dernière, que nous nous étions empressés d'écrire à tous les consuls de France en Égypte, en Syrie et en Arabie, pour avoir des nouvelles de votre frère. Enfin nous venons de recevoir la réponse de M. Vigouroux, consul à Bagdad. Il nous apprend la mort de M. Bacheville, qui a succombé aux fatigues du désert. C'est avec un bien vif regret que nous vous donnons cette nouvelle, qui réalise malheureusement notre prédiction, quand nous vîmes partir ce brave officier pour la cour du fils du Schah de Perse.

» M. Bacheville était fait pour inspirer le plus vif intérêt. Ses infortunes, son courage, sa moralité, l'attachement qu'il montrait dans tous ses discours, pour votre père et pour vous, son frère chéri, tout enfin le faisait estimer. Nous nous faisions une joie de lui procurer les moyens de rentrer en France : le ciel en a décidé autrement : il ne nous reste plus qu'à mêler nos regrets aux vôtres, etc. »

Qu'on juge, s'il est possible ce que j'ai dû éprouver à cette lecture, si j'essayais de le peindre, je ne pourrais conserver la force d'achever ma narration, et il faut que je revienne un instant sur mes pas, pour montrer que l'esprit de haine qui s'était attaché à moi saisissait toutes les occasions de me perdre. Le 4 août 1820, j'étais parti pour Lyon, dans l'intention d'y régler quelques affaires, et d'y trouver un débouché pour mon *eau des Odalisques*. A mon arrivée, je fus rendre visite à M. de Permont, commissaire-général de police, pour le remercier des bontés qu'il avait eues pour moi. C'était mal débuter, si je voulais me mêler de quelque intrigue politique; n'importe! une demi-heure après, je fus prévenu que j'allais être arrêté. Je m'étais trop bien trouvé de ma *méthode évasive*, pour y renoncer. Je commençai donc par me cacher à Lyon, et, plus tard, je me rapprochai de la Savoie.

Ce fut à Sessieux, près la tour Dupin, et tout près des propriétés du brave colonel Duchamp, qu'un ami m'offrit un asile où j'attendis que les soupçons injustes qui planaient sur moi fussent dissipés. On m'accusait d'avoir pris part à la conspiration du 19 août, où se trouvaient impliqués des militaires d'une haute distinction ; mais l'autorité reconnut son erreur, et je revins à Paris.

Je n'avais encore reçu aucune réponse favorable du ministère de la guerre. On mettait à me faire justice, une lenteur qui semblait désavouer l'arrêt qui me rendait mes droits à la retraite; l'acte arbitraire de M. le duc de Feltre étant toujours maintenu. Pénétré cependant de la bonté de ma cause, je ne me rebutai point. Visites, démarches, pétitions, tout fut mis en œuvre; et l'importunité me fit obtenir enfin ce qu'un reste d'esprit de parti me refusait encore. Quatre ans plutôt, on avait bien vite trouvé cent louis à offrir au misérable qui nous livrerait, et deux ans de sollicitations ont à peine suffi pour me faire rendre un modique traitement si bien dû à mes services, à mes blessures.

Enfin, dans les derniers mois de 1821, mon nom est replacé dans la liste du payeur, et l'on me tient compte de mes arriérés ; mais je n'en étais pas moins resté deux années, depuis mon retour, sans toucher un sol. Heureusement pour moi, ma sœur habite Paris, et j'ai trouvé chez elle secours et amitié. Il faut dire aussi que les Parisiens m'ont offert leurs bienfaits.

Un avocat, dont je tais le nom, à sa prière, écrivit à M. Corcelles la lettre suivante.

A M. Corcelles, député du département du Rhône.

Monsieur,

Touché des malheurs des frères Bacheville, retracés par vous d'une manière si touchante à la tribune, on voudrait ouvrir une souscription en leur faveur, par la voie du *Constitutionnel*.

Monsieur le Député, si vous approuvez ce projet, veuillez m'autoriser à adresser au journal précité la lettre suivante.

J'ai l'honneur d'être, avec la haute considération que mérite votre caractère, Monsieur le Député, etc.

V...

A M. le Rédacteur du Constitutionnel.

Monsieur le Rédacteur,

Veuillez informer les bons Français, par la voie de votre journal, qu'on vient d'ouvrir une souscription chez moi, et sous les auspices de M. de Corcelles, par qui les registres seront vérifiés et paraphés deux fois par semaine, en faveur des malheureux frères Bacheville, ex-capitaines de la Garde.

Je vous écris avec la ferme assurance que les vrais amis du courage et du malheur répondront à cet appel, qui, du reste, est provoqué par tous les vœux.

J'ai l'honneur d'être, Monsieur, etc.

V...

Mais je crus devoir refuser cette offre généreuse, et je remerciai mes amis, en leur disant que puisque toute ma vie avait été consacrée à la défense de l'État, c'était à lui désormais de me nourrir.

Je vis maintenant pauvre, mais tranquille, et les maux que j'ai soufferts seraient déjà sortis de ma mémoire, si mes infirmités n'avaient à jamais rendu pour moi leur image vivante, et si la perte d'un frère chéri était une plaie qui pût jamais se guérir.

CONCLUSION.

Voilà quelles furent mes infortunes ! Après de telles persécutions, si je venais dire que je ne conserve aucun ressentiment, on ne me croirait pas sans doute. Le mal qu'on m'a fait, je pourrais l'oublier ; mais les vexations qui ont tué mon cher Antoine, je ne les pardonnerai jamais.

Le récit que je viens de tracer de tout ce que j'ai souffert, me conduit à faire une remarque qui ne m'avait jamais frappé. C'est qu'il se mêle à ma destinée quelque chose d'incompréhensible, de merveilleux. Personne, j'en suis sûr, n'a échappé à autant de périls inévitables que moi; et si je vis encore, c'est un miracle (*) que je ne puis expliquer que par la fatalité.

(*) Miracle est bien le mot, car plusieurs personnes ont paru douter que, dans le tableau que j'ai tracé de ce qui m'est arrivé d'extraordinaire, j'ai dû m'abstenir d'une exagération

Militaire pendant dix-neuf ans, j'ai assisté à plus de vingt batailles et près de cent combats; j'ai survécu à de mortelles blessures; une balle m'a frappé à la tête, de manière à en tuer mille autres (*).

En Italie, un prêtre veut m'assassiner: c'est lui qui tombe victime (**).

Un chien enragé me mord, trois personnes meurent de ses blessures, je guéris seul avec un de mes camarades (***).

assez naturelle au reste, quand on parle de dangers auxquels on a échappé. Je ne ferai à ces incrédules qu'une réponse dans cette deuxième édition; j'indiquerai à l'appui de chaque fait des témoignages qu'il sera facile d'invoquer. C'est, je crois, la seule conduite qui convienne à un homme qui se respecte, et dont les paroles n'ont pas trouvé autant de foi qu'il était en droit d'en espérer.

(*) A Château-Thierry, en 1814, je suis tombé en présence du 2ᵉ régiment de grenadiers et du général Petit.

(**) Sept de mes camarades qui venaient avec moi dans la Garde, et dont plusieurs sont encore vivans, peuvent attester cette aventure.

(***) Au lieu d'une, j'ai été mordu deux fois, l'une à Trévoux, par le chien de M. Gravillon, l'autre à Vérone; et Baritel, grenadier au 101ᵉ régiment, a été atteint à côté de moi.

En Russie, j'ai les pieds et le nez gelés; je résiste pourtant à l'hiver cruel qui moissonne les braves par milliers. (*).

Un hangard où je m'étais endormi s'embrâse : la flamme gagnait déjà mes pieds trop engourdis pour la sentir ; cinquante malheureux y périssent, moi je trouve un sauveur qui arrive encore assez à temps pour me traîner par la tête hors de l'incendie (**).

Je vois mon bienfaiteur descendre du trône; je le suis à l'île d'Elbe, et bientôt une affreuse tempête menace de m'engloutir (***).

Du haut d'un mât, je tombe à la mer et malgré la fureur des vagues je parviens à gagner le rivage (****).

(*) Les certificats de M. Larey, chirurgien en chef, ont prouvé ce que j'avance.

(**) C'était dans la retraite, la veille de mon arrivée à Wilna ; mon témoin c'est mon régiment.

(***) En revenant de Gènes, où l'empereur m'avait envoyé remplir une mission, sur le brik l'*Inconstant*, capitaine Taillade.

(****) A l'expédition de l'île de Caprée où nombre de barques ont péri; la conduite que j'y ai tenue m'a valu l'honneur d'être choisi pour entrer dans la Garde.

Je reviens en France, mais pour survivre au carnage de Vaterloo (*).

Rentré dans mes foyers, on veut m'arrêter; les gendarmes tirent à dix pas sur moi : ils me manquent; on met ma tête à prix, on me condamne à mort; je me sauve : quatre scélérats sont envoyés à ma poursuite; je les évite (**).

En Suisse, je roule au fond d'un précipice; j'en suis quitte pour quelques contusions. (***).

A Constantinople, j'échappe à M. le marquis de Rivière; à Smyrne, aux ravages de la peste (****).

A Janina, j'ose témoigner au farouche Ali

(*) Ici je n'ai pas besoin de preuves : la France en larmes n'a point encore oublié ce jour malheureux.

(**) Les pièces de mon procès sont là pour répondre.

(***) La famille du respectable ministre Thuillard sait si je dis la vérité.

(****) La conduite de M. de Rivière à l'égard de mon frère prouve que je ne me félicite pas mal-à-propos de n'être point tombé dans ses mains, quant à la peste on peut y aller voir si l'on veut.

l'horreur que m'inspire sa cruauté; il ne me fait pas mourir (*).

Enfin, pour mettre le comble à l'extraordinaire, le tonnerre a frappé mon bonnet à poil et m'a renversé, sans me faire aucun mal (**).

Après cela, qu'on dise que nos jours ne sont pas comptés !

(*) Il me semble qu'il suffit de mon existence pour prouver ce que je dis là; j'offre à ceux qui veulent davantage la possibilité d'écrire au consul anglais à Prévéza.

(**) En entrant en Russie, en 1812, entre Kowno et Wilna, la foudre a tué deux grenadiers et blessé deux autres; pour moi, j'ai roulé au fond d'un fossé : toute la Garde a vu ce terrible accident.

APPENDICE

SUR

ANTOINE BACHEVILLE.

Quelques lettres écrites par mon frère à nos parens ou nos amis; des renseignemens, exacts sans doute, mais peu détaillés sur le dernier et lointain voyage où il trouva la mort; son portrait et son souvenir, voilà tout ce qui me reste de celui qui s'exila pour ne point se séparer de mon malheur!

J'ai recueilli avec soin ce précieux héritage : on aurait vu le portrait à la tête de ce livre, si par une mesure que je ne puis expliquer que par l'envie de faire une vexation gratuite, la police ne m'eut empêché de le publier : mais du moins je dirai ce que j'ai appris de mon cher Antoine, depuis son départ de Jassy, jusqu'à son arrivée à Mascat. Certes, la tâche que je m'impose est bien douloureuse à remplir; mais elle ne sera pourtant pas sans charmes, car la tristesse a aussi les siens. J'espère que les nombreux amis de mon frère joindront leurs larmes aux miennes en lisant ce triste récit; je me flatte encore que ceux-là même qui ne nous connaissent ni l'un, ni l'autre, n'apprendront pas sans émotion, la fin déplorable d'un héros de l'amitié, d'un excellent citoyen dont une rigueur diplomatique, au moins bien cruelle, a privé la patrie. Enfin, la douleur s'allège de l'espérance d'être partagée, et déjà je me sens la force d'écrire sans trop d'amertume, des événemens dont la nouvelle a brisé mon cœur.

J'avais mandé à mon frère mon arrivée à Constantinople et l'accueil qu'on m'y destinait si j'étais pris ; de Smyrne je lui avais écrit la présence de la peste, et l'absence de la flotte américaine qu'on nous avait annoncée ; enfin, de Naxos, d'Athènes, de Perlépé, de Janina, je lui avais adressé des lettres par toutes les occasions, mais les deux premières seulement lui étaient parvenues, de façon qu'à dater de Smyrne, il avait tout-à-fait perdu mes traces.

Il faudrait connaître tout l'attachement qu'il avait pour moi, il faudrait savoir combien, prodigue de sa vie, il était jaloux d'épargner les moindres périls à ceux qu'il aimait, pour comprendre le regret qu'il éprouvait de m'avoir conseillé ce funeste voyage de Constantinople; il se reprochait d'avoir provoqué notre séparation, comme un autre se serait reproché un meurtre. Mais mon frère n'était pas homme à se borner à verser des larmes.

« Allons, se dit-il, rentrons en France essayons sur moi la violence des coups que Barthélemy doit craindre. On m'acquittera peut-être? alors je toucherai mes arriérés, je vendrai tout ce que je possède, ma bonne sœur fera un dernier sacrifice, et muni d'une somme assez ronde et de passe-ports qu'on ne pourra plus me refuser, j'irai à la recherche de mon frère. »

Antoine écrit aussitôt à l'ambassadeur de France à Constantinople, pour avoir un passe-port, à l'effet d'aller purger sa contumace, et déjà il fait ses préparatifs de départ. Mais une, mais deux, mais dix lettres restent sans réponse. Mon frère ne consulte plus alors que son impatience, il part pour Constantinople, laissant à tous ceux qui l'avaient connu à Jassy et dans les environs, un souvenir que le temps n'a sans doute point effacé.

Pour aimer ce brave Antoine, il était nécessaire de le connaître; car, je l'ai dit, il avait l'abord froid et son cœur ne se livrait pas facilement, mais quand une fois on avait pu l'apprécier, on était forcé de l'estimer et de le chérir. J'ai dans les mains vingt preuves écrites de l'impression honorable qu'il a faite sur tous ceux qui ont eu des relations avec lui en Moldavie, et cela dans un moment où il avait eu besoin de leurs services. Savoir ne pas gâter son malheur n'est pas d'une âme ordinaire!

Sur la route de Bucharest à Constantinople, mon frère rencontre des équipages qui lui semblent appartenir à un français; il demande qui ce peut être, on lui répond que c'est M. le marquis de Rivière, ambassadeur.... Antoine ne laisse pas le temps d'achever, il s'élance à la portière, et dit à M. de Rivière : « Je suis Bacheville qui vous ai si souvent et si inutilement demandé un passe-port auquel j'ai droit, puisque la loi m'ordonne d'aller purger ma coutumace. » M. le marquis justifia ce retard en alléguant le nombre et l'importance des affaires de sa charge (Je ne croyais pas qu'il fallût se donner tant de peine pour nous faire jouer le rôle que nous jouons en Orient), et promit d'écrire le soir même au chargé d'affaires, pour lui prescrire de délivrer un passe-port à mon frère. Il ajouta: allez en toute sûreté, Monsieur, vous ne ferez pas un voyage inutile. Et sur la foi d'une promesse si formelle, Antoine reprit, plein d'espérance, la route de Constantinople.

A peine arrivé à Péra, mon frère se fait conduire à l'hôtel de la légation et demande à M. le chargé d'affaires, le passe-port que lui avait accordé l'ambassadeur. Je laisse à juger quels furent l'étonnement et la douleur du pauvre Antoine quand, au lieu de la recommandation dont il se croyait sûr, on lui montra un ordre récent de M. le marquis de Rivière, qui défendait de lui délivrer aucun passe-port.

Les amis que nous avions à Constantinople, indignés de la conduite qu'on tenait à l'égard de mon frère, se réunirent à plusieurs négocians français, et firent tant qu'ils finirent par obtenir de M. Viala, un passe-port pour Antoine. Mais quel passe-port! il rapportait le jugement de mon frère et contenait une invitation aux autorités de Marseille de le faire conduire à Lyon de brigade en brigade. Toutes les représentations furent vaines pour faire supprimer les notes fatales.

Il était pourtant bien naturel de penser que si M. Bacheville eût voulu se soustraire à la justice, il ne serait pas rentré en France où tôt ou tard, il ne pouvait lui échapper, tandis qu'à l'étranger, il était le maître de porter ses pas du côté où il lui plairait. On convenait de la justesse de l'observation, mais on persistait à laisser sur le passe-port l'annotation qui le rendait si dangereux pour mon frère; ou, plutôt, qui le rendait nul, car s'il voulait aller en prison, il n'avait pas besoin de l'ambassadeur, il lui suffisait d'arriver à Marseille et de se nommer.

Antoine prit ce contre-temps pour une espèce d'avertissement du ciel qui lui défendait de revenir dans sa patrie, tandis que je ne pouvais y rentrer moi-même. Nos amis dont le zèle s'était augmenté, s'il était possible, de toute la chaleur de leur indignation, lui offrirent de le faire embarquer comme subrécargue sur un bâtiment et de lui faciliter ainsi les moyens de pénétrer en France en dépit de la police et de la diplomatie. Ce fut en vain. «Mon frère est toujours errant et malheureux, mon sort ne peut être différent du sien; je ne sais encore où j'irai, mais n'importe, je voyagerai, je le chercherai; je ne veux pas revoir le sol natal avant lui.» Ainsi parlait Antoine, et ses résolutions une fois prises, il ne les changeait plus. Tous les efforts de nos amis furent donc inutiles pour lui faire accepter leurs offres généreuses.

Précisément alors un jeune suisse, arrivant d'Odessa, venait d'arriver à Constantinople, dans l'intention de visiter l'Égypte et la Syrie. Mon frère fit connaissance avec lui, et résolut de l'accompagner, dans l'espoir que j'aurais pu moi-même me diriger vers ces lieux naguère illustrés par nos armes, et où commande aujourd'hui un prince qui rend aux Français la plus éclatante justice. Il écrivit donc une courte lettre à notre sœur, pour l'instruire de son dessein, et bientôt il mit à la voile pour Alexandrette, d'où il devait se rendre ensuite à Alep.

Ce brusque départ fut d'autant plus malheureux, qu'il eut lieu lorsque déjà je touchais aux frontières de France, et au moment où je venais d'obtenir de M. le baron de Staël, (le fils de l'immortelle Corinne), une lettre de recommandation pour le ministère de Suède, près de la Porte Ottomane, lettre au moyen de laquelle mon frère eût eu tous les passeports dont il pouvait avoir besoin. D'ailleurs, il allait apprendre où j'étais, il allait savoir où me rejoindre; ma dépêche n'est arrivée trop tard que de bien peu de jours! mais le ciel a voulu qu'une douleur éternelle s'attachât à mon exil; je devais revoir ma patrie, mais seul; je devais être acquitté et vivre au milieu de mes amis, mais sans mon frère. Il fallait une victime au sort, il a choisi la plus pure, la plus digne d'être offerte en hécatombe... Mon frère! pourquoi ne suis-je pas mort à ta place! pourquoi n'es-tu pas ici à la mienne!..... Mais si nos vœux pouvaient fléchir les Parques, nous aurions trop de morts à réclamer. Reprenons notre triste récit.

Nos deux voyageurs avaient déjà parcouru une partie de l'Égypte, demandant partout en vain de mes nouvelles, lorsqu'ils arrivèrent à Tripoli. Là, mon frère fit la connaissance de deux officiers français, MM. Aubrelique et Deveaux, et d'un italien nommé Pietra Gona, qui se rendaient en Perse pour y prendre du service auprès de l'un des fils du Schah. Ces messieurs disaient être assurés qu'il y avait déjà dans ce pays plusieurs de nos compatriotes qui étaient bien traités. Antoine leur demanda s'ils connaissaient quelques uns de ces Français; sur leur réponse négative, il s'imagina que je pouvais avoir exécuté le projet que nous avions long-temps nourri, de nous rendre dans ces contrées, où nous pourrions faire des ennemis habiles aux Anglais et aux Russes; et, suivant toujours le dessein qu'il avait formé de me rejoindre en quelque lieu que j'eusse porté mes pas, Antoine offrit à MM. Aubrelique et Deveaux de se réunir à eux. Sa proposition fut acceptée avec joie. Le jeune suisse fit de vains efforts pour détourner mon frère de ce lointain et périlleux voyage; il ne put l'ébranler, et le quitta emportant ses adieux et une lettre pour nos amis de Constantinople et de France.

Ce fut au moment même où j'étais acquitté et rendu à mes droits de citoyen et à la liberté, que le brave Antoine partait pour aller me chercher sur les bords du Tygre! J'avais demandé, pour mon frère, un sauf-conduit au Garde-des-Sceaux; il me l'avait refusé, mais j'avais obtenu qu'on écrirait à tous les consuls français dans le Levant, pour donner à M. Bacheville l'avis de rentrer en France, où mon premier jugement avait été solennellement infirmé. Déjà les lettres étaient parties; et si Antoine eût été retardé à Alep, par quelques circonstances, comme il en arrive si souvent en voyage, il était sauvé! N'y a-t-il pas quelque chose de désespérant de le voir échapper ainsi de jour en jour à mes avis, pour courrir à la mort?....

La caravane à laquelle mon frère et ses camarades s'étaient joints, faisait, pour se rendre en Perse, le tour de la Mésopotamie. Je ne sais que peu de choses intéressantes sur cette longue et pénibles course; je dirai donc seulement la triste aventure qui arriva à Antoine aux environs de Merdin.

La caravane, conduite par plusieurs chef, se sépara aux approches de cette ville, sans que personne en eût été prévenu. Aubrelique et Deveaux allèrent d'un côté, et pour ne pas se séparer de leurs porte-manteaux, mon frère et l'Italien Pietra Gona suivirent l'autre partie de la caravane. Ils ne tardèrent pas à être attaqués par l'une de ces tribus errantes dont la Perse est infestée. On leur prit tout ce qu'ils possédaient, ce ne fut même que par grâce singulière qu'on leur laissa la vie. Mais, à quelque distance de là, les voleur se ravisant, pensèrent qu'il était plus prudent de les tuer, et envoyèrent quelques-uns des leurs à la poursuite des débris de la caravane.

Il n'y avait plus guère que trois lieues pour arriver Merdin. Là commence une chaîne de rochers à travers lesquels il est impossible d'aller à cheval; les brigrands avaient donc mis pied à terre; et ce fut ce qui sauva mon frère et son infortuné camarade; car jamais les voleurs, quelques détours qu'ils prissent, ne purent regagner l'avance que nos voyageurs avaient sur eux.

Mais qu'on juge de ce que dût souffrir le pauvre Antoine : il n'avait pour tout vêtement que sa chemise; et courait pieds nus sur les rochers qu'il ensanglantait à chaque instant. Une pluie froide (on était au mois de décembre), et les coups de fusils des voleurs, l'accompagnèrent ainsi jusqu'aux portes de Merdin, où il entra dans le costume d'un matelot qu'on vient de retirer de la mer. Son camarade n'était pas en meilleur état; et tous deux se rendirent chez l'évêque de la Propagande, où se trouvaient déjà Aubrelique et Deveaux, arrivés sans accident par un chemin plus long, mais plus facile.

L'évêque, touché de la triste position de mon frère, en instruisit le gouverneur, qui envoya aussitôt deux de ses officiers vers le le chef des voleurs, pour l'avertir que si le lendemain tout ce qui avait été pris aux officiers qui se rendaient auprès du prince, n'était pas rapporté à Merdin, il en tirerait une vengeance si terrible, que dans mille ans on en garderait encore le souvenir. Cette menace produisit un effet salutaire; et le lendemain tout ce que mon frère et Pietra Gona avaient perdu, leur fut restitué. Ce qu'on ne leur rendit pas aussi facilement, ce fut leur santé, que la fatigue et la douleur avaient altérérée. Mais enfin, c'était toujours beaucoup que d'avoir obtenu l'espèce de justice qu'on leur avait rendue. Et, après quelques jours d'un repos bien nécessaire, nos quatre voyageurs ayant remercié sincèrement l'évêque et le gouverneur, se mirent en route pour Bagdad.

Lorsque mon frère arriva à Bagdad avec ses camarades, sa bourse, qu'il leur avait ouverte tout le long du chemin, était tellement épuisée, qu'il n'y restait pas une seule petite pièce pour payer le commissionnaire qui devait transporter leurs effets chez le consul. Nos quatre voyageurs s'entre-regardaient pour chercher un remède à cet étrange embarras, lorsqu'un homme les aborde et leur remet un paquet à leur adresse. Grand étonnement d'abord; enfin on brise le cachet, et la surprise redouble. C'était une lettre de crédit de deux mille francs sur un négociant de Bagdad.

Le Français qui avait eu cette attention généreuse, était M. Barachin, ancien chirurgien-aide-major de la Garde, et depuis deux ans instructeur des troupes disciplinées à l'européenne du fils aîné de Mahamed-Ali-Mirza. Cet excellent camarade accompagnait son offre si obligeante de conseils qui ne pouvait manquer d'être utiles à des personne à qui tout était inconu dans le pays où elles arrivaient, hommes, mœurs et choses.

Par exemple, M. Barachin conseillait à mon frère et à ses amis, de faire depuis Bagdad leurs offres de services au prince Mohamet-Ali-Mirza. «De cette ville leur manda-t-il, vous pouvez également vous rendre à Kermanchah, où nous sommes, et à Tauris où réside le prince Abbas-Mirza; et la crainte que vous ne passiez à son frère, déterminera le prince Ali à vous retenir, n'en eût-il aucune envie.» M. Barachin finissait par prier ses camarades de lui adresser leur réponse par un exprès, et leur promettait de prendre auprès d'Ali-Mirza, qui l'honorait de toute sa faveur, leurs intérêts en main comme les siens propres.

Quelques jours encore, et un sort plus prospère allait s'ouvrir devant de malheureux proscrits. Un prince jeune, brave, et ami des Français allait offrir à leur courage un aliment qu'il réclamait depuis long-temps.

« La fortune se fatigue donc de nous persécuter, disait Antoine? Je vais trouver enfin une existance honorable; et je commence à me tranquilliser sur mon frère. Puisqu'il n'est ni en Perse, ni en Égypte, sans doute il est rentré en France; et d'après ce que me dit notre consul, il aura trouvé un accueil favorable. Et moi aussi, belle France, ô ma patrie! je te reverrai. Avant un an, je t'aurai rapporté le fruit de mon expérience et de mes courses lointaines; et, réuni à mon frère, je mourrai avec lui, s'il le faut pour la sainte défense de tes droits. »

Vœux superflus! les dieux nous sont devenus sourds, mon cher Antoine; tu ne reverras pas le sol natal; et les embrassemens de ton frère t'appelleront en vain! Le seul bonheur qui te soit permis encore, c'est une courte espérance, que la réalité va détruire sans retour. Quand le destin nous poursuit, il ne s'arrête que sur notre tombe!

En effet, à peine arrivé chez le prince, mon frère éprouva une humiliation cruelle. On accepta avec plaisir les services de ses trois camarades, et l'on refusa les siens. Ce ne fut qu'avec une peine infinie et des démarches réitérées, que M. Barachin obtint enfin une place pour Antoine. Ce fut la dernière; on le mit même au dessous de l'italien Pietra Gona, et le prince ne l'eut même gardé à aucun titre, si on ne lui eût assuré que c'était Antoine qui avait monté, en France, la dernière garde auprès de l'empereur Napoléon.

Mon frère avait été deux ans soldat dans la Garde, c'est là qu'il avait mérité son brevet d'officier, il n'est donc pas besoin de dire que personne ne pouvait mieux connaître l'exercice et tous les détails du service, ensuite il avait servi comme sous-lieutenant, lieutenant et capitaine au 122ᵐᵉ de ligne dans la division Bonnet, aussi réputé par son instruction que par sa bravoure enfin il avait commandé une compagnie de la Garde, ce qui lui donnait le rang de chef de bataillon, et garantissait sa capacité militaire. Car, si Napoléon ne plaçait pas toujours dans les rangs de sa Garde les hommes les plus instruits, les plus habiles, il n'y admettait jamais que ceux qui avaient une connaissance parfaite de leur métier. La position de mon frère à l'égard de ses camarades, était loin de lui assigner un rang inférieur, et pourtant, il fallut leurs sollicitations réunies, pour obtenir qu'il fût seulement admis au service de Perse.

Un mot pour expliquer cet événement. J'ai dit qu'Antoine était loin d'avoir des dehors qui prévinssent en sa faveur; ajoutez à cela, l'état dans lequel l'avait mis la fatigue du désert, la difficulté avec laquelle il se servait de sa main droite, et sa parole un peu hautaine, et vous comprendrez la répugnance du persan. Pouvait-il croire, en effet, que dans l'état où il se trouvait, mon frère était capable

de lui rendre de grands services, capable de
discipliner ses troupes et de les conduire à la
victoire? s'il l'eût pensé, il n'eût point mis la
force du poignet au-dessus de la force de l'âme,
il n'eût point estimé la valeur matérielle que
donne un corps vigoureux, plus que le courage froid et calculateur qui vient du cœur et
de la tête; enfin, il n'eût point été un persan,
qui eut quelques qualités sans doute, mais qui
a vécu et qui est mort avec tous les préjugés
de sa nation.

Sur ces entrefaites, le prince fit un voyage
dans l'Arabestan; mon frère l'y accompagna;
l'armée, je me trompe, la troupe, un amas
d'hommes ignorans ne mérite pas le nom d'armée, alla jusqu'auprès de Bassora, et le prince
rentra à Kermanchah, sans avoir rien fait
d'important, du moins, qui soit parvenu à ma
connaissance.

Mon frère qui était dégoûté, comme il avait
raison de l'être, se lia alors avec un italien
nommé Ventoura, qui lui proposa de se rendre à Mascat, auprès de l'Imman, qui les
traiterait avec une toute autre distinction que

ne faisait le prince Mahamet-Ali-Mirza. Ce projet plut à mon frère, qui était jaloux d'explorer des contrées encore si peu connues ; il en parla à Aubrelique, et bientôt tous trois se dirigèrent vers le détroit d'Ormus, où se trouve situé Mascat, pays à qui son climat brûlant et malsain a fait donner le nom d'enfer, par les Persans effrayés.

Maintenant, je ne sais plus rien de mon frère, sinon qu'il est mort à Mascat... Les uns disent que c'est de la peste, les autres de la fatigue du voyage. Moi, pour parler comme l'un des hommes qui a rendu le plus de service à la liberté par son esprit, je dis que mon frère est mort de l'exil ; l'exil n'est-il pas en effet le plus cruel des maux ?

O mon cher Antoine, pourquoi as-tu voulu notre séparation ? Le pressentiment funeste qui m'avertissait que nous ne nous reverrions plus s'est donc réalisé ! tu es mort, et tes yeux en se fermant ont en vain cherché ton frère pour lui dire un dernier adieu ! ta main n'a pas rencontré la mienne pour la serrer encore une fois ; tu es mort, sans avoir près de toi un ami du cœur qui pût rapporter à ta patrie tes derniers vœux pour elle. Mon frère, mon cher frère, était-ce donc là ce prix que méritait ton généreux dévouement à mon malheur? depuis que je t'ai perdu, il ne m'est pas échappé un sourire que je ne me sois reproché comme un crime. Je regarde à tout moment ton portrait; chaque jour je polis et j'essuie de ma main ton épée que j'ai retrouvée à mon retour. Si le canon gronde, si nous vengeons enfin nos affronts, je la porterai au milieu des batailles, et je te jure qu'elle sera fatale à l'étranger, auteur de tous nos maux.... Adieu, mon frère, adieu, nous nous réunirons bientôt dans un monde où les méchans n'ont plus de pouvoir; nous nous réunirons pour ne plus nous quitter; adieu, mon cher Antoine, adieu!

FIN.

PIÈCES JUSTIFICATIVES.

N° Ier.

Copie d'une Décision du Ministre de la Guerre, concernant les Officiers revenus de l'île d'Elbe.

Monsieur,

Plusieurs officiers-généraux, commandant les départemens, et quelques inspecteurs aux revues ont demandé comment devaient être considérés et traités les officiers qui faisaient partie du bataillon de l'Isle d'Elbe.

J'ai arrêté, par décision du 20 novembre 1815, que tous les officiers, de quelque grade qu'ils fussent, et à quelque arme qu'ils appartiennent(*), qui s'étaient attachés au service de l'usurpateur, *et qui sont rentrés sur le territoire avec lui,* avaient perdu tous les droits que leurs anciens services leur avaient précédemment acquis, et qu'ils ne pouvaient prétendre ni à être employés, ni à toucher un traitement quelconque.

Je ne puis que vous inviter à tenir rigoureusement la main à l'exécution de cette décision, et n'autoriser, en conséquence, aucun paiement en faveur des officiers qui y sont désignés.

J'ai l'honneur d'être, etc.

   Le Ministre secrétaire-d'état de la guerre,
Par Son Excellence et par son ordre.
  Le chef de la 1re division du ministère de la guerre,
       Signé, Prévost.

(*) Grammaire ministérielle.

N° II.

DÉCLARATION.

Moi, Gialle fils, certifie sincère et véritable que le matin de la malheureuse affaire des frères Bacheville, je me suis trouvé chez mon père, au laboratoire de son café, avec lui, d'où j'ai entendu dire par des personnes qui étaient dans la salle: voilà les deux brigands qui passent (on désignait les Bacheville), mais ils ne s'en iront pas ce soir à Trévoux. J'atteste également qu'une des personnes qui parlaient ainsi, sortit pour aller prévenir le sous-préfet que les frères Bacheville étaient à Villefranche; que le maréchal-des-logis et le commissaire de police arrivèrent presque aussitôt au café; et qu'après avoir causé avec ces Messieurs, le commissaire sortit sans que j'aie rien entendu; mais qu'un instant plus tard, le maréchal-des-logis élevant la voix, dit : *je me charge de l'avoir mort ou vif.*

J'affirme encore que, vers les quatre heures de l'après-midi, étant chez M. Desgrange, je vis de sa croisée les frères Bacheville, accompagnés de quelques négocians, parmi lesquels je reconnus MM. Lapierre et Morel de Villefranche; que tous marchaient comme s'ils avaient été à la promenade, lorsque tout-à-coup le commissaire et le maréchal-des-logis les abordèrent et voulurent arrêter les Bacheville, qui résistèrent, parce qu'on ne put point leur montrer d'ordre.

Il est pareillement à ma connaissance, que le maréchal-des-logis, le commissaire et un prêtre, nommé Bougy, coururent dans toute la ville, appelant aux armes les gendarmes et les chasseurs des Pyrénées, et criant: *on aura cette canaille;* et enfin, qu'arrivé au port de France, le maréchal-des-logis tira sur Bacheville aîné, qui ne fit que riposter à son corps défendant.

Donné à Villefranche, le 25 avril 1816, pour servir ce que de raison. *Signé*, GIALLE fils, brasseur.

N° III.

Mémorial Administratif.—N° 10—Année 1816

ART. 91

Nous, conseiller d'état, préfet du département du Rhône,

Vu les rapports qui nous ont été adressés par les autorités civiles et militaires de Villefranche, desquels il résulte, que des militaires étrangers à la commune, sommés par le commissaire de police et par le brigadier de gendarmerie, d'exhiber leurs passe-ports, non-seulement s'y sont refusés, mais ont osé se mettre en rébellion en les menaçant d'armes à feu;

Considérant que le fait s'est passé sous les yeux d'un grand nombre d'habitans de cette ville, qui, malgré les réquisitions qui leur ont été faites au nom du Roi, n'ont porté aucun secours à la force armée;

Considérant qu'une pareille conduite dans de pareilles circonstances, a signalé d'une manière trop marquée les mauvaises dispositions de ceux qui ont pu rester les lâches témoins d'un pareil attentat, pour ne pas mériter toute l'animadversion de l'autorité;

Avons arrêté et arrêtons ce qui suit:

ART. 1er. Une force armée de cinquante hommes de cavalerie sera envoyée à Villefranche, pour y être répartie, logée et nourrie chez les habitans, et notamment chez ceux qui, sommés de prêter force à la loi, s'y sont refusés; il sera payé, en outre de la nourriture à chaque soldat, un franc par jour.

2. Ils seront également répartis en logement et subsistance, chez ceux qui, détenteurs d'armes de guerre, se seraient refusés à les remettre d'après la sommation qui aurait pu ou pourrait leur en être faite.

M. le sous-préfet de Villefranche est chargé de l'exécution du présent arrêté.

Villefranche, le 6 mars 1816.

Signé, le comte CHABROL.

ART. 92.

Nous, conseiller d'état, etc.

Vu les rapports à nous adressés sur les principes, les opinions et sur la conduite des sieurs Morel, charcutier, demeurant Grande Rue, près la rue de la Sous-Préfecture, à Villefranche; Duperret, fabricant de blanc-blanc, près la porte de Belleville; Meyer, officier retraité, demeurant Grande-Rue, *idem*; Perrin, officier retraité, demeurant *idem*; et notamment sur la conduite qu'ils ont tenue dans les journées des dimanche 3 et lundi 4 mars présent mois;

Avons arrêté et arrêtons, etc.

ART. 1er. Les quatre individus sus-nommés seront mis immédiatement en arrestation; ils seront conduits à Lyon, sous sûre garde, pour y être tenus à notre disposition.

M. le sous-préfet de Villefranche, etc.

Villefranche, le 6 mars 1816.

Signé, le comte CHABROL.

ART. 94.

Nous, conseiller d'état, préfet du département du Rhône,

Vu les rapports qui nous ont été adressés, desquels il résulte que le café du sieur Rivière a servi souvent de point de réunion à des malveillans qui y ont tenu divers conciliabules;

Que notamment, dans les journées du dimanche 3 et lundi 4 du présent mois, les frères Bacheville, qui n'ont pas craint d'opposer, à la gendarmerie et au commissaire de police, une résistance criminelle, s'y étaient réunis avec plusieurs hommes justement suspects;

Avons arrêté et arrêtons, etc.

Art. 1ᵉʳ. Le café du sieur Rivière, établi Grande-Rue, près la porte   , sera provisoirement fermé.

M. le sous-préfet de Villefranche est chargé de l'exécution du présent arrêté.

Fait à Lyon, le 6 mars 1816.

Signé, le comte Chabrol.

N° IV.

Trévoux, 23 décembre 1815.

Le sous-préfet de l'arrondissement de Trévoux,

Certifie que M. Bacheville aîné, lieutenant de l'ex-garde, revenant de l'île d'Elbe, et passant par Trévoux, sa ville natale, le 12 mars dernier, usa de toute l'influence qu'il exerçait par la nature des circonstances, pour calmer l'effervescence de la multitude, et la détourner de se porter à aucun acte contraire à l'ordre établi par le gouvernement royal.

Je certifie, en outre, que depuis qu'il y est de retour, il s'y est fait remarquer par la sagesse et la droiture de sa conduite.

A Trévoux, le 23 décembre 1815.

Signé, le sous-préfet Fréminville.

N° V.

VILLE DE TRÉVOUX.

Le Maire de la ville de Trévoux fait savoir au public que Son Excellence le ministre de la police générale assure une gratification de douze cents francs à ceux qui livreront à la justice l'un ou l'autre des nommés Barthélemy et Antoine Bacheville frères, le premier, lieutenant, le second, capitaine dans l'ex-garde ; et deux mille quatre cents francs à ceux qui les arrêteront tous les deux.

A Trévoux, hôtel de la mairie, le 25 avril 1816.

Signé, RAFFIN.

N° VI.

Nous soussignés, maire et adjoints de la ville de Trévoux, certifions qu'il résulte, soit de notre propre connaissance, soit des renseignemens que nous avons pris auprès de plusieurs personnes de cette ville, que le sieur Bacheville, qui y est né, et y a passé son enfance et son adolescence, n'a jamais donné sujet à aucune plainte relativement à sa conduite morale ; que depuis son entrée au service, et depuis qu'il est retiré, dans les différens séjours qu'il a faits dans son pays, il a conservé sa réputation de délicatesse, de probité et d'humanité.

En foi de quoi, nous avons délivré le présent, fait à Trévoux, le 23 septembre 1819.

Signé, RAFFIN, maire ; FOURNIER, premier adjoint ; DUCOUDER, adjoint.

Debar, lieutenant de gendarmerie royale à Trévoux, avons signé, attendu que les renseignemens que nous avons recueillis sont conformes au certificat ci-dessus.

Signé, DEBAR.

Vu par nous, sous-préfet de l'arrondissement de Trévoux, pour légalisation des signatures ci-dessus, comme étant celles du maire et des adjoints.

Trévoux, le 23 octobre 1819.

Signé, LE PERE.

Nous, soussignés, membres du conseil municipal de la commune de Trévoux, département de l'Ain, et électeur de la dite commune, attestons que le sieur Bacheville aîné (Barthélemy), est né à Trévoux, et y a passé son enfance et son adolescence; n'a jamais donné sujet à aucune plainte, relativement à sa conduite morale; que depuis son entrée au service, et depuis qu'il est retiré, dans les différens séjour qu'il a faits dans son pays, il a conservé sa réputation de délicatesse, de probité et d'humanité. Attestons, en outre, que sa conduite morale et politique est irréprochable. En foi de quoi, nous avons délivré le présent.

Trévoux, 28 octobre 1819.

Signé, Eustache, Comte, Tabarié, Revol, Delastre, Perrier, Déblanc, Mantellier, Mallogé, Fournier, Giroud, Perrin.

Nous, soussignés, habitans de la ville de Trévoux, certifions que les faits attestés dans les certificats ci-dessus sont à notre connaissance, et en attestons aussi la sincérité.

Trévoux, 29 octobre 1819.

(Suivent les signatures d'un très-grand nombre des principaux habitans de ladite ville.)

Nous, J.-J. Françoy, procureur du Roi près le tribunal de Trévoux, nous réunissons à l'autorité municipale de Trévoux et aux principaux habitans de cette ville, pour rendre le même témoignage sur le compte du sieur Barthélemy Bacheville, et nous nous plaisons à lui rendre la justice qui lui est due, en attestant que nous lui avons toujours connu une conduite loyale et irréprochable; qu'il s'est bien comporté à Trévoux, où il a passé en se rendant à l'île d'Elbe, et en en revenant; notamment, dans cette dernière circonstance, où l'effervessence était grande, en contenant, par ses sages observations, plusieurs êtres remuans et amis du désordre, qui auraient voulu se livrer à des écarts.

Nous certifions, en outre, qu'après la dernière chute de Bonaparte, nous avons eu occasion de voir et d'entretenir souvent le sieur Bacheville, qui s'était retiré à Trévoux, et que toujours nous l'avons trouvé dans de bonnes dispositions, ce qui nous a fait éprouver de la peine en apprenant le malheureux événement qui lui est arrivé.

Le procureur du Roi à Trévoux,

Signé, FRANCEY.

N° VII.

Extrait des Registres du Greffe de la Cour Prévôtale du Rhône, séant à Lyon.

LOUIS, par la grâce de Dieu, Roi de France et de Navarre, à tous présens et à venir, salut.

La Cour prévôtale du Rhône, séant à Lyon, a rendu l'arrêt suivant :

Cejourd'hui, neuf juillet mil huit cent seize,

La Cour prévôtale du département du Rhône, séant à Lyon, a rendu l'arrêt suivant :

Entre M. le Procureur du Roi, exerçant les fonctions du ministère public près la Cour prévôtale du département du Rhône, d'une part,

Et, 1° Barthélemy Bacheville, lieutenant de l'ex premier régiment de chasseurs à pied de l'ex-garde ; 2° Antoine Bacheville, son frère, capitaine à l'ex-quatrième régiment de tirailleurs de l'ex-garde, licenciés depuis moins d'un an, domiciliés à Trévoux, département de l'Ain, accusés du crime de tentative de meurtre sur la personne d'un maréchal-des-logis de gendarmerie, à la résidence de Villefranche dans l'exercice de ses fonctions, précédée d'une rébellion armée à la force armée, tous les deux contumax.

Vu le certificat délivré aujourd'hui par le greffier de la géole de la maison d'arrêt de justice, dont il a été fait lecture, constatant que Barthélemy et Antoine Bacheville ne se sont point constitués prisonniers;

Considérant qu'aucun parent ou ami desdits Bacheville ne s'est présenté devant la Cour pour offrir leur excuse et en plaider la légitimité;

Considérant que par suite de cette non-comparution, le greffier a donné lecture des pièces rappelées par l'article 470 du Code d'instruction criminelle;

La Cour, après avoir entendu M. le substitut du Procureur du Roi dans ses conclusions contre lesdits Barthélemy et Antoine Bacheville, ordonne qu'elle se retire en la Chambre du conseil pour délibérer et qu'elle rentrera dans la salle d'audience pour prononcer son arrêt.

La Cour rentrée dans la salle d'audience, M. le Président a prononcé l'arrêt suivant:

La Cour qui a vu les trois procès-verbaux dressés les quatre et cinq mars mil huit cent seize, soit par le commissaire de Villefranche, soit par le maréchal-des-logis de la gendarmerie royale, stationnée dans la même ville, contre Barthélemy Bacheville, ex-lieutenant du premier régiment des chasseurs à pied de l'ex-garde, membre de la Légion-d'honneur, et Antoine Bacheville, ex-capitaine au quatrième régiment des tirailleurs de l'ex-garde, demeurant à Trévoux.

La plainte rendue par le Procureur du Roi auprès du tribunal de Villefranche, le douze du même mois, contre lesdits Barthélemy et Antoine Bacheville, à l'occasion des crimes et délits qui leur sont imputés et qui sont énoncés dans lesdits procès-verbaux.

Les mandats d'amener décernés le treize par le juge d'instruction, auprès du tribunal de Villefranche contre lesdits Bacheville.

Les ordonnances rendues par M. le Prévôt auprès de la Cour, les treize et vingt-sept avril suivant, par lesquelles en se saisissant du procès et des poursuites, il ordonne à nombre de témoins à comparaître devant lui pour fournir leurs déclarations. Les procès-verbaux dressés par M. le Prévôt, assisté de son assesseur, les vingt-sept avril et quatre mai, contenant les dépositions écrites des seize témoins qu'il a entendus sur les crimes et délits imputés aux frères Bacheville.

Le mandat d'arrêt décerné par M. le Prévôt, le vingt-deux mai, contre Barthélemy et Antoine Bacheville, ensemble le procès-verbal de recherche de leurs personnes, avec signification du tout par exploit de l'huissier Blondel, du lendemain vingt-trois.

Le certificat délivré le huit avril mil huit cent seize, par l'adjoint de première classe au sous-inspecteur aux revues, employé dans le département de l'Ain, constatant que lesdits Barthélemy et Antoine Bacheville ont été successivement licenciés les douze septembre et dix octobre mil huit cent quinze.

Vu le jugement rendu par la Cour, le vingt-neuf mai, ensuite des conclusions du Procureur du Roi, par lequel elle se déclare compétente pour connaître du crime imputé auxdits Barthélemy et Antoine Bacheville, et ordonne qu'ils seront pris au corps, conduits et écroués dans la maison de Justice.

Ainsi que l'arrêt rendu par la Chambre de mise en accusation de la Cour royale de Lyon, le lendemain trente, portant confirmation dudit jugement; lesdits jugement et arrêt signifiés à Barthélemy et Antoine Bacheville par exploits des huissiers Petillier et Archer.

Vu l'ordonnance rendue par M. le Président de la Cour, le onze juin dernier, qui ordonne à Barthélemy et Antoine Bacheville, accusés, de se représenter dans un nouveau délai de dix jours devant la Cour pour y être jugés sur l'accusation portée contre eux et à cet effet de se mettre en état d'arrestation dans la maison de justice établie près de la Cour à Lyon, leur déclarant qu'à défaut de ce faire, ils seront déclarés rebelles à la loi, suspendus de l'exercice de leurs droits de citoyens, leurs biens seront séquestrés pendant l'instruction de la coutumace, et qu'il sera procédé contre eux conformément à la loi.

Ensemble les procès-verbaux dressés soit à Trévoux, soit à Lyon le seize juin par les huissiers Archer et Nocare, de l'exécution de ladite ordonnance par la publication au son du tambour dans les places, cours et carrefours, soit de Trévoux, soit de Lyon, avec affiche dans les lieux indiqués par la loi.

Vu enfin le certificat délivré aujourd'hui par le greffier de la maison de justice près de la Cour, qui constate que lesdits Barthélemy et Antoine Bacheville ne se sont point mis en état d'arrestation dans ladite prison.

Et l'acte d'accusation dressé par le ministère public contre lesdits Barthélemy et Antoine Bacheville, et qui leur a été signifié dans leur domicile à Trévoux, par exploit de l'huissier Archer, le vingt-six juin.

Desquelles pièces lecture a été faite par le greffier.

Sur la forme et la procédure.

La Cour considérant que l'instruction du procès contre Barthélemy et Antoine Bacheville a été faite conformément à la loi, que les actes en sont réguliers, et que dès-lors il doit être statué sur le fonds.

Au fond, considérant que les pièces du procès fournissent la preuve contre Barthélemy Bacheville, qu'il y a eu de sa part tentative de meurtre sur la personne du maréchal-des-logis de gendarmerie Saltel dans l'exercice de ses fonctions, laquelle tentative a été suivie d'un commencement d'exécution par le coup de pistolet qu'il lui a tiré et qui n'a manqué son effet que par des circonstances fortuites et indépendantes de sa volonté.

Que cette tentative de meurtre sur la personne du maréchal-des-logis Saltet, a été précédée d'un délit commis par ledit Barthélemy Bacheville, conjointement avec son frère Antoine Bacheville, le même jour, en résistant avec arme, soit contre l'autorité administrative en présentant son pistolet avec menace alternativement contre la personne du maréchal-des-logis Saltet et contre la personne du commissaire de police de Villefranche.

Que le concours de ces deux crimes ou d'un crime et d'un délit, emporte contre l'accusé la peine capitale.

Considérant enfin, que l'état de contumace dans lequel se trouve Barthélemy Bacheville doit porter la Cour à prendre des mesures convenables pour la régie et l'administration de ses biens.

En ce qui concerne Antoine Bacheville,

Considérant qu'il n'est pas prouvé par les pièces du procès, qu'il a concouru ou participé au crime de tentative de meurtre dont son frère s'est rendu coupable sur la personne du maréchal-des-logis Saltet.

Mais que ces pièces prouvent qu'il a concouru avec Barthélemy Bacheville à la rébellion armée contre la force armée exercée dans la rue de Villefranche le même jour, contre le maréchal-des-logis Saltet et contre le commissaire de police.

Que pour raison de ce délit réprimé par une peine correctionnelle, il est justiciable de la Cour, à la forme des articles 14 et 17 de la loi du vingt décembre mil huit cent quinze.

Par ces motifs, la Cour prévôtale, après en avoir délibéré en la Chambre du Conseil, et les voix recueillies conformément à la loi, jugeant en dernier ressort et sans recours en cassation,

Déclare que les actes de la procédure prescrits par le Code d'instruction criminelle contre Barthélemy et Antoine Bacheville contumax sont réguliers, et que la contumace est duement acquise.

Et statuant sur le fonds,

Prononce, que Barthélemy Bacheville est déclaré coupable du crime de tentative de meurtre sur la personne du maréchal-des-logis Saltet dans l'exercice de ses fonctions, laquelle tentative a été manifestée par un acte extérieur et suivie d'un commencement d'exécution par le coup de pistolet qu'il a tiré sur la personne dudit Saltet, et a manqué son effet par des circonstances fortuites et indépendantes de sa volonté.

Qu'il est également déclaré coupable d'avoir commis le même jour, quelques heures avant ledit crime, le délit de rébellion armée contre la force armée et contre l'autorité administrative, en présentant alternativement contre la poitrine du maréchal-des logis Saltet et contre celle du commissaire de police dans l'exercice de leurs fonctions, son pistolet à deux coups armé, avec menace de leur brûler la cervelle.

Appliquant contre lui les dispositions des articles 2, 295, 304, 209 et 212 du Code pénal et les articles 471 et 472 du Code d'instruction criminelle, le tout lu par le Président et dont la teneur suit :

Art. 2. « Toute tentative de crime qui aura été manifestée par des actes extérieurs et suivie d'un commencement d'exécution, si elle n'a été suspendue ou n'a manqué son effet que par des circonstances fortuites ou indépendantes de la volonté de l'auteur, est considérée comme le crime même.

Art. 295. » L'homicide commis volontairement est qualifié meurtre.

Art. 304. » Le meurtre emportera la peine de mort lorsqu'il aura précédé, accompagné ou suivi un autre crime ou délit.

Art. 209. » Toute attaque, toute résistance avec violences et voies de fait envers les officiers ministériels, les gardes champêtres ou forestiers, la force publique, les préposés à la perception des taxes, les agens ou officiers de la police administrative ou judiciaire agissant pour l'exécution des lois, des ordres ou ordonnances de l'autorité publique, est qualifiée. selon les circonstances, crime ou délit de rébellion.

Art. 212. » Si la rébellion n'a été commise que par une ou deux personnes avec armes, elle sera punie d'un emprisonnement de six mois à deux ans.

Art. 471. du Code d'instruction criminelle. » Si le contumax est condamné, ses biens seront, à partir de l'exécution de l'arrêt, considérés et régis comme biens d'absent, et le compte du séquestre sera rendu à qui il appartiendra après que la condamnation sera devenue irrévocable par l'expiration du délai donné pour purger la contumace.

Art. 472. »Extrait du jugement de condamnation sera, dans les trois jours de la prononciation, à la diligence du procureur-général ou de son substitut, affiché par l'exécuteur des jugemens criminels, à un poteau qui sera planté au milieu de l'une des places publiques de la ville, chef-lieu de l'arrondissement où le crime aura été commis.

Pareil extrait sera, dans le même délai, adressé au directeur des domaines du domicile du contumax.

La Cour condamne Barthélemy Bacheville, contumax, à la peine de mort.

Ordonne que ses biens seront, à partir de l'exécution du présent arrêt, considérés et régis comme biens d'absent, à l'effet de quoi extrait du présent arrêt sera adressé par le Procureur du Roi au Directeur des domaines et des droits d'enregistrement du domicile de Barthélemy Bacheville.

Ordonne aussi qu'à la diligeance du Procureur du Roi, extrait du présent arrêt sera affiché par l'exécuteur des jugemens criminels à un poteau planté au milieu de l'une des places publiques de Villefranche, chef-lieu d'arrondissement où le crime et le délit de Barthélemy Bacheville ont été commis, dont procès-verbal sera dressé par le greffier du tribunal de Villefranche que la Cour commet à cet effet.

Ordonne, au surplus, que le présent arrêt sera imprimé par extrait, à concurrence de deux cents exemplaires, aux frais de

Barthélemy Bacheville, affiché en cette ville, dans la commune de Villefranche et dans celle de Trévoux, et qu'il sera exécuté dans le delai de la loi.

Les dispositions ci-dessus contre Barthélemy Bacheville étant prononcées, le Président de la Cour, sur la réquisition de M. le Procureur du Roi, a dit : « Barthélemy Bacheville, vous avez » manqué à l'honneur, je déclare, au nom de la Légion, que vous » avez cessé d'en être membre. »

En ce qui concerne Antoine Bacheville;

La Cour déclare qu'il n'a point participé à la tentative de meurtre, sur la personne du maréchal-des-logis Saltet;

Mais qu'il s'est rendu coupable, conjointement avec Barthélemy Bacheville son frère, du délit de rébellion armée contre la force armée et contre les agens de la police administrative.

Appliquant contre lui les dispositions des articles 14 et 17 de la loi du douze décembre mil huit cent quinze, et des articles 209 et 212 du Code pénal, le tout lu par le Président et dont la teneur suit :

Art. 14. » Sont compris dans la disposition de l'article précédent les militaires en activité de service ou jouissant d'un traitement d'activité ou de non-activité autre que la solde de retraite et les militaires licenciés ou congédiés pendant l'année qui suivra leur licenciement ou la délivrance de leur congé absolu.

Art. 17 » Si par le résultat des débats, le fait dont l'accusé est convaincu n'était pas de nature à entraîner peine afflictive ou infamante, la Cour appliquera les peines correctionnelles ou de police encourues par l'accusé.

Les art. 209 et 212 du Code pénal sont ci-dessus transcrits.

Condamne ledit Antoine Bacheville en deux ans d'emprisonnement, et solidairement avec son frère Barthélemy Bacheville, aux frais de la procédure.

Ordonne pour ce qui le concerne, l'exécution de l'arrêt dans le delai de la loi.

Ainsi jugé et prononcé en audience publique tenue le neuf juillet mil huit cent quinze, au palais de justice sis à Lyon, rue des Estrés, par MM. Bernat, Président, chevalier de l'ordre royal de la Légion-d'honneur; le chevalier Desuttes, colonel Prévôt; Balleidier, juge assesseur; et MM. Durand, Moutannat et Joannon, juges de la Cour; en présence de M. Breghot du Lut, substitut de M. le Procureur du Roi.

Ainsi signé sur le registre. Bernat, Président; chevalier Desuttes, Balleidier, assesseur; Durand, Moutannat, Joannon; Ladreyt, greffier.

En marge est écrit : Il constate du procès-verbal dressé par le greffier du tribunal de Villefranche, que Barthélemy Bacheville aîné, condamné à mort par contumace, a été exécuté par effigie sur la place dudit Villefranche, à midi précis, le quinze juillet. Ainsi certifié : Ladreyt, greffier.

Mandons et ordonnons à tous huissiers sur ce requis de mettre le présent arrêt à exécution, à nos procureurs généraux et à nos procureurs près les tribunaux de première instance d'y tenir la main, à tous commandans et officiers de la force publique de prêter main forte lorsqu'ils en seront légalement requis.

En foi de quoi le présent arrêt a été signé sur le registre par les membres susnommés composant la Cour.

Pour expédition conforme délivrée sur la réquisition de M. Bertholon, avoué. *Signé* Ladreyt, greffier.

Enregistré à Lyon, le 27 janvier 1818, folio 29, reçu un franc dix centimes, subvention comprise. *Signé* Delaunay.

N° VIII.

Extrait des minutes du greffe de la Cour royale de Lyon.

La Cour royale de Lyon a rendu l'arrêt suivant :

Cejourd'hui lundi vingt-deux novembre mil huit cent dix-neuf, cinq heures de relevée.

La chambre de mise en accusation à la Cour royale de Lyon, réunie en la chambre du conseil, et composée de MM. Courbon de Montriol, chevalier de la Légion-d'honneur, président; de Mongenet, Dian, Olayon et Luquet, tous conseillers (M. Luquet, appelé en remplacement de M. Madier de Montjau.)

A entendu le rapport fait par M. Chantelause, premier avocat-général sur la procédure instruite, soit à la Cour prévôtale du Rhône, soit à la Cour royale de Lyon.

Contre Barthélemy Bacheville, ancien militaire, demeurant à Trévoux, prévenu de rébellion et de tentative de meurtre sur la personne d'un gendarme.

Le greffier a donné lecture de toutes les pièces de la procédure, qui ont été laissées sur le bureau.

M. le premier avocat-général a déposé sur le bureau une réquisition écrite et signée de lui, à la date de ce jour, tendante à ce que le prévenu soit mis en liberté, et s'est retiré, ainsi que le greffier.

Messieurs composant la chambre d'accusation ont délibéré entre eux sans désemparer et sans communiquer avec personne; ils ont ensuite fait appeler M. le premier avocat-général et le greffier, lesquels étant rentrés, et les portes refermées, il a été rendu l'arrêt suivant:

Attendu qu'il n'existe pas des indices suffisans de culpabilité pour renvoyer le présent devant la Cour d'assises.

La Cour ordonne que ledit Barthélemy Bacheville sera sur-le-champ mis en liberté, s'il n'est retenu pour autre cause.

Fait et prononcé à Lyon, les jour, mois et an susdits, et ont, Messieurs les président et conseillers, signés (ainsi signé Courbon de Montriol, Dian et Olayon, de Mongenot, Luquet.)

Extrait du registre d'écrou des prisons de la ville de Trévoux.

Cejourd'hui, vingt octobre mil huit cent dix-neuf, s'est présenté M. le procureur du Roi près le tribunal civil de Trévoux, accompagné du sieur Barthélemy Bacheville, lieutenant de l'ex-garde, condamné à la peine de mort, le neuf juillet mil huit cent seize, par la Cour prévôtale du département du Rhône, lequel sieur Bacheville se constitue volontairement prisonnier, pour parvenir à faire juger la contumace le plus tôt possible ; mondit sieur le procureur du Roi et ledit sieur Bacheville ont signés avec moi. Signé sur le registre : Francey, Bacheville et Boyaux.

Pour extrait conforme délivré par moi, concierge des prisons de Trévoux, soussigné, le vingt-huit octobre mil huit cent dix-neuf. *Signé*, Boyaux, ch. de la Légion-d'honneur.

N° IX.

Copie d'une Décision de M. le Garde-des-Sceaux, portant qu'il ne peut être délivré ni passeport ni sauf-conduit au sieur Bacheville.

Paris, le 8 septembre 1819.

A M. Guirand, Avocat, place de l'Oratoire, à Paris.

J'ai reçu, Monsieur, avec les pièces qui l'accompagnaient, votre lettre du 21 août, par laquelle vous demandez un passeport et un sauf-conduit pour le sieur Antoine *Bacheville*, qui, condamné par contumace, le 9 juillet 1816, à deux années d'emprisonnement, par arrêt de la Cour prévôtale du Rhône, est dans l'intention de purger sa contumace.

La délivrance des passeports est dans les attributions de l'autorité administrative, et c'est à elle que le sieur Bacheville pourra s'adresser, en arrivant à Marseille.

Quant au *sauf-conduit* que vous réclamez, on ne peut pas en délivrer en matière criminelle.

Recevez, Monsieur, l'assurance de ma considération.

Le garde-des-sceaux, ministre de la justice,

Signé, de Serre.

N° X.

Extrait du Discours prononcé par M. Corcelles à la Chambre des Députés, le 8 Mars 1820.

Messieurs,

La France entière est tombée dans la stupeur, à la simple menace de l'arbitraire; les délateurs, les bourreaux lèvent de tous côtés une tête menaçante; déjà les portes sont marquées par les proscripteurs; on insulte publiquement les citoyens paisibles; on a osé poursuivre les modestes vétérans de la gloire française! Serait-elle flétrie, la gloire française, parce qu'elle est réduite à la demi-solde?... Des mains, étrangères sans doute à cette gloire, ont osé se porter sur la poitrine des braves, ont profané des décorations encore noircies par la fumée des canons ennemis; les citoyens s'évitent entre eux, se fuient en prononçant avec effroi le mot dont retentissaient nos cachots : le mot *discrétionnaire!*..... L'horrible souvenir de ce pouvoir destructeur de toute loi, glace tous les cœurs; la terreur a pénétré dans toutes les familles; toutes, comme en 1815, aperçoivent déjà dans leur sein une nouvelle victime! Les murs, au besoin, rendraient encore témoignage contre cette dictature atroce; oui, Messieurs, les murs : ce n'est pas ici une vaine figure oratoire; et si vous hésitiez à repousser la dangereuse loi qu'on vous propose, je ferais parler les murs en votre présence... Ordonnez, et je déroule à l'instant à vos yeux une preuve, *entre mille*, des attentats du pouvoir discrétionnaire... une preuve dont les suites étendues jusqu'à nos jours, pèsent encore sur de malheureuses familles de nos départemens.... La voici, telle qu'elle affligea toute la population; elle porte encore l'empreinte du mur... elle est toute entière écrite et signée par la main qui s'en rendit coupable.

Mairie de Trévoux.

« Le maire de la ville de Trévoux fait savoir au public que
» S. Exc. le ministre de la police générale assure une gratifi-
» cation de 1200 francs à ceux qui livreront à la justice l'un
» ou l'autre des nommés Barthélemy et Antoine Bacheville frè-
» res, le premier lieutenant, le second capitaine dans l'*ex*-
» garde, et 2,400 francs à ceux qui les arrêteront tous les
» deux.

» A Trévoux, hôtel de la mairie, le 25 avril 1816.

» *Signé*, RAFFIN, maire. »

Quels étaient, Messieurs, ces coupables dont le pouvoir discrétionnaire exigeait la tête à tout prix ? Deux jeunes militaires sans reproches, oui, Messieurs, sans reproches ; voici encore les témoignages authentiques de leur conduite irréprochable dans tous les temps.... pendant les cent jours même qui servirent de prétexte à leur proscription. Ces témoignages sont signés des maires, des sous-préfets, du magistrat lui-même, qui plus tard se hâta de mettre leur tête à prix.

(L'orateur en lit un qui atteste que les deux frères Bache-villes ont protégé l'ordre public dans leur pays à l'époque du 20 mars.)

Victimes de la calomnie, poursuivis par les sicaires d'une police infernale, poursuivis jusque dans les pays étrangers, voici encore leur signalement, l'ordre publié, affiché en Suisse de les arrêter et de les livrer à leurs bourreaux !... Échappés à travers mille dangers de cette terre inhospitalière pour de malheureux réfugiés français, errans d'asile en asile, ils espéraient

enfin trouver quelque repos sur les confins de l'Europe!.... A
Constantinople, une ambassade qui se dit française, et plus barbare que la police de 1815, n'eut pas honte de poursuivre deux malheureux militaires français mutilés ; de les accabler de menaces, lorsqu'après trois années d'injustes souffrances, sans ressources, sans asyle, sans protections, ils étaient réduits à chercher si loin de leur patrie *la torre et l'eau.*

L'un d'eux, celui qui était condamné à mort, n'écoutant que son désespoir, est venu hier livrer sa tête au glaive des lois... Eh bien ! Messieurs, il y a peu de semaines, les juges convoqués pour décider de son sort, ont déclaré à l'unanimité *qu'il n'y avait pas même eu lieu à le poursuivre*... Et leur tête avait été mise à prix par le pouvoir *discrétionnaire ;* elle aurait roulé sur l'échafaud comme celles de tant de victimes des *assassinats discrétionnaires*, si, par prodige ils n'avaient échappé à leurs bourreaux ; et, pendant huit jours consécutif, la guillotine présenta l'image de leur supplice sous les fenêtres d'un vieillard respectable, de leur oncle sexagénaire, qui lui-même, sur ses vieux jours, expia, pas six mois de cachots, le crime d'avoir reçu chez lui ses neveux, militaires sans reproches....

Et quelle justice est encore rendue aujourd'hui à ces deux infortunés, par suite de cet acte *discrétionnaire ?* L'aîné est criblé de blessures : une balle lui a traversé la tête, il ne peut se livrer à aucune occupation suivie ; il a eu les pieds gelés en Russie, le côté traversé d'une baïonnette; il souffre par intervalle des douleurs aiguës !.... il a consacré toute sa jeunesse au service de son pays.... Sans fortune, il n'avait d'autre ressource que son état. Eh bien! on lui refuse une modique retraite, si bien due à de longs services ; à son grade, acheté par sa vaillance sur les champs de bataille ; à son sang, versé par trente blessures pour sa patrie ; si bien due après quatre années de la plus atroce persécution !

Son jeune frère, plus malheureux encore, errant dans les Échelles du Levant, sans moyen d'existence (il a perdu la main droite au service de son pays), expire peut-être au moment où je vous dénonce sa déchirante situation, expire peut-être de besoin et de chagrin à la porte de quelque consul français.... Son innocence est reconnue... a-t-on daigné lui envoyer quelque consolation?.... a-t-on daigné faciliter son retour dans une patrie, dans une famille éplorée, qui depuis quatre années lui tendent les bras?..... Aucun sentiment de pitié n'est sorti de ces cœurs de bronze, de *ces cœurs de* 1815!... Ce sont ceux qui redemandent le pouvoir *discrétionnaire*.

Oui, Messieurs, les mêmes proscripteurs proscriront de tous côtés sur nos départemens... Ce sont eux qui, depuis six mois, troublent notre malheureuse France, pour obtenir le renversement de la liberté individuelle, de la liberté de la presse et de la loi des élections, de toutes nos institutions, qui seules pouvaient nous garantir du retour de tant de forfaits!... Non, Messieurs, vous ne serez pas leurs complices.

Hâtons-nous, je le répète, de rejeter cette exécrable loi; elle semble calculée pour soulever toutes les passions; elles étaient si bien éteintes avant les menaces imprudemment faites à nos lois! Pressons-nous plus que jamais sous l'égide tutélaire de ces lois.

N° XI.

Extrait du Discours prononcé par M. Corcelles, à la séance du 14 juillet 1821, sur la Pétition du Capitaine Bacheville.

Messieurs, votre commission vous propose de renvoyer au ministre la réclamation d'un militaire délaissé. J'ignore si vous adopterez cette conclusion; je doute aussi que le ministère trouve dans les termes du rapport que vous venez d'entendre le caractère de conviction dont la chambre elle-même aurait besoin pour se décider.

Que deviendra donc cette nouvelle démarche, à laquelle on réduit un militaire privé jusqu'à ce jour, du prix de son sang et de ses longs services ? Que deviendra ce militaire, si le ministre n'a aucun nouveau motif pour rompre le silence qu'il garde avec lui, malgré ses plus vives instances ?

Ce pétitionnaire, Messieurs, vous rend en quelque sorte dépositaire de son existence; il vous expose que sa longue présence aux armées est constatée par les titres les plus authentiques et par ses nombreuses blessures ; il vous expose que cinq années de persécutions inouies, et dont l'injustice est aujourd'hui manifeste, ont cependant trouvé le pouvoir sourd à ses réclamations.

Le rapport de la commision aurait pu, sans blesser les convenances, aborder ces considérations, car les pensées de la chambre ont toujours un caractère imposant, lorsqu'elles se rattachent à la justice.

La justice, Messieurs, trop souvent a besoin d'introducteurs ; et si quelques mots, prononcés à son appui dans cette enceinte, pouvaient servir de passeport au malheur, vous ne condamnerez pas nos efforts en faveur de celui qui souffre, qui est sans reproche, et qui compte sur votre bienveillance.

Ce militaire, depuis plus de vingt mois, frappe à toutes les portes du ministère ; il n'a rien négligé pour se mettre en règle vis-à-vis de l'administration, on lui doit ce précieux témoignage.

Toutefois il n'a rien obtenu ; sa situation même s'est aggravée ; on ne lui répond rien; on le laisse dans l'incertitude ; il est dans le besoin.

Peut-être, Messieurs, que trop de franchise dans cet exposé jette quelque défaveur à vos yeux sur ce pétitionnaire. Vous pourriez pensez que le pouvoir a des motifs secrets pour le dédaigner. Il me resterait à détuire cette prévention.

Ce militaire appartient à notre vieille armée. Il n'eut jamais d'autre protecteur que sa conduite ; elle le fit remarquer de bonne heure parmi cette valeureuse jeunes si dévouée à la voix de la patrie : comme elle, il obéissait aux lois : comme elle, il défendit le pays : comme elle, il prodigua son sang pour lui.

C'était le temps des sacrifices, aucuns ne lui coûtèrent. Devait-il s'attendre que plus tard on repousserait peut-être par l'ordre du jour, que l'on dédaignerait à la porte du ministère, le courage malheureux et les vieux services ? Ils survinrent, ces jours d'iniquité; on traita de crime le dévouement à la patrie ; on poursuivit ceux que devaient protéger l'honneur des nations, une généreuse résignation, et tant de nobles souvenir.

Vous, Messieurs, que tant de violence indignait, vous qui déploriez les maux de la France, vous accueillerez avec indulgence (je dis avec égard) ceux de ses enfans qui furent sans reproche ; ceux-là méritèrent ce titre, qui ne désespérèrent pas du salut de la patrie, alors qu'un contre dix ils soutinrent en héros les coups inattendus de la trahison, et le choc de toute l'Europe acharnée à sa ruine.

Qui de vous, Messieurs, avait oublié leur vaillance ? Vous les vîtes, assaillis par le nombre, faire face de toute part, se multiplier devant l'ennemi, combattre à la lueur de nos habitation , de nos villages, que l'étranger incendiait ; ils disputaient pied à pied le sol français, et cette terre semblait décupler leur audace: vous en fûtes témoins, et le burin de l'histoire les purgera un peu de la calomnie. Aucun danger ne les étonnait; mais accablés par le nombre, trahis, enfin, trahis par la fortune qu'ils avaient lassée, ils succombèrent, et la France tomba du sommet de la puissance à l'excès de l'avilissement.

Je ne fatiguerai pas votre attention, Messieurs, par le détail de la noble conduite de M. Bacheville, et de ses longs services dans une armée qui porta la réputation des guerriers français dans toutes les parties du monde; bien qu'à ce titre il soit digne de notre appui, mais les souffrances inouies que fit peser sur lui un bouleversement de choses, ne consacrent-elles pas les droits qu'il réclame? et le cœur le plus dur pourrait-il les rejeter? Donc, certes, il pouvait sans crime se montrer affligé.

Arraché, dès ses jeunes ans, à sa famille et à des occupations qui lui auraient assuré une existence qu'on lui refuse aujourd'hui, il consuma sa carrière au milieu des dangers devant lesquels on ne le vit jamais reculer. Il avait par sa bravoure acheté tous ses grades dans un corps détruit en partie au dernier combat que livra la France, et dont nos guerriers conserveront à jamais le souvenir, par ces mots entendus au fort de la mêlée : « Je meurs et je ne me rends pas! »

Rentré dans ses foyers après le licenciement, sa loyale conduite, attestée par ses nombreux amis, attestée par les magistrats du canton qu'il habitait, lui mérita l'estime de tous les bons citoyens. Il partageait ce témoignage avec son jeune frère, jusque-là son intrépide compagnon d'armes; comme lui, devenu capitaine par sa valeur, comme lui, couvert de cicatrices.

Cependant 1815 et la réaction vinrent fondre sur eux. Un jugement que je m'abstiens de qualifier, un jugement les condamna à mort. Ils échappèrent avec peine à l'acharnement des furieux, et leur tête fut mise à prix. On promit 1800 fr. pour la tête d'un vétéran sans reproche, et 1200 fr. pour celle de son frère vétéran comme lui.

Vous n'exigerez pas, Messieurs, que je reproduise ici le hideux témoignage d'une telle atrocité. Plût à Dieu qu'en adoucissant le sort de ces infortunés, on n'eût pas été réduit à vous rappeler leurs souffrances! elles furent grandes ces souffrances, et les suites en furent désormais irréparables. Oui, Messieurs, irréparables.... Suivez, pour vous en convaincre, suivez un instant ces deux braves de nos vieilles armées, errans d'asile en asile, sans ressources, sans amis, sans patrie, poursuivis par leurs bourreaux, et près de leur être livrés, jusque chez l'étranger ; traînant pendant quatre année leur infortune jusqu'aux confins de l'Europe, parcourant en proscrits les contrées qu'ils avaient traversées en triomphateurs.

Las d'une existence qui lui était devenue à charge, et atteint à Constantinople même par les menaces d'une ambassade que je regrette d'appeler française, le pétitionnaire qui s'adresse à vous dans ce moment prit la résolution désespérée de venir offrir sa tête à ses juges.

Il se rend à Lyon ; il se constitue prisonnier. Là, Messieurs, la justice confondit enfin les proscripteurs ; la Cour royale assemblée déclara tout d'une voix que les deux frères Bacheville n'étaient point coupables ; elle déclara même qu'il n'y avait point eu lieu à ce jugement.

Ce n'est pas tout, Messieurs, car le plus jeune de ces deux militaires étaient toujours en proie au plus déplorable sort. J'en appelai l'année dernière à l'humanité du ministère : je lui exposai à cette tribune que peut-être au moment où je mettais sous ses yeux un témoignage irrécusable de son innocence (un jugement de cour souveraine), cet infortuné accusait encore l'aveugle fureur des partis : que peut-être il expirait de désespoir à la porte de quelque consul français dans les Echelles du Levant. Je le dis par un douloureux pressentiment, et je demandais avec instance qu'au moins on lui fit connaître officiellement le jugement qui venait de l'absoudre ; que par humanité on lui fournît les moyens de revoir une patrie qui lui tendait les bras, de jouir enfin des larmes de joie de ses vieux parens qui avaient eu l'inexprimable douleur de voir le bourreau reproduire chaque matin sous leur fenêtre l'image du supplice de leur fils, du brave qui avait perdu une main au service de son pays ; et l'on fut impassible ! D'autres soins occupaient le pouvoir : il demandait l'arbitraire, et le vétéran mutilé, le vétéran martyr de l'arbitraire, expirait sans secours dans les déserts de la Syrie.

Nous venons d'apprendre que M. Bacheville, ex-capitaine de la garde impériale, revenant de Bagdad par Bassora, où il s'était réfugié en fuyant les menaces de l'ambassade de Constantinople, a succombé de fatigue et de misère au sortir des déserts de la Syrie. Il n'est plus, ce défenseur du pays, et sa déplorable fin accuse l'arbitraire et ses proscripteurs. Son vieux père ne serrera plus contre son sein l'enfant de la patrie, le fils dont il s'énorgueillissait, parce qu'il avait versé son sang pour elle ; et son compagnon d'armes et d'infortune, son inconsolable frère, vous demande si l'on a résolu d'épuiser sur lui et sur sa malheureuse famille la coupe de l'injustice. Il vous demande si l'on refusera du pain à celui que recommandent ses longs services, ses blessures, et les plus cruelles erreurs que le pouvoir ait jamais eues à se reprocher envers un citoyen.

Mais le pouvoir sera juste ; car s'il pouvait être insensible au droit de l'humanité, il céderait au droit légal. L'ordonnance du licenciement dit textuellement, section 1re, titre 4, article 26 : « les officiers non choisis (et remarquez, Messieurs, qu'aucun n'est excepté), non choisis pour former les cadres des légions, rentreront dans leur domicile pour y jouir des quatre cinquièmes de solde de la dernière classe de leur grade... Les officiers supérieurs jouiront de la demi-solde. »

Je sais que cette prévoyante disposition a été changée ; que les officiers qui n'avaient que 900 francs de solde, ont été réduits, sans qu'on puissse en expliquer le motif, ont été réduits de quatre cinquièmes de solde à la demi-solde, tandis que les officiers-généraux qui jouissaient depuis 8,000 francs jusqu'à 40,000 fr., ont été portés de la demi-solde aux quatre cinquièmes et quelques-uns à la totalité de solde.

Mais, l'officier pour lequel je crois juste de réclamer, me désavouerait si j'exprimais ici en son nom un sentiment de basse jalousie. Il demande justice, et demande un arriéré de solde qui lui est dû ; il demande encore s'il n'est pas contraire à toute ordonnance, à toute loi, à toute justice, contraire aux articles 69 et 70 de la Charte, contraires aux promesses solennelles et aux premières notions d'humanité, de l'abandonner aux besoins après tant de persécutions, et les titres qu'il vient de vous exposer.

Je demande le renvoi de cette pétition au président du conseil des ministres.

Le renvoi de la pétition au ministre de la guerre est adopté.

Le renvoi au président du conseil des ministres est rejeté.

FIN DES PIÈCES JUSTIFICATIVES.

TABLE DES CHAPITRES.

	Pages
A M. Corcelles.	v
Préface.	vii
Chap. Ier. Introduction.	5
Chap. II. Services de Barthélemy Bacheville.	10
Chap. III. Services d'Antoine Bacheville.	27
Chap. IV. Séjour à l'île d'Elbe.	31
Chap. V. Rentrée en France.	40
Chap. VI. Campagne de Waterloo.	45
Chap. VII. Retour dans nos foyers.	54
Chap. VIII. Affaire de Villefranche.	62
Chap. IX. Notre tête est mise à prix.	72
Chap. X. Notre procès s'instruit devant la Cour prévôtale.	88
Chap. XI. De Lyon en Suisse.	94
Chap. XII. Séjour en Suisse.	112
Chap. XIII. Mon frère me rejoint à Constance.	129
Chap. XIV. Munich.	134
Chap. XV. Départ de Munich pour Dresde.	140
Chap. XVI. De Dresde à Breslau.	145
Chap. XVII. De Breslau à Varsovie.	156
Chap. XVIII. Varsovie.	168
Chap. XIX. Arrivée et séjour à Cracovie.	178
Chap. XX. De Cracovie à Jassy, par la Gallicie.	209
Chap. XXI. Jassy.	216
Chap. XXII. Séparation.	232
Chap. XXIII. Constantinople.	240
Chap. XXIV. Smyrne.	249
Chap. XXV. Naxos.	254
Chap. XXVI. Athènes.	267
Chap. XXVII. D'Athènes à Janina.	279

Chap. XXVIII. Ali Pacha.	295
Chap. XXIX. Fuite de Janina.	312
Chap. XXX. Passage par l'île St.-Maur, Corfou, Cataro et Raguse.	323
Chap. XXXI. Trieste.	329
Chap. XXXII. Débarquement à Ancône; passage à Rome.	333
Chap. XXXIII. Séjour à Livourne.	343
Chap. XXXIV. Séjour aux bains de Lucques; passage à Gênes et à Turin.	353
Chap. XXXV. Rentrée en France.	358
Conclusion.	379
Appendice sur Antoine Bacheville.	384
Pièces justificatives.	405

FIN DE LA TABLE.